裁判員裁判と裁判官
―裁判員との実質的な協働の実現をめざして―

平成27年度司法研究
　研　究　員
　　　東 京 地 方 裁 判 所 判 事　　島 田　　一
　　　福 岡 地 方 裁 判 所 判 事　　足 立　　勉
　　　　（委嘱時　横浜地方裁判所判事）
　　　東 京 高 等 裁 判 所 判 事　　丸 山 哲 巳
　　　　（委嘱時　東京地方裁判所判事）
　　　福 井 地 方 裁 判 所 判 事　　渡 邉 史 朗
　　　　（委嘱時　さいたま地方裁判所判事）

まえがき

　この資料は，司法研究報告書第70輯第1号として，司法研修所から刊行されたものです。
　実務に携わる各位の好個の参考資料と思われるので，当局のお許しを得て頒布することといたしました。

令和元年11月

　　　　　　　　　　　　　　　　　　一般財団法人　法　曹　会

は じ め に

　裁判員裁判においては，事実の認定，法令の適用及び刑の量定は，裁判官と裁判員の合議（評議）によるとされており（裁判員の参加する刑事裁判に関する法律（以下「裁判員法」という。）6条1項），この評議をいかに進行させるかは裁判員裁判における最も重要かつ難しい課題の一つと思われる。すなわち，裁判官は，法令解釈等を説明すべき場面では，何をどこまで説明すべきか，どのように説明すれば裁判員が理解しやすいかといった問題に直面し，また，裁判員と対等に議論を行う場面においても，裁判官はどのように振る舞えばよいのか，対等とはいえ裁判官が法律専門家として果たすべき役割はないのかといった問題に直面するが，こうした難問を自らの頭で考え，その答えを見つけ出していかなければならない。

　ところが，評議は非公開かつ秘密であり（裁判員法70条1項），個々の裁判官・裁判体による思索の成果や実践的な工夫例が当該裁判体の外部に伝わりにくく，裁判官であっても当該裁判体を構成していない者がそうした成果等を共有することは困難であった。裁判官は，裁判員制度開始前から行われてきた評議に関連するいくつかの研究（例えば，司法研究としては，「難解な法律概念と裁判員裁判」，「裁判員裁判における量刑評議の在り方について」のほか，「裁判員裁判における第一審の判決書及び控訴審の在り方」にも第一審における評議に関する記述がある。）の結果を参照し，さらには司法研修所や各地の裁判所等において行われる協議会・研究会等での議論を踏まえた上で，日々悩み考えながら評議について実践を積み重ねているのが実情であった。

　しかし，裁判官相互あるいは法曹三者が共有すべき評議についての基本的な考え方や評議の在り方があるはずであり，そうした観点から評議の問題に正面から取り組んで研究を行う必要性は高いと考えられた。また，前述した司法研究は，裁判員制度が施行される前や施行後数年の時期にまとめられたものであり，平成21年5月の裁判員制度施行以来，現実に多数の裁判員裁判が実施され，いくつかの重要な最高裁判例も出された現時点において，前記司法研究の成果を実際の評議で実践した結果について実証的に検証することにも意義があると思われた。

　本研究は，以上のような現状認識や問題意識を踏まえ，「裁判員裁判と裁判官－裁判員との実質的な協働の実現をめざして－」という研究題目のもと，裁判官と裁判員との協働の核心部分である評議に主として焦点を当て，可能な限りその実像に迫り，また，課題を明らかにしようと試みたものである。

　本研究においては，まず，評議の中でも課題が多いと思われる，①間接事実を総合して要証事実（犯人性）を認定できるか否かが問題となる事案，②正当防衛の成否が問題となる事案，③責任能力の有無・程度が問題となる事案，及び④量刑が争点となる事案，という4つの類型を取り上げることとし，最高裁判所事務総局刑事局及び司法研修所の協力により，実際の事件の記録及び判決書を取り寄せ，これに即して実際の評議で起こりがちな

問題事象を研究員において検討した。しかしながら，当然のことながら記録や判決書からだけでは現実の評議の実情を把握できない。そこで，次に，裁判員裁判を担当した経験のある裁判官を対象として，上記４類型について実際に評議で苦労した点や工夫した点，実践の結果等について守秘義務に反しない範囲で直接ヒアリングを行い，類型ごとに評議の実情とその課題について検討した。その上で，上記４類型に共通する評議の課題を抽出し，裁判官と裁判員の協働の在り方について検討を加えた。本研究の総論で論じている評議における説明事項と協働事項という考え方は，このような課題の抽出を経て，裁判員法に立ち返って検討した際に生まれた問題意識である。本研究では，さらに，このような検討を通じて見えてきた評議についての考え方に基づいて，もう一度類型ごとの具体的な問題状況に立ち戻って再検討を加えた。

このようなサイクルを通じてできた本研究は，我が国の裁判員裁判における評議の問題を正面から取り上げた初めての司法研究であり，これまで余り知られることのなかった評議の実像と課題をある程度明らかにするとともに，裁判官と裁判員の協働を考えるにあたっての視点を提供するという意味で一定の役割は果たせたのではないかと考えている。また，本研究は裁判官を主たる対象としてはいるが，裁判員裁判に携わる検察官・弁護人も，各々の主張・立証が評議でどのように議論されているかについて大きな関心を有していると思われ（最近の法曹三者による模擬裁判・模擬評議の取組もその表れであろう。），本研究は，検察官・弁護人が，裁判員裁判の公判における主張立証の在り方，更にはその前提となる公判前整理手続における争点及び証拠の整理への臨み方を考える上でも有益な資料となるのではなかろうか。もっとも，評議の対象となる法概念自体がもともと難解である上に，実質的な協働という概念自体の難しさもあって，本研究の分析・検討が未だ十分とは言えないことも承知している。本研究は，前記のとおり，全国で実際に行われた評議の情報を集積したものをベースに，裁判員法が予定しているあるべき裁判員裁判という規範的な観点から分析し，その結果得られた視点で再度各論を検討するというサイクルの中で作成してきたものであり，評議の実情と裁判員法の理想との間を研究員が往復する中での，いわば中間報告である。

個々の評議も，いわゆるＰ（計画）Ｄ（実行）Ｃ（評価）Ａ（改善）サイクルによって継続的に改善されていくべきものであり，裁判官，ひいては法律家全体が，評議について理解を深め，それをもとに，裁判員裁判のより良い実践へとつなげていくことが期待されているといえよう。とりわけ裁判官においては，判決宣告後の記憶が鮮明な時期に，他の構成裁判官と評議を振り返り，そのエッセンスを他の裁判官や法曹三者と共有し，次の評議につなげていくという反省と改善のプロセスを繰り返す必要がある。本研究や法曹三者における議論をベースとした個別事件における実践を踏まえて，裁判官と裁判員の実質的協働についての検討や研究が更に深められ，本研究が乗り越えられていくことを期待したい。本研究の成果が，裁判官と裁判員の実質的協働を実現するための一つの礎となり，ひいては裁判員裁判の在り方を考えてもらうための契機となれば，研究員として望外の喜びである。

評議の実情を聞くにあたっては，前記のとおり全国の裁判官からヒアリングを行ったほか，司法研修所における研究会に出席させていただき，有益な示唆や情報提供を受けた。本研究は，こうした方々のご協力の上に成り立っているものであり，研究員からの様々な依頼に快く応じていただいた各裁判官の方々，更には種々のご配慮をいただいた最高裁判所事務総局刑事局，司法研修所，研究員所属の各裁判所当局の方々に，この場を借りて厚くお礼申し上げたい。

　　平成27年度司法研究
　　研　究　員
　　　東 京 地 方 裁 判 所 判 事　　島　田　　　一
　　　福 岡 地 方 裁 判 所 判 事　　足　立　　　勉
　　　（委嘱時　横浜地方裁判所判事）
　　　東 京 高 等 裁 判 所 判 事　　丸　山　哲　巳
　　　（委嘱時　東京地方裁判所判事）
　　　福 井 地 方 裁 判 所 判 事　　渡　邉　史　朗
　　　（委嘱時　さいたま地方裁判所判事）

目　次

第1　総論 ──────────────────────────── 1
1　実質的協働と裁判官の評議への関わり方 ……………………………… 1
2　説明事項（法令及びその解釈に関する説明）における説明の在り方について ……………………………………………………………………… 2
　(1)　判断対象の本質を捉えた説明の重要性 ……………………………… 3
　(2)　当該事案の争点（判断事項）に沿った柔軟な説明 ………………… 3
　(3)　裁判員に対する説明の時期・方法 …………………………………… 4
　(4)　協働事項（当てはめ）との関係を見据えた適切な説明 …………… 4
3　協働事項（事実の認定，法令の適用及び刑の量定）における裁判官の関わり方について ………………………………………………………… 5
　(1)　協働事項一般に関する裁判官の関わり方 …………………………… 5
　　ア　法的な枠組みの意識 ………………………………………………… 6
　　イ　裁判員の意見を十分に引き出すこと ……………………………… 7
　　ウ　自らの発言の受け止められ方についての自覚 …………………… 8
　(2)　判断作用（事実の認定，法令の適用及び刑の量定）ごとの裁判官の関わり方 ………………………………………………………………… 8
　　ア　事実の認定について ………………………………………………… 8
　　イ　法令の適用（当てはめ）について ………………………………… 9
　　ウ　刑の量定について ………………………………………………… 11
　(3)　小括 …………………………………………………………………… 12
4　今後の課題 ……………………………………………………………… 12

第2　間接事実からの総合判断について ────────────── 14
1　問題状況 ………………………………………………………………… 14
2　間接事実からの総合判断における裁判官と裁判員の協働の在り方 … 15
　(1)　間接事実総合類型の判断枠組みと評議の進行 …………………… 15
　(2)　裁判官が果たすべき役割 …………………………………………… 16
3　個々の間接事実の推認力についての評議の在り方 ………………… 16
　(1)　間接事実総合類型の判断構造等の共有 …………………………… 16
　(2)　個々の間接事実の推認力を共有することの意義 ………………… 18
　(3)　間接事実の推認力を議論すべき箇所 ……………………………… 19
　(4)　間接事実の推認力の評議の在り方 ………………………………… 20
　　ア　論理則・経験則と推認力 ………………………………………… 20
　　イ　間接事実の推認力検討の具体的手法 …………………………… 23

　　　　　(ｱ)　間接事実が持つ意味合いを確認する ………………………………… 24
　　　　　(ｲ)　反対仮説の可能性の検討を通じて間接事実の重みを検討する ……… 25
　　　(5)　被告人の虚偽供述や黙秘の扱い ……………………………………………… 28
　　　　ア　被告人の虚偽供述の扱い ……………………………………………………… 28
　　　　イ　黙秘の扱い …………………………………………………………………… 29
　　4　間接事実からの総合判断の評議の在り方 ……………………………………………… 30
　　　(1)　間接事実からの総合判断の難しさ …………………………………………… 30
　　　(2)　個々の間接事実の推認力の評価を総合評価につなげる方策 ……………… 30
　　　(3)　合理的な疑いと合理的でない（抽象的な）疑いとの違い ………………… 32
　　　　ア　合理的な疑いと２つの最高裁判断 …………………………………………… 32
　　　　イ　合理的な疑いの本質的理解を踏まえた検討の重要性 ……………………… 34
　　　(4)　間接事実からの総合判断の具体的手法 ……………………………………… 35
　　　　ア　間接事実が組み合わされても反対仮説が残るかを議論する ……………… 35
　　　　イ　全ての間接事実を説明できる反対仮説が成り立つかを議論する ………… 36
　　　　ウ　間接事実からの総合判断の在り方 …………………………………………… 36
　　　(5)　判決書の記載 …………………………………………………………………… 38
　　　(6)　裁判員への説明案 ……………………………………………………………… 38
　　5　多数の間接事実が主張されている複雑な事案の評議について ………………… 39
　(別紙１)　間接事実を総合して行う事実認定の例 …………………………………… 42
　(別紙２)　裁判員への説明案の例 ……………………………………………………… 43
　模擬事例Ⅰ ……………………………………………………………………… 44

第３　正当防衛の成否の判断について ───────────────── 53
　1　問題状況 ………………………………………………………………………………… 53
　2　正当防衛の成否の判断における裁判官と裁判員の協働の在り方 …………………… 53
　　(1)　正当防衛類型における争点と評議の進行 …………………………………… 53
　　(2)　裁判官が果たすべき役割 ……………………………………………………… 54
　3　刑法36条の基本的な趣旨についての説明の在り方 ……………………………… 55
　　(1)　説明の必要性 …………………………………………………………………… 55
　　(2)　説明の内容や方法等 …………………………………………………………… 55
　4　前提事実に関する評議において事実を認定していく順序 ……………………… 57
　　(1)　問題状況と検討 ………………………………………………………………… 57
　　(2)　殺意の有無と正当防衛の成否が争われた場合の事実認定の順序等 ……… 58
　5　正当防衛の成否の判断における評議の基本的な枠組み ………………………… 60
　　(1)　難解概念司法研究における提言 ……………………………………………… 60
　　(2)　ヒアリング等からみた実情と検討 …………………………………………… 60

－2－

6 急迫不正の侵害（正当防衛状況）に関する評議①－急迫性に関する基本的な評議の在り方 ………………………………………………………………… 61
　(1) 説明の在り方 ………………………………………………………………… 61
　　ア 難解概念司法研究における提言 ………………………………………… 61
　　イ ヒアリング等からみた実情と検討 ……………………………………… 62
　(2) 協働の在り方 ………………………………………………………………… 62

7 急迫不正の侵害（正当防衛状況）に関する評議②－対抗行為に先行する事情を考慮すべき事案における評議の在り方 ……………………………………… 63
　(1) 侵害を予期した上で対抗行為に及んだ事案に関する評議の在り方 …… 63
　　ア 判例の内容等 ……………………………………………………………… 63
　　イ 説明の在り方 ……………………………………………………………… 63
　　　(ｱ) 難解概念司法研究における提言 ……………………………………… 63
　　　(ｲ) ヒアリング等からみた実情 …………………………………………… 64
　　　(ｳ) 検討 ……………………………………………………………………… 65
　　　(ｴ) 平成29年決定を踏まえた説明の在り方 ……………………………… 66
　　ウ 協働の在り方 ……………………………………………………………… 68
　　　(ｱ) 評議の進行と裁判官の役割 …………………………………………… 68
　　　(ｲ) 考慮要素の取扱い ……………………………………………………… 69
　　　(ｳ) 判例や裁判例の取扱い ………………………………………………… 70
　(2) 自招侵害が問題となる事案に関する評議の在り方 ……………………… 71
　　ア 判例の内容 ………………………………………………………………… 71
　　イ ヒアリング等からみた実情と検討 ……………………………………… 71
　(3) 狭義のけんか闘争が問題となる事案に関する評議の在り方 …………… 72
　　ア 判例の内容 ………………………………………………………………… 72
　　イ 難解概念司法研究における提言 ………………………………………… 73
　　ウ ヒアリング等からみた実情と検討 ……………………………………… 73
　(4) 対抗行為に先行する事情を考慮すべき事案を通じた協働について …… 73
　　ア 前記3類型の判断枠組みを複合的に用いるべき事案について ……… 73
　　イ 判断枠組みの変動について ……………………………………………… 75

8 防衛行為性に関する評議①－防衛の意思が問題となる事案における評議の在り方 ……………………………………………………………………………… 76
　(1) 説明の在り方 ………………………………………………………………… 76
　　ア 裁判員に対する説明の要否 ……………………………………………… 76
　　イ 難解概念司法研究における提言 ………………………………………… 76
　　ウ ヒアリング等からみた実情と検討 ……………………………………… 76
　(2) 協働の在り方 ………………………………………………………………… 77

9 防衛行為性に関する評議②－防衛行為の相当性が問題となる事案における評議の在り方 ··· 77
　(1) 説明の在り方 ·· 77
　　ア　難解概念司法研究における提言 ·· 77
　　イ　ヒアリング等からみた実情と検討 ·· 78
　(2) 協働の在り方 ·· 78
模擬事例Ⅱ ·· 82

第4 責任能力の判断について ─────────────────── 90
1 問題状況 ··· 90
2 責任能力の判断における裁判官と裁判員の協働の在り方 ································ 90
　(1) 責任能力の判断の難しさの原因 ·· 90
　(2) 裁判官が果たすべき役割 ·· 91
3 責任主義についての説明の在り方 ·· 92
　(1) 説明の必要性 ·· 92
　(2) 説明の内容や方法 ··· 92
　(3) 説明の時期 ··· 94
4 責任能力が問題となる事案における基本的な判断枠組み ································ 95
　(1) 難解概念司法研究における提言 ·· 95
　(2) ヒアリング等からみた実情と検討 ·· 95
　　ア　ヒアリング等からみた実情 ··· 95
　　イ　難解概念司法研究が提言した概念を用いた判断枠組みについて ············· 96
　　ウ　判例の概念を平易化して説明した判断枠組みについて ························ 99
　　エ　小括 ·· 100
　(3) 具体的なイメージを共有するための工夫 ·· 100
　　ア　判断枠組みのイメージ共有の難しさ ··· 100
　　イ　法的効果に遡った説明 ··· 100
　　ウ　裁判例や具体例を示すことの当否 ·· 101
5 裁判官と裁判員が実質的に協働するための前提と評議の在り方 ······················ 102
　(1) 責任能力に関する判断の順序について ··· 102
　(2) 精神鑑定の位置付けに関する説明 ·· 103
　(3) 精神鑑定の現状と的確で分かりやすい鑑定報告を得るための方策 ············· 104
　　ア　精神鑑定の現状 ··· 104
　　イ　法律家の対応 ·· 105
　　　(ア)　審理開始前の対応 ··· 105
　　　(イ)　審理中の対応 ·· 106
　　　(ウ)　評議開始後の対応 ··· 107

(4)	鑑定の信用性判断に関する評議の在り方	108
	ア　問題点	108
	イ　判例	109
	ウ　裁判員に対する説明	109
	エ　信用性の判断方法	110
	オ　鑑定が複数ある場合の評議の進め方	111
(5)	責任能力の有無・程度に関する評議の在り方	111
	ア　評議の基本的な順序及び在り方	111
	イ　適切な鑑定がなされた場合の評議のイメージ	112
	ウ　鑑定の難しさ	113
(別紙)	心神喪失・心神耗弱についての説明案	117

模擬事例Ⅲ	119

第5　量刑判断について ── 130

1　問題状況 130
2　量刑判断における裁判官と裁判員の協働の在り方 130
(1) 量刑評議の在り方 130
　ア　量刑司法研究における提言 130
　イ　平成26年判決について 132
　ウ　量刑評議の進行の基本型 133
(2) 裁判官が果たすべき役割 133
3　個々の量刑事情の評価が難しい場面について 135
(1) ヒアリング等からみた問題状況 135
(2) 犯行態様の残虐性 135
(3) 犯行前後の事情 138
(4) 精神障害の犯行に対する影響 140
(5) 被害者に関する事情 142
　ア　被害者・遺族の被害感情 142
　イ　被害弁償・示談 145
　ウ　被害感情の宥和 146
(6) 前科 147
　ア　最高裁決定等における前科の考慮の在り方と実務の扱い 147
　イ　前科がない場合 148
4　刑の数量化のプロセスの困難性について 149
(1) ヒアリング等からみた問題状況 149
(2) 刑の数量化のための相対評価の在り方 149
　ア　裁判員にとっての刑の数量化の議論の困難性 149

イ　刑の数量化の意識と量刑グラフ ································· 150
　　　ウ　刑の数量化の方法 ······································· 151
　　　　(ア)　相対評価の難しさ ···································· 151
　　　　(イ)　犯罪行為の重さを評価する基本的な方法 ······················ 151
　　　　(ウ)　量刑グラフの用い方 ································· 153
　　　　(エ)　事例一覧表の扱い ··································· 153
　　　　(オ)　当事者の量刑意見（求刑）の扱い ·························· 154
　(3)　量刑傾向の把握が難しい場合 ···································· 156
　　ア　併合罪の事案 ··· 156
　　イ　裁判員量刑検索システムを用いても有意な量刑グラフが得られない
　　　　場合 ··· 158
　模擬事例Ⅳ ·· 159

凡　例

本書で用いた略語は次のとおりである。

刑集	最高裁判所刑事判例集
裁判集刑事	最高裁判所裁判集（刑事）
刑裁資料289号	「裁判員の参加する刑事裁判に関する法律」,「裁判員の参加する刑事裁判に関する規則」及び「刑事訴訟規則の一部を改正する規則」の解説（最高裁判所事務総局）刑事裁判資料第289号
平成〔昭和〕○年度判解（刑事）	最高裁判所判例解説　刑事篇　平成〔昭和〕○年度
情況証拠司法研究	司法研究報告書第42輯第2号「情況証拠の観点から見た事実認定」
難解概念司法研究	司法研究報告書第61輯第1号「難解な法律概念と裁判員裁判」
第一審判決書司法研究	司法研究報告書第61輯第2号「裁判員裁判における第一審の判決書及び控訴審の在り方」
量刑司法研究	司法研究報告書第63輯第3号「裁判員裁判における量刑評議の在り方について」
科学的証拠司法研究	司法研究報告書第64輯第2号「科学的証拠とこれを用いた裁判の在り方」
公判準備司法研究	司法研究報告書第69輯第1号「裁判員裁判において公判準備に困難を来した事件に関する実証的研究」

第1 総論

1 実質的協働と裁判官の評議への関わり方

　裁判員裁判においては，法律の専門家である裁判官と非専門家である裁判員が協働することで，裁判官と裁判員がそれぞれの知識・経験・感覚を共有し，その成果を裁判内容に反映させることが期待されている[1]。ここでいう裁判官と裁判員の「協働」とは，もとより裁判員が裁判手続に形式的に参加することで足りるものではなく，裁判員が公判審理に表れた証拠の内容と判断に必要な法令の規定及びその解釈とを正しく理解した上で，主体的・実質的に裁判手続に参加し，評議においては，裁判官と対等の立場で十分に議論を行うこと，すなわち，実質的な意味における協働（以下「実質的協働」という。）を指すものでなければならない。

　初めて刑事裁判に参加する裁判員が，法律に関する予備知識もなくその職責を果たすためには，まずは検察官及び弁護人が争点を中心とした分かりやすい訴訟活動を展開することが重要である。そして，それを前提として，法律専門家である裁判官が適切に評議に関わっていく必要がある。

　裁判員法の規定を参照すると，裁判員法6条2項1号は，法令の解釈に係る判断は，構成裁判官の合議によるとして，裁判官の法令解釈権限を規定し，同法66条3項は，裁判長は，必要と認めるときは，評議において，上記合議による法令の解釈に係る判断を示さなければならないと規定し，さらに，同条5項は，裁判長は，評議において，裁判員に対して必要な法令に関する説明[2]を丁寧に行わなければならないと規定している（以下，裁判官による裁判員への説明の対象となる事項を「説明事項[3]」と呼称す

---

[1] 最大判平成23年11月16日刑集65巻8号1285頁は，裁判員制度は，司法の国民的基盤の強化を目的とするものであるが，それは，国民の視点や感覚と法曹の専門性とが常に交流することによって，相互の理解を深め，それぞれの長所が生かされるような刑事裁判の実現を目指すものということができると判示している。

[2] これは，法令の解釈に係る判断の説明を含むが，それに限られるものではなく，単に，法令の規定そのものの内容を説明することや規定の一般的な趣旨・意義等を説明することも含む広い概念である（刑裁資料289号250頁）。

[3] 説明事項を裁判員に説明する最終的な責任を負っているのは，法令解釈権限を有する裁判官であるものの，当事者主義を基調とする現行刑訴法の下では，まずは当事者において説明事項を裁判員に適切に説明することが求められるといえよう。冒頭陳述や論告・弁論の中で，説明事項について当事者から的確な心証形成に結びつくような形で説明が行われれば，裁判員は自然に審理や評議に入っていくことが可能となる。裁判官としては，当事者の説明が不十分であったり，双方の説明が食い違ったりした場合には，別途裁判員に説明を行う必要があるが，特段そのような問題がなければ，当事者の説明内容を基礎としてこれを補足する程度で足り，改めて一から説明をし直す必要はないであろう（もとより，公判前整理手続の段階で，説明内容や表現について三者で共通認識を持っておくことが望ましいことは当然である。）。要するに，説明事項といっても，裁判官のみがその説明の役割を担うべきものではなく，むしろ，第一次的には，当事者が，訴訟活動の一環として，説明を行う役割を担っているものというべきである。そして，裁判官は，公判前整理手続の中で，法令解釈権限を背景として，説明事項に関する当

る。)。一方で，同法6条1項は，有罪・無罪の判決等に係る受訴裁判所の判断のうち，事実の認定，法令の適用及び刑の量定は，構成裁判官及び裁判員の合議によると規定している（以下，裁判官と裁判員の合議の対象となる事項を「協働事項」と呼称する[4]。)。

したがって，裁判官は，当該事案における説明事項を裁判員に適時・適切に説明し，裁判員の理解を得た上で，協働事項に関し，裁判員と対等の立場で議論を尽くすことになる[5]。何が説明事項で何が協働事項であるかをきちんと区別して裁判員に提示することは，裁判員にとっても納得のいく評議をする上で重要な点であろう。

裁判官の評議への関わり方という観点からすると，説明事項と協働事項とでは，裁判官の活動は質的に異なるものになるはずである。しかし，実際の評議においては，両者が複雑に絡み合っていることが多く（例えば，①当該事案において問題となる法律要件の解釈は説明事項であり，②法律要件に該当するかを判断するために行う事実認定及び法律要件への当てはめは協働事項であるが，③事実認定における証明責任の所在や証明の程度は説明事項である。)，両者の境界線を引くのが難しい場面も存在する（例えば，当該法律要件の適否が問題となる具体的事例を紹介することは，法律要件の解釈の説明ともいえるし，当てはめの視点の提供ともいえるが，その違いは微妙である。)。このような場面にあっても，裁判官としては，説明事項と協働事項を区別する意識を持ち，当該事項がそのいずれに当たるのかを考えながら評議を進めて行く心構えが大切といえよう[6]。

2　説明事項（法令及びその解釈に関する説明）における説明の在り方について

説明事項の領域に属する事柄は，当該事案で問題となる法令の規定及びその解釈，法律概念の説明にとどまらず，立証責任の所在，証拠裁判主義，事実の認定に必要な証明の程度（合理的な疑いを超える証明），行為責任主義など多岐にわたる。

事者の説明が事案に応じた適切なものとなるよう，適宜の働きかけを行っていくことが肝要である。

4　小池信太郎「裁判員裁判における量刑評議について」法学研究82巻1号603頁以下は，「裁判官の判断が優先する事項」を「専門的判断事項」と呼び，「裁判員の意見が裁判官のそれと対等の重みをもつ事項」を「協働的判断事項」と呼んでいる。本報告書の「説明事項」は前者に当たり，「協働事項」は後者に当たる。

5　基本的にはこのように言えるであろうが，例えば，正当防衛が問題となる事案などでは，認定された事実，法の適用等から，ひるがえって法の解釈そのものを考え直さなければならないような場面もあり得る。そのような観点からすれば，説明事項と協働事項との区別は，絶対的なものではなく，両者は相互に影響を与え合う関係にあるといえよう。本報告書注14（5頁）及び第1の4（12頁）を参照されたい。なお，田中成明「現代法理学」458頁ないし460頁は，法適用過程において，法的三段論法の小前提の確定と大前提の確定は，相互調整的に並行して行われているとする。

6　裁判員裁判の評議についての研究は，これまでは裁判員に対する法律概念の説明方法等の説明事項に関するものが中心であった。難解概念司法研究はその代表的なものである。こうした分野の重要性は変わらないものの，今後は，協働事項に関しても分析・検討が進められることが期待されるし，裁判官の意識も高めていく必要があると思われる。

説明事項に関して，各地の裁判所で実施した裁判官からのヒアリング，司法研修所の研究会における裁判官の発言，裁判官に対して行ったアンケートの回答等（以下では，これらをまとめて「ヒアリング等」という。）の結果から浮かび上がってきた課題等は次のとおりである。

(1) **判断対象の本質を捉えた説明の重要性**

まず，判断対象の本質を捉えた説明を行うことが重要である。ヒアリング等で議論された例を挙げると，証明の程度に関し，合理的な疑いと抽象的な疑いとの違いは何かと問われたときに，これを分かりやすく説明するのは容易なことではない。また，心神耗弱の概念に関し，事理弁識能力又は行動制御能力が「著しく」減弱したとはどういう精神状態を指すのかについても，これを具体的事例における当てはめが可能となる程度に分かりやすく説明することは極めて困難である。これらの法律概念を説明するに当たっては，事実を認定するとはどういうことか，責任主義とは一体何か，といった本質論への言及が不可避である。法律概念の中でもいわゆる難解概念とされるものの中には，法律家にとっても理解や説明が困難な問題をはらんでいるものが少なくないが，裁判官としては，裁判員に対し，その概念の本当に意味するところに立ち返り，説明を試みるほかないと思われる。裁判官には，日頃から，判断対象となる法的事項の本質について考察を深める努力が求められているといえよう。ヒアリング等では，判断対象の本質についてイメージが持てるような身近な例を紹介すること[7]で，間接事実を総合して事実を認定することや，責任能力が必要とされる実質的理由などについて説明しているという紹介がなされており，各論でも言及している。

(2) **当該事案の争点（判断事項）に沿った柔軟な説明**

次に，当該事案の争点（判断事項）に沿った柔軟な説明が重要である。例えば，同じく正当防衛に関して防衛行為が許される状況であったかどうかが争われる事案であっても，侵害の予期の有無によって問題状況は異なり，その状況に応じた法律要件の説明が必要となる。責任能力についても，精神障害の有無が争点なのか，その点は争いがなく，犯行への影響の程度が争点なのかによって，裁判員が理解すべき事項の範囲は異なるし，量刑についても，重点的に検討すべき量刑要素は事案ごとに当然異なってくる[8]。したがって，裁判官は，裁判員に対する説明が個々の事案に即したものとなっているかを常に吟味する必要があり，その前提として，当該事

---

[7] しかし，法律概念について不正確な理解を抱かせないように配慮しつつ，その本質についてイメージが持てるような身近な例を紹介するのは，決して容易なことではなく，事例の設定には細心の注意が必要である。

[8] この点に関し，正当防衛の成否や責任能力が争われているものの，事実認定次第で結論が決まってしまうような事案では，裁判員には法律概念の基本的な趣旨を理解してもらえば足り，法律要件の立ち入った説明まで行う必要はないという意見が比較的多かったが，事案に即した合理的な説明方法の一つの在り方といえるように思われる。

案の争点を的確に把握する力が求められる[9]。

(3) 裁判員に対する説明の時期・方法

また，裁判員に対して法律概念等を説明するに当たっては，説明内容のみならず，説明の時期や方法についても適切に配慮をする必要がある。裁判員には，当該事案の争点の適切な理解を得た上で，証拠調べに臨み，一定の心証を形成してもらうことが望ましいが，難しい法律概念が判断事項となる事案の場合に，当初から法律要件等を詳細に説明しても，混乱を招きかねないとの意見が多かった。したがって，裁判官としては，法律概念の概略については審理の早い段階[10]に説明するとしても，それ以上の要件や解釈については，必要に応じて適宜説明を追加するのが相当な場合が多いと思われる。評議の中でも，冒頭に一度説明しただけでは，その趣旨が十分に伝わるとは限らないから，重要な事項については繰り返し説明を行い，評議の経過や裁判員の反応に応じて説明の仕方を変えてみるなどして，裁判員が確実な理解に到達するよう努めるべきである。

なお，説明事項であるからといって，常に裁判官が一方的に説明をしなければならないというものではない[11]。裁判官が視点を示し，議論を行うことで，裁判体がその説明内容を共有するに至れば目的は達するのであるし，むしろそうしたプロセスをたどる方が裁判員の主体的な参加という観点からは望ましい場合もある。

(4) 協働事項（当てはめ）との関係を見据えた適切な説明

評議において裁判員の判断の自律性を確保し，裁判官と裁判員の実質的な合議を成り立たせるために，裁判官は，当該事案において，どこまでが説明事項で，どこからが協働事項であるかを常に意識し，説明が実質的に協働事項にまで及ぶことがないよう十分留意する必要がある。裁判官の裁判員への説明が不足していたり，不

9　ただし，当該事案で問題となる要件や解釈に焦点を絞りすぎた説明を行うと，裁判員が当該要件だけに目を奪われ，事案全体を見通す視点が失われるおそれもあり，その意味では，当該要件について説明を加えながらも，一方では，裁判員が当該事案全体の中で率直な感覚としてどの辺りに問題意識を持つかを聞き出すなどする作業も必要であろう。例えば，正当防衛の成否の判断に当たって急迫性の要件が問題となっているときに，「被告人にとって，生命や身体に対する危険が差し迫った緊急状態にあったか否か」などといった急迫性の意義の説明に終始するのではなく，「なぜ相手は被告人に攻撃してきたのでしょうか。被告人としては他にどう対応することが考えられたでしょうか。裁判員のみなさんが被告人と同じ立場ならどうしたでしょうか。それはなぜでしょうか。」などといった事案全体に関する問いかけもして，裁判員の問題意識を広く聞き出す工夫が考えられる。

10　公判前整理手続の結果顕出後の休廷の時間などが考えられる。その前提として，冒頭陳述の中で当事者から的確な心証形成に結びつくような形で説明が行われるべきことは本報告書注3（1頁）で述べたとおりである。

11　「説明事項」という呼称は，裁判官が，説明のための時間枠を設け，事前に準備した文章を読み上げるなどして裁判員にきちんと説明をしなければならない，というイメージを与えるかもしれないが，これは，協働事項と区別するためのネーミングにすぎず，教室における講義のような説明を推奨するものでは全くない。そのような硬直的な説明方法は，かえって裁判員に負担感・疲労感を抱かせ，正しい理解の妨げとなる可能性がある。

適切であったりすれば，裁判官と裁判員が共通の法的な枠組みのもとで当てはめの作業を行うことはできず，実質的な「合議」（裁判員法6条1項）は成立し得ない[12]一方で，当てはめの参考にする趣旨であったとしても，裁判官が裁判員に余りに詳しい説明を行えば，裁判員の視点や感覚が生かされず，場合によっては結論が事実上示唆されてしまうおそれがあり，説明に沿った議論が行われても，協働事項における「合議」が実質的になされたとはいい難いであろう[13][14]。

そして，説明事項の範囲が一義的に明確であればよいが，そうではない場合，例えば，正当防衛における侵害の急迫性の判断要素のように，どこまでを説明事項とすべきかについて検討を要するものや[15]，前科のように，量刑判断の際の考慮の仕方を一義的に決めるのが難しい量刑要素があること[16]などに照らすと，裁判官には，説明事項の範囲を個々の事案における問題状況に応じて具体的に検討する姿勢が求められる。

3 協働事項（事実の認定，法令の適用及び刑の量定）における裁判官の関わり方について

(1) 協働事項一般に関する裁判官の関わり方

裁判員法67条1項は，裁判員の関与する判断は，構成裁判官及び裁判員の双方の意見を含む合議体の員数の過半数の意見によると規定している。この規定は，協働事項に関しては，裁判官と裁判員に権限の差はなく，いずれも裁判体の構成員の一

---

[12] これは本文2の(1)（3頁）で述べた判断対象の本質を捉えた説明の問題につながる。

[13] ヒアリング等では，多くの裁判官から，法令の規定やその解釈の説明が丁寧に行われたとしても，裁判員にとって当てはめの作業は難しいものであるという声が聞かれた。例えば，正当防衛や責任能力が問題となった事案において，その趣旨や法律要件の解釈を裁判員に説明したつもりだったが，裁判官と裁判員の間で当てはめのイメージについて共通理解を持つことが難しかったという事例が紹介されたが，これは説明が不足していたか不適切であった可能性がある事例と考えられる。

一方で，こうした難しさを乗り越えるために，正当防衛に関する最高裁の裁判例のほか，下級裁の裁判例を多数紹介したという事例もあったが，これは説明として過剰であった可能性がある。

[14] 法律要件の解釈等についてどれだけ適切に説明したとしてもなお，裁判員との間で共通の理解が得られないのであれば，その原因は，説明の仕方ではなく，むしろ法律要件の解釈等自体にあるという可能性もある。

もとより，判例等を通じて築き上げられてきた従前の解釈等を軽々に変更することは相当ではないが，法律の専門家のみによって共有されてきた従前の解釈等を絶対視することもまた相当とは思われない。従前の解釈等について，裁判員との間で共通の理解が得られるよう，裁判員裁判での経験も踏まえつつ当該法律要件の趣旨や本質を改めて検討し，少しずつ工夫を加えていくことはあってよいし，そのような裁判員裁判における試みが蓄積されることによって，法律要件の解釈等＝説明事項が変わってくることも，裁判員制度の予定しているところといえる。

難解概念司法研究で示されたいくつかの試みは，このような営みの嚆矢といえよう。

[15] 本報告書第3（53頁以下）を参照されたい。

[16] 本報告書第5（130頁以下）を参照されたい。

人として，対等の立場で評議に参加し，1つのチームとして結論を出していくべきことを示すものと理解できる[17]。

もっとも，法令の適用，刑の量定のみならず，事実の認定であってさえも，法的な枠組みの中での議論であること[18]を踏まえると，非法律家である裁判員がこうした議論に主体的・実質的に参加することができるようにするため，裁判官が配慮すべき事項もいくつかあるように思われる。

ア 法的な枠組みの意識

配慮すべき点の1つ目は，裁判官は，評議において，裁判体の議論が法的な枠組みに沿った的確なものとなるよう常に意識し，議論状況に応じて，判断の視点等を示すなどして[19]，評議に適切に関わっていくことが求められるという点である。

協働事項に関して議論を行う際にも，裁判官は，その持てる専門性を発揮しつつ評議に関わることが期待されている。議論を行うに当たっては，まずは法的な判断の土俵が適切に設定されることが肝要であり，当事者が論告・弁論等において適切に土俵を設定できていないと思われる場合には，裁判官が適宜補足・修正する必要があるし，裁判員の意見が設定した土俵から外れそうなときには，設定した土俵自体の有効性を吟味しつつも，適宜修正していく必要がある場合もあろう[20]。また，判断に必要な視点等が当事者の論告・弁論等で十分に示されず，評議の議論においても十分に出てきていないと思われる場合[21]には，裁判官がこれ

17　裁判員法67条1項の規定は，裁判官と裁判員が責任を分担しつつ協働して裁判内容を決定するという裁判員制度の趣旨を生かすとともに，法による公平な裁判を受ける権利を保障している憲法の趣旨をも考慮したものであるが（刑裁資料289号251頁），裁判官又は裁判員のみによる多数では被告人に不利益な判断ができないというのは例外的な場面であることに鑑みると，本文に記載したとおり，同規定は，協働事項に関しては，裁判官と裁判員に権限の差はなく，いずれも対等の立場で評議に参加すべきことを示すものと理解すべきであろう。

18　このことは，例えば，量刑評議における具体的な量刑意見が，単なる直感や個人的な感情のみに基づくものであってはならないことや，事実認定評議ですら，合理的な疑い等のルールのもとにおける目的的作業であることを考えれば，明らかである。

19　視点の例としては，間接事実からの総合判断における反対事実が存在する疑い，正当防衛の成否の判断における急迫性の判断要素など，様々なものが挙げられる。さらに，他の刑事事件との比較対照という相対的視点も，裁判官から提示されることが多いであろう。なお，協働事項に関しても，説明事項と同様に，判断の視点等を提示する役割を第一次的に担っているのは，裁判官ではなく，当事者である（本報告書注3（1頁）参照）。説明事項か協働事項かを問わず，評議が適切に行われるためには，当事者の訴訟活動が適切に行われることがまずもって重要であることを改めて指摘しておきたい。

20　裁判官が設定する土俵が狭過ぎれば，裁判員の多様な意見が裁判内容に十分反映されないことにもなりかねない。土俵の広さは，まさに「適切」なものである必要がある。裁判官としては，対等な立場で評議をしつつも，その議論の行方がもともと設定した法的な枠組みにどう影響するかを意識する必要がある。

21　例えば，殺意の認定に当たって従来どのような事実を重視して判断してきたかといった一般論まで裁判官が裁判員にあらかじめ提示するような評議の方法は，協働を要する場面に法律家があらかじめ設定

を提示することによって，全体としての議論が法的な枠組みに沿った的確なものになっていくと考えられる[22]。

なお，ここでいう判断の視点等の提示は，あくまでもそれを参考に裁判官と裁判員が一緒になって結論を考えていくという性質のものであり，裁判官の法解釈により内容が定まる説明事項についての説明とは，質的に異なる活動である点に注意が必要である[23]。

イ 裁判員の意見を十分に引き出すこと

配慮すべき点の２つ目は，裁判官は，評議において，裁判員の意見を聞くのにふさわしい問題提起になっているかを常に意識して，裁判員が自発的な意見を述べられるような状況を設定するよう努めるとともに，裁判員の発言の趣旨が明確でないときには，その意図を正しく理解し，言葉にまとめるなどして議論のそ上に乗せる[24]ことによって，他の裁判体構成員との意見交換が成り立つよう媒介する役割も求められているという点である。

評議において裁判員の意見を十分に引き出すことは，裁判官の重要な役割といえる[25]。また，裁判員の意見は，必ずしも整理された形で表明されるとは限らず，発言の趣旨が必ずしも明確でないこともあると思われるが，そうした場合に，裁判官は，法律知識を背景に，裁判員の発言の意図を正しく理解し，言葉にまとめるなどして議論のそ上に乗せることで，他の裁判体構成員との意見交換が成り立つよう媒介する役割も担っていると考えられる。

した枠組みを押し付けることとなりかねない点で，相当でないと考えられるが，その理は他の法律要件についても基本的には妥当するであろう。議論の中で不足していると思われる視点を裁判官から提示することは考えられるものの，「Ａの要件が満たされるかどうかは，ａ，ｂ，ｃの事実を総合して判断することが多い」というように取り上げるべき評価根拠事実の類型についてまで裁判官があらかじめ言及することには，慎重さが求められるべきである。もっとも，通常は，当事者が論告・弁論において判断に当たり重視すべき事情を主張するであろうから，この問題が顕在化することはそれほど多くないと思われる。

22 ヒアリング等においても，裁判官は，評議の交通整理をするほか，規範的要件等についての判断の視点が不足していると思われる場合にはこれを示す役割も担っているという意見が述べられ，異論はなかった。

23 裁判官による視点等の提示が一定の結論を示唆するものであってはならない。本文２の(4)（４頁）参照。

24 例えば，正当防衛の正否が問題となる事案の評議において，ある裁判員が「被害者がいきなりナイフを出してきたのが悪いですよね。だからコンクリートブロックで殴られても仕方ないと思います。」と発言したと仮定すると，当該発言の趣旨については，①侵害の急迫性に関するもの，②防衛行為の相当性に関するもの，あるいは③有罪を前提に被害者の落ち度を量刑事情として指摘するものなどと様々な理解が可能である。裁判官としては，正当防衛の成立要件についての法律知識を背景に，裁判員の発言の趣旨を正しく理解し，議論のそ上に乗せていく必要がある。

25 ヒアリング等では，裁判員が自発的に意見を述べず，裁判官ばかりが発言するといった現象が評議で見られるとすれば，今何が問題とされているのか，個々の議論がどういう意味を持つかが裁判員に理解されていないからであるという意見や，裁判員が意見を述べやすいような問題を提起することが実質的協働のスタート地点ではないかという意見が述べられ，他の裁判官の賛同を得ていた。

ウ　自らの発言の受け止められ方についての自覚

3つ目は，裁判官は，自らの意見が，裁判員から過剰に尊重される可能性がある[26]ことを理解し，意見を述べるに当たっては，裁判員の意見を封ずることがないよう発言の時期や方法等に配慮すべき場合があるという点である。

裁判官も，裁判員と同様，評議において意見を述べる義務があり（裁判所法76条。なお裁判員法66条2項参照），裁判体の構成員の一人として，自らの意見をしっかりと表明すべきであるのは当然である。しかし，裁判官の発言は，裁判官自身が思っている以上に裁判員に対する影響力が大きいことを裁判官は理解しておく必要がある。裁判官が意見を述べるに当たっては，裁判員の心証形成の状況や心情等を踏まえ[27]，発言の時期や方法等に配慮すべき場合があるといえよう[28]。

そして，最終的には，裁判官は，評議において，裁判官と裁判員の間のみならず，裁判員相互[29]も含めた多方向での相互影響的（インタラクティブ）な意見交換が行われることを目指すべきであり，こうした関わり方を通じて，裁判体の合理的な意思形成に寄与するという役割が期待されていると考えられる。

(2) 判断作用（事実の認定，法令の適用及び刑の量定）ごとの裁判官の関わり方

以下では，事実の認定，法令の適用，刑の量定という判断作用ごとに，ヒアリング等の結果から浮かび上がってきた課題等を紹介する。

ア　事実の認定について

事実の認定は，日常生活で行われている判断作用と本質的には同じものと考え

---

[26] ヒアリング等では，特に規範的要件に関する裁判官の意見は，裁判員に尊重される傾向があるという意見が述べられた。なお，ここでは，裁判官の意見が「裁判官」という肩書のみによって尊重されることを懸念しているのであり，裁判官の意見の内容が説得力を持ち，そのために裁判体の中で支持を得るのであれば，何ら問題視すべき点はない。

[27] 裁判員が各自の意見をしっかりと持ち，裁判官の意見が過剰に尊重されるような懸念がない状態に至っていれば，このような配慮をする必要はない。そして，それこそが評議の本来あるべき姿といえよう。

[28] ヒアリング等においては，評議ではまず裁判員に口火を切ってもらうようにしているとか，裁判員が自分の意見を持つことができていない時期に裁判官が結論的な意見を述べてしまうと，これに流される危険が高いことから，裁判官も迷いがあるなどと留保をつけて意見を述べることが多い，右陪席裁判官と左陪席裁判官が論告と弁論を参考にしながら異なる視点を提供するようにして，裁判官の意見が過剰に尊重されることがないようにしている，といった例が紹介されていたが，参考になると思われる。

[29] ヒアリング等では，裁判員が別の裁判員の意見に異論を述べるのは心理的に難しいという意見が複数述べられたが，評議の意義は異なる意見を述べ合うことにあることを説明するなど，進行上の工夫をすれば，対立するような状況が生まれるのは避けられるという意見も述べられていた。裁判員同士が直接意見を闘わせる必要は必ずしもないが，相互の意見が混じり合うような評議を目指すべきではないだろうか。とりわけ裁判長においては，裁判員が積極的に意見を述べないような場合には，私見を述べることをなるべく差し控えつつ，評議の司会等に当たり，裁判員に対して，「裁判官が判決するに当たって参考意見を求める制度ではなく，裁判員の皆さんも裁判官と同じ1票を持っている。裁判員の皆さんと我々裁判官の全員の判決である。」といった趣旨の呼びかけを行うなどして，裁判員の主体的な関与を促す工夫が必要と思われる。

られ，法令の適用及び刑の量定とは性質がやや異なる面がある。事実の認定の場面で問題となる説明事項としては，立証責任の所在，証拠裁判主義，事実の認定に必要な証明の程度といった刑事裁判の基本ルールが考えられ，裁判官は，これらについて，裁判員に対し，適時・適切な説明[30]を行うことになる。しかし，それ以外の協働事項としての事実認定の評議の場面においては，裁判官と裁判員の果たすべき役割に基本的に異なるところはないといえ，多様な背景を持つ裁判員と裁判官による相互影響的な意見交換が行われることは，事実の認定を適正なものにする上で欠かすことのできないプロセスといえる。

この点，刑事裁判における事実認定は，論理則・経験則等に照らして合理的なものでなければならない[31]が，これは，裁判官と裁判員が健全な社会常識に基づく議論を交わすことでそのような事実認定が行われるという性質のものであり，基本的には説明事項に属する事柄とは解されない。したがって，裁判官は，裁判体の構成員の一人として，論理則・経験則等に照らして自らが合理的と考える意見を述べていくという形で適正な事実認定に寄与することが期待されている。

事実の認定に関して特に慎重さを求められる場合の1つが，間接事実を総合して犯人性を認定できるかが問われる類型の事案である。本研究では，個々の間接事実の評価や，これらを総合して犯人性が認定できるのかを検討する際などに，裁判官が適切に関わっていく必要が高いことが明らかとなった。また，違法性阻却事由が問題となる事案においては，公訴事実（構成要件該当事実）と違法性阻却事由に関する事実をどのような順序で認定していくかが，証拠評価との関係で問題となることがあり，合理的な事実認定を行う上で，裁判官の関わり方が重要であることが確認された。

なお，適正な事実認定のためには，証拠の内容の十分な理解が必要であり，裁判官は，当該証拠が裁判員においてその内容や意味合いを的確に把握し，心証を形成して自己の意見を述べられるようなものになっているかを常に留意すべきである。鑑定等の専門的な証拠については，特にこの点への配慮が求められる。

イ　法令の適用（当てはめ）について

法令の適用，すなわち法律要件に該当するか否かという当てはめの作業は，事実の認定と密接不可分ではあるものの，日常生活になじみのないものであり，法令の規定やその解釈の説明が丁寧に行われたとしても，裁判員にとって難しいものであるといえよう。そして，当てはめの参考にする趣旨であったとしても，説明事項に関する説明が過剰になってしまわないように裁判官は十分留意する必要があることは，前記2の(4)で既に言及したところである。

30　いずれも裁判員法39条による説明の中で言及されるはずのものであるが，評議の中で議論状況に応じて改めて説明を行うのが相当なこともあろう。

31　最一小判平成24年2月13日刑集66巻4号482頁は，刑訴法382条の事実誤認とは，第1審の事実認定が論理則・経験則等に照らして不合理であることをいうと判示している。

そこで論じたところと若干重複するが，ヒアリング等で問題とされたのは，当該事案と類似の裁判例を裁判員に紹介することの当否であった。裁判員に具体的なイメージをつかんでもらうための方法として，最高裁判所の判例を紹介することも有効な手段の一つであるとは考えられるものの，例えば，正当防衛の法律要件を説明する際に，下級裁の裁判例の事案の内容及び当てはめの結論を細かく紹介すると，ともすればその裁判例と当該事案とはどこが違うかという比較の評議になるおそれがあり，ましてや，複数の裁判例を裁判員に提示し，ある事案では正当防衛の要件充足性が肯定され，別の事案では否定されたというような説明まで加えるとなると，「当該事案がどの裁判例に似ているか」という評議につながるおそれが一層高くなるといわざるを得ない。こうした理由で，そのような裁判例の紹介方法は相当でないという意見が大勢を占めた。責任能力に関しても，裁判例の当てはめを示すことについて，多くの裁判官から同様の懸念が示された。

さらに，ヒアリング等では，防衛行為の相当性や正犯か幇助犯かといった法律概念自体からは当てはめの基準が出てこないものについては，先例の持つ意味が大きく，従来の判断傾向としての裁判例を示す必要性があるのではないかという問題提起がなされ，これに同調する意見も述べられた。しかし，この点に関しても，本来協働事項であるはずの要件該当性の問題が説明事項のように扱われるのは違和感がある，法律概念自体からは当てはめの基準が出てこないものであっても，当該事案において重視されるべき事情を適切に抽出することで判断は可能である，国民の視点・感覚や健全な社会常識を裁判内容に反映させようという裁判員制度の趣旨からも，従来の判断傾向としての裁判例を示すのは相当でない，といった批判的意見が多く述べられた。

したがって，法令の適用（当てはめ）を議論するに当たっては，まずは問題となる法律概念の真に意味するところを裁判体で共有した上で，裁判員には自らの視点・感覚に基づき，当てはめについての意見を述べてもらい，これを踏まえて意見交換を行うという手法を基本とすべきであり，裁判例を裁判員に示す場合には，あらかじめ十分に検討した上で臨むのが相当[32]であろう。そして，そのような意見交換の中で，裁判官としては，前記のような裁判員制度の趣旨を十分に踏まえ，特に規範的な価値判断を包含する要件（正当防衛，責任能力，共謀共同正犯等）の当てはめなどについては，これまでの裁判官裁判の裁判例や判断枠組みにとらわれず，当該事案と向き合いつつ，裁判員と率直に議論し，事案に見合っ

---

32 具体的には，当てはめの結論を示唆すべきでないという観点を踏まえつつ，示す意義（法律要件の解釈の説明か，当てはめの際の視点の提供か）や示す方法（最高裁のみか下級裁も含むのか，示す件数はどのくらいか，要約を行うかなど）について，慎重に検討しておくべきであろう。なお，評議で裁判員に裁判例を示す場合には，公判前整理手続等においてあらかじめ当事者に示しておくことが相当との考えもあり得よう。また逆に，裁判所には裁判例を示す意向がないにもかかわらず，当事者から論告・弁論で裁判例を示したいと言われた場合にどう対処すべきかという問題もあろう。

た結論を柔軟に探求していくことが重要であろう[33]。

ウ 刑の量定について

　刑の量定（量刑）は，日常生活で経験することのない判断作用であり，これを的確に行うためには，量刑の本質論（行為責任）を踏まえた判断枠組みや，そこから導かれる刑の公平性の理念等が裁判体で共有されていなければならない。したがって，裁判官としては，行為責任の原則はもとより，各量刑要素の位置付けや，当該事案が属する社会的類型の大まかな量刑傾向等について裁判員に丁寧に説明し，腑に落ちて理解をしてもらう必要がある。これらを量刑判断の基礎とすべきであることは，本質的には刑法の解釈から導かれるものであり，説明事項に当たる。裁判官としては，難しい事案であるほど，裁判員に量刑の本質の意味するところを理解してもらうための説明の引き出しを多く持ち，事案や裁判員の個性に応じて柔軟に説明を行っていく姿勢が求められる[34]。

　上記の判断枠組み等を裁判体で共有した上で，協働事項としての量刑評議を行うことになるが，それに当たっては，類似事例との比較・対照という側面よりも，当該事案において真に重視されるべき量刑事情を適切に考慮し，当該事案に相応しい刑を見いだすように努めるべきであり[35]，その中で裁判官は，裁判員の意見を引き出し，多方向での相互影響的な意見交換を実現しつつ，量刑事情の捉え方やその量刑事情の位置付け等に裁判員の視点・感覚や健全な社会常識を適切に反映させていくべきである[36]。

　量刑評議において裁判官が留意すべき視点については，既に量刑司法研究において数々の指摘がなされ，それに基づく有効な実践例が積み重ねられており，更なる各論を検討すべき時期に至っている。本研究では，模擬事例に加え，①被害者に関する事情，前科に関する事情といった，これまでは調整要素としての一般情状と整理されることが多かった量刑事情をどのように評価すべきか，②併合罪や過去の事例が少ないなどの理由で当該事案が属する社会的類型の量刑傾向の把握が難しい場合にどのように評議を進めるべきか，といった課題についても検討を試みた。

33　このような考え方は，殺意や薬物密輸事案における知情性などの主観的要件の認定についても及ぼしていくことが考えられよう。

34　量刑司法研究15頁，18頁。

35　量刑司法研究2頁。

36　ヒアリング等では，模擬事例Ⅳのように，殺害行為が残虐であるなどインパクトの強い事情がある事案，精神障害が犯行に影響している事案，被害感情が強い事案などでは，個々の量刑事情を適切に評価するのが難しいとか，これまでの大まかな量刑傾向を裁判体の共通認識として当該事案の悪質性を相対的に評価する（最一小判平成26年7月24日刑集68巻6号925頁参照）という刑の数量化のプロセスをたどること自体が容易な作業ではないという意見が述べられ，裁判官が量刑の判断過程に適切に関与していく必要が高いことが確認された。

(3) 小括

　以上のような問題意識に基づいて，以下では，「はじめに」で記した４類型に対応して，それぞれに想定される具体的な評議の場面ごとに，そのあい路と対策を論じ，あるべき評議の姿も描くように努めつつ，架空の模擬事例を評議の経過を含めて作成し，その評議の問題点や改善点も論じていくこととする[37]。

　なお，「はじめに」で記した本研究の性質からすれば，本報告書の各論は，上記において考察した実質的協働の在り方を踏まえた暫定的な提案である。また，模擬事例は，意図的に問題の多い設定となっており，これが現在の実務のスタンダードではないことにも注意されたい。

4　今後の課題

　最後に，裁判員裁判の実務について，裁判員の視点・感覚をより反映したものとするという観点から，今後の課題について，若干付言しておきたい。

　本研究を通じて，我々は，個々の事案の内容や具体的な争点の内容に応じた判断対象（判断枠組み）が適切に設定されているかを様々な場面で議論してきた。難解概念司法研究において提唱されたいわゆる中間概念のように，これまでも裁判員裁判に即した判断対象（判断枠組み）の提示の試みが行われているが，本研究においても，合理的な疑いの有無の判断，正当防衛における侵害の急迫性や自招侵害の成否の判断，責任能力の判断，量刑事情の評価といった場面において，裁判員に対する問いかけが適切なものとなるよう創意工夫が行われている実情が紹介されるとともに，その難しさも浮き彫りとなった。法曹三者には，事案の内容や具体的な争点の内容に応じた判断対象（判断枠組み）をどのように設定すべきかについて議論を深めることが求められており，その際には，これまで評議や判決で示されてきた裁判員の自然な視点・感覚を踏まえて，従来の判断枠組み等を見直していく姿勢も時には必要であるように思われる。すなわち，実体法自体は変わらなくても，社会は常に変化しており，全く予想できなかった事件や，これまで考えられていた類型の狭間に当たる事件など解決が困難な事件について，裁判員と協働して解決しなければならない場合も生じ得る。このような場合，法律解釈の外延を探求したり，認定した事実の中に潜んでいる法理を発見したりするなどして，当該事案の適切な解決が求められることになる。各論で言及するように，正当防衛の成否に関する平成29年決定は，その判断に当たって裁判員の視点・感覚を反映させようとする様々な取組みの積み重ねを経て，判断枠組みの再構成が意識されるようになったことの表れと見ることができるであろうし，そのような試みはこれからも続くものと予想される。

　なお，本研究では，法律家の側で法解釈や事実認定の方法等について理論的な検討

---

[37]　こうした検討の過程で，公判審理や公判前整理手続の問題も浮き彫りになったが，この点についてはそれをテーマとした研究もあることから，評議との関連で言及するにとどめている。

や整理を行っておくべき部分が少なくないことが明らかとなっており，今後実務家や法学者により更なる理論的な検討等が行われることが期待される。

　次に，本研究は，裁判員の視点・感覚が十分かつ適切に反映されるために，裁判員に対する法的な事項の説明や評議の具体的な進行がどうあるべきかを議論してきた。後に述べるように，正当防衛の成否の評議の際に類似の裁判例を紹介することや，量刑評議の中で事例一覧表を用いることの当否等の議論を通じて，裁判官を含む法曹三者は，これまで共有されてきた法解釈や判断枠組み，判断傾向等を所与の前提とし，それらの理解を裁判員に求める意識が強すぎる場合もあるのではないかという課題が浮かび上がってきた。もとより，判断の前提となる法解釈や判断枠組みは裁判員との間で前もって共有する必要があるが，他方で，法律家ではない裁判員に法律家と同じ発想を求めることは，裁判員の自然な意見表明を難しくする場合があり得る。裁判官を含む法曹三者には，国民が刑事裁判に参加する意義を踏まえて，裁判員の視点・感覚が裁判内容に十分かつ適切に反映されるような審理・評議となるよう常に意識しながら，1つ1つの裁判に臨む姿勢が求められる。

　裁判員制度は，国民の理解と協力に支えられ，本年5月に10周年を迎えた。この間，関係者の工夫や努力が重ねられ，実務はある程度安定的に運用されているように見えるが，これからも，その実務があるべき裁判員裁判の姿に近いものになるよう不断の努力を続けていく必要があろう。制度が節目を迎えるこの時期に，法曹三者が，これまでの実務の在り方を今一度振り返り，1万2000件を超える裁判員裁判によって示された多くの課題を謙虚に受け止めた上で，国民の司法参加というこの制度が持つ非常に大きな意義をより実質化し，深化させていくことができるかが問われている。

第2　間接事実からの総合判断について

1　問題状況

　間接事実[38]を総合して要証事実（犯人性）を認定することができるか否かが問題となる事案（以下「間接事実総合類型」という。）は、刑事裁判の中でも事実認定面で最も難しい部類の課題に満ちており、裁判員裁判における間接事実総合類型の事実認定の在り方を掘り下げて検討しておく必要性は高いと考えられる。

　ヒアリング等の結果によれば、間接事実総合類型の評議に関し、大抵は決め手となる間接事実が存在し、評議に困難を感じた経験はないという意見が比較的多いように見受けられた。その一方で、①当事者が間接事実の重要度を意識せずに平板な主張をしてくると、議論が深まりにくい、②決め手となる間接事実が見当たらない事案では、動機の存在や被告人の供述態度等が過度に重視されやすい、③積極方向の間接事実が多く集まった場合、消極方向の間接事実等を意識的に検討するようにしないと、犯人性を直感的に肯定しがちになる、④合理的な疑い[39]のイメージを裁判体で共有しつつ、間接事実の総合判断を的確に行っていくことは、実際にはかなり難しい作業である、などといった意見も述べられていた。

　間接事実総合類型の評議の中で生じている上記①ないし④の現象が、冒頭で言及した間接事実総合類型の判断の困難性に由来するものであることは疑う余地がないであろう。この点、模擬事例Ⅰの評議は、合理的な疑いの有無について十分な議論がなされないまま、有罪の結論が導かれており、裁判官と裁判員の実質的協働という観点からも多分に問題をはらんでいるところ、そのような評議が行われた原因を分析すると、実際の評議において生じている上記のような現象の原因とも少なからず共通する部分があると考えられた。

　本章では、ヒアリング等の結果を踏まえ、実際の評議において問題現象が生じる原因を実証的に分析し、その対策を提言することで、間接事実総合類型の評議の在り方について考察を試みる[40]。

---

[38]　要証事実の存否を間接的に推認させる事実を間接事実といい、間接事実を証明するために用いられる証拠を間接証拠という。これに対し、要証事実を直接認めることができる証拠を直接証拠という。なお、間接事実を推認させる事実を再間接事実と呼ぶことがある。

[39]　合理的な疑いとは、通常人なら誰でも差し挟むような疑い、あるいは、何らかの根拠のある疑いなどと一般的に説明されている。合理的な疑いは難解概念の1つであり、その実質的判断基準を一般的に示すのは困難とされている（村瀬均「『合理的疑いを超える証明』について」植村立郎判事退官記念論文集編集委員会編『植村立郎判事退官記念論文集　現代刑事法の諸問題〔第1巻　第1編　理論編・少年法編〕』351頁）。なお、心神耗弱の概念についても、合理的な疑いの概念と同様に実質的判断基準を示すことの難しさがある点は、本報告書第4（90頁以下）を参照されたい。

[40]　ヒアリング等では、捜査段階の被告人の自白供述が一応存在するが、間接事実を総合して犯人性を検討した事例が複数紹介された。自白に過度に依存しない判断を心がけることには十分な合理性があり、そのような事例についても本章で指摘した問題は基本的に当てはまるものと考えられる。

2 間接事実からの総合判断における裁判官と裁判員の協働の在り方
(1) 間接事実総合類型の判断枠組みと評議の進行

　　間接事実総合類型の判断枠組みは，認定された間接事実を総合し，被告人が犯人であることについて合理的な疑いを差し挟まない程度の証明があったかを判断するというものであり，この合理的な疑いを差し挟む余地がないというのは，反対事実が存在する疑いを全く残さない場合をいうのではなく，抽象的な可能性としては反対事実が存在するとの疑いをいれる余地があっても，健全な社会常識に照らして，その疑いに合理性がないと一般的に判断される場合には，有罪認定を可能とする趣旨であり，このことは，事実認定を直接証拠によりすべき場合と，間接証拠によりすべき場合とで異なるところはないとされている[41]。

　　本質的にいえば，裁判所による事実認定は，検察官の主張する事実（要証事実）が一応の仮説として提示されていることを前提に，その一応の仮説に対して，反対事実が成り立ち得る可能性が合理的に見て残らないというところまで立証されているかについて，検証する作業であるともいえる（以下では，要証事実の不存在，つまり被告人が犯人でないことを「反対仮説」，被告人が犯人でなくとも当該間接事実と結びつく（合理的な）可能性を「反対仮説の（合理的な）可能性」などという。）。

　　そうすると，間接事実総合類型の評議の進行は，まずは，検察官主張の間接事実（積極的間接事実[42]）が証拠上認定できるかを判断した上で，認定した間接事実を総合したときに要証事実（犯人性）が認められるか，つまり，反対仮説の合理的な可能性が残っていないかを判断する，というものになると考えられる。そして，要証事実の存在が一応合理的に認められると判断された場合には[43]，次に，反証としての被告人の供述や証拠上認められる消極的間接事実を検討し，要証事実を推認する過程に反対仮説の合理的な可能性が残る余地はないかを判断することになる[44]。

　　もっとも，積極的間接事実と，被告人の供述や消極的間接事実の対応関係が明確な場合[45]には，その積極的間接事実を認定するたびに被告人の供述や消極的間接事

---

[41] 最一小判昭和48年12月13日裁判集刑事190号781頁，後掲最一小決平成19年10月16日刑集61巻7号677頁等参照。

[42] 要証事実の存在を推認させる間接事実が積極的間接事実であり，要証事実の不存在を推認させる間接事実が消極的間接事実である。

[43] この時点で検察官の立証が失敗と判断されれば，加えて反証等を考慮する必要はない。

[44] 当事者の訴訟活動が一定程度適切になされていれば，裁判員は評議の冒頭においても何らかの理由とともに自己の意見を述べることができるはずである。そうであれば，裁判員の視点・感覚を十分かつ適切に反映するためには，まずは，裁判体構成員それぞれの争点についての暫定的な心証（印象）を語り合い，その後，ここで紹介するような手法でその正しさを検証する，といった評議の進行を図ることも有効であろう。ここで提言しているのはあくまで，評議の中でこのようなことを議論すべきということであり，具体的な評議は様々な方法があり得る。

[45] 例えば，模擬事例Ⅰのように，被告人が被害者に悪感情を抱いていたことをうかがわせる事実を動機になり得る事情として検察官が主張したのに対し，被告人と被害者の関係が良好であったことを示す別

実を検討していく方が分かりやすい場合もあろう。

(2) 裁判官が果たすべき役割

裁判官の説明事項には，立証責任の所在や事実の認定に必要な証明の程度，当該事案で問題となる法令の規定及びその解釈といったものが含まれるが，反対仮説の可能性の有無を十分に検討すべきであることも，間接事実総合類型における合理的な疑いの判断の在り方として，説明事項に属する事柄と解される。もっとも，説明事項であるからといって，常に裁判官が一方的に説明をしなければならないというものではなく，裁判官が視点を示し，議論を行うことで説明内容を共有するというプロセスをたどる方が望ましい場合もあることは総論で言及したとおりである[46]。

協働事項の中心が事実認定であることは明らかであり，この場面において裁判官と裁判員が果たすべき役割に基本的に異なるところはない。したがって，裁判官は，裁判体の議論が間接事実総合類型の判断枠組みに沿った的確なものとなるよう常に意識しながら，裁判員と対等の立場で評議に関与することになる。また，裁判官は，評議の整理等を適切に行い，裁判員の意見を十分に引き出すよう努めるべきであるが，間接事実総合類型の評議においては，反対仮説の合理的な可能性を裁判体構成員の健全な社会常識に照らして検証することが想定されているから，裁判員からの率直で多様な意見が表明されることが評議の生命線と言ってもよく，そうした評議となるよう裁判官が適切に関わることが期待されているといえよう。

なお，総論で言及した論理則・経験則等の点を補足すると，後記のとおり，論理則・経験則は，裁判官が唯一の正解を知っていて，裁判員に教え諭すような性質のものではなく，裁判官と裁判員が健全な社会常識に基づいた議論を行うことで，論理則・経験則等に従った事実認定が行われるという性質のものである。したがって，裁判官としては，ある裁判員の意見が論理則・経験則等に照らして不合理であると考えたとしても，直ちにその意見を制限するような態度に出るのは相当ではなく，その当否は，基本的には裁判体構成員間の議論に委ねられるべきものである。当然ながら，その議論の際には，裁判官も，裁判体構成員の一人として，論理則・経験則等に照らして自らが合理的と考える意見を述べていくことになろう。

3 個々の間接事実の推認力についての評議の在り方

(1) 間接事実総合類型の判断構造等の共有

間接事実総合類型の審理において，当事者は，当該事案の判断構造や判断のポイ

の事実を弁護人が主張する場合などが考えられる。また，弁護人及び被告人がアリバイ（犯行現場不存在）の主張をしている場合には，被告人が犯行現場に存在したという検察官の主張と併せて検討した方が分かりやすいこともあるように思われる。ただし，そうした進行をする際には，「弁護人主張の事実が成り立たないから検察官主張の事実が認められる」といった議論にならないよう，裁判官において立証責任の所在を改めて説明しておくべきであろう。

[46] 本報告書第1の2(3)（4頁）参照。

ントを明らかにするとともに、そのポイントに応じたメリハリの付いた主張・立証活動を展開することが期待されている[47]。裁判体としても、当事者の適切な訴訟活動を受けて、公判開始後の早期の段階で、当該事案の基本的な判断構造や判断のポイントについて共通認識を形成した上で、その後の審理に臨む[48]ことが、的確な心証を形成し、充実した評議を行う上で極めて重要であるといえる[49]。これらの点につきヒアリング等で異論はなかった。

間接事実総合類型の判断構造のイメージは、例えば、以下の図のような姿である。

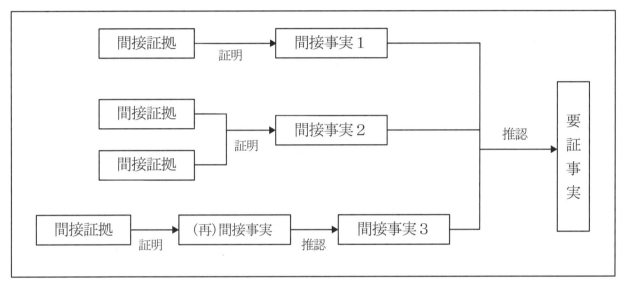

なお、ヒアリング等では、複数の裁判官から、当初の説明の際に、日常生活の中

---

[47] 当事者による間接事実の主張・立証の重点が裁判体に伝わらないと、裁判体が間接事実の重要度等について一から議論していかなければならないが、これは決して望ましい事態ではない。

[48] 冒頭陳述直後の休廷の際などに裁判体で判断構造や判断のポイントを確認することが考えられる。ホワイトボードなどを使用して、判断構造等を視覚的に明らかにすることも有益である。なお、模擬事例Ⅰの裁判官は、評議の中で初めて間接事実を総合して行う事実認定の方法について説明しているが、ヒアリング等では、時期が遅いのではないかという批判的意見と、あまり早い段階から詳細な説明をすると裁判員が混乱するという意見とが述べられた。もとより事案によるであろうが、反対仮説の可能性の有無を検討するという間接事実総合類型の判断枠組みや、当該事案の基本的な判断構造ないし判断のポイントについては、公判開始後の早期の段階で裁判体が認識を共有しておく必要は高いが、判断構造の詳細（例えば、再間接事実や再々間接事実の位置付けといったもの）についてまで裁判員に理解を求めなくとも、通常は審理に臨むに当たり支障はないものと思われる。

[49] 特殊な事案についてであるが、「特に裁判員裁判において合理的な判断を示すためには、裁判体として、個々の証拠評価のみならず、推認過程の全体を把握できる判断構造について共通認識を得た上で、これをもとに、各証拠の持つ重みに応じて、推認過程等を適切に検討することが求められる。」旨判示した決定もある（最一小決平成29年12月25日裁判集刑事322号127頁）。この決定の指摘に関しては、「ここで、裁判体として判断構造の共通認識が求められているのは、何ら特別なことをいうものではなく、特に複雑な間接事実積み重ね型の判断構造をとる場合には、それ自体の合理性も要求されるからであると思われる。裁判員裁判においては、判断構造について裁判員と共通認識を形成する裁判官や、裁判体に主張構造・証拠構造を提示する検察官・弁護人の果たすべき役割はより大きいといえる。」との見解も示されている（判例タイムズ1447号70頁）。

で誰もが経験するような間接事実からの事実認定の例を裁判員に示しているという紹介がされたが，間接事実を総合して行う事実認定のイメージを裁判員が持っておくことは，判断構造の理解を促進する上で有益と思われる[50]。

(2) 個々の間接事実の推認力を共有することの意義

　間接事実からの総合判断を的確に行うためには，その前提として，間接事実の認定を証拠に基づき確実に行った上で[51][52]，個々の間接事実が要証事実をどの程度証明する力を持つか（以下では，この意味の証明力を「推認力」と呼ぶ。）について裁判体で認識を共有することが重要である。間接事実を総合して行う推認の過程は，個々の間接事実の推認力を基礎としているから，これを裁判体で共有しておかなければ，総合判断を的確に行うことはできない。また，推認力が乏しい間接事実が多数集まっても，それだけでは全体としての推認力が質的に高まるものとは当然にはいえないこと[53]からも，個々の間接事実の推認力を自覚的に議論する作業を積み上げていくことが重要である。これらについてヒアリング等で異論はなかった。

　間接事実の推認力の議論は，後に検討するように決して容易な作業ではない上，第1審の判決書の中には，個々の間接事実の推認力をどのように評価したのかが判文上必ずしも明らかでないもの[54]が見られるという現状も踏まえると，個々の間接

50　別紙1の事例1及び事例2（42頁）。いずれもヒアリング等で紹介された事例や研究員が説明に用いている事例に若干の改訂を加えたものである。事例1は合理的な疑いのイメージを裁判員に持ってもらうために用いることも考えられる。なお，これらは，裁判員に事実認定のイメージを持ってもらうためのツールにとどまるものであり，法律概念を正確に説明することに主眼を置いたものではない。事例を用いる際には，裁判員をミスリードすることがないよう十分注意する必要がある。

51　中里智美「情況証拠による事実認定」木谷明編著『刑事事実認定の基本問題』（第3版）340頁は，推認の基礎となる間接事実の認定が適正に行われることがまずもって重要であり，鑑定を含めた供述証拠の信用性判断を的確に行うことが必要とする。鑑定人等の専門的証人の証言の信用性判断の問題については，本報告書第4（90頁以下）を参照されたい。なお，各間接事実の存否及びこれから犯人性を推認できるかが激しく争われ，第1・2審と最高裁とで結論が異なった事例として，後掲の最三小判平成22年4月27日刑集64巻3号233頁がある。

52　裁判員裁判において評決の対象をどのように考えるかという問題があり，とりわけ間接事実が評決の対象となるかが議論されている（議論状況については半田靖史「裁判員裁判における評決の対象」原田國男判事退官記念論文集刊行会編『原田國男判事退官記念論文集　新しい時代の刑事裁判』339頁以下を参照。半田判事は，評決の対象を画する明確な基準がないことなどの問題があるため，間接事実の評決に拘束力を認めることについては，その必要は強く感じるものの，なお躊躇を覚えているとされる。）。この点をヒアリング等の際に確認してみたが，意見が分かれたときでも議論を重ねて行けば，おのずと1つの結論に収束するとして，間接事実の認定は全員一致でしているという裁判官が大半であり，個々の間接事実を評決対象として意識している裁判官はほぼ見当たらなかった。

53　前掲最一小判昭和48年12月13日裁判集刑事190号781頁参照。

54　個々の間接事実の推認力の評価について特段言及することなく，「以上の認定事実を総合した結果」といった判示だけで結論を導いているものを指す。間接事実総合類型の判決書の記載としては，さほど珍しくないように思われる。

事実の推認力を共有することの重要性を確認する意義は大きいと考える[55]。

(3) 間接事実の推認力を議論すべき箇所

　具体的な評議を想定すると，間接事実の推認力をどこで議論すべきであろうか[56]。ヒアリング等では，全ての間接事実を認定した後で推認力を議論すべきであるという意見も少なくなかったが，個々の間接事実を認定するたびに推認力を議論すべきであるという意見がやや優勢であった。

　全ての間接事実を認定した後で推認力を議論すべきであるという意見は，証拠から事実を認定する思考と認定した事実から何が推認できるかの思考は思考過程が異なるので，それぞれの場面を分けた方が議論しやすいと思われること，推認力が非常に強い間接事実がない場合に，個々の間接事実の推認力を１つ１つ議論しても限界があるというだけのことであり，そのことにどれほどの意味があるのか疑問であることなどを根拠に挙げていた。他方，個々の間接事実を認定するたびに推認力を議論すべきであるという意見は，個々の間接事実について，事実認定の記憶が新鮮なうちに推認力を議論することが有益であること[57]，有罪方向の事実をいくつか認定した場合に，その推認力の限界を意識しておかないと無罪方向での検討がおろそかになる危険があること，この段階で推認力を議論しておかないと，総合判断の段階では既に他の間接事実が頭に入ってしまっているので，個々の間接事実の推認力を改めて評価するのが難しいこと[58]などを根拠に挙げていた。

　検討するに，全ての間接事実を認定した後で推認力を議論するという手法は，間接事実の認定とその推認力の議論とをそれぞれまとめて行うという点で，議論の順序は分かりやすいといえるものの，模擬事例Ⅰの評議のように，個々の間接事実の推認力の議論が不十分となりやすい側面があることに注意が必要であろう。これに対し，個々の間接事実を認定するたびに推認力を議論するという手法は，議論のしやすさではやや劣るであろうし，ある間接事実の推認力は，他の間接事実の認定状況によっても異なり得ることから，推認力の検討が暫定的なものにとどまるという側面はあるが，間接事実の総合評価を行う前の段階で，裁判体が個々の間接事実の推認力を議論する過程を確実に辿ることに意義があると考えられる。いずれの手法

55　事実認定においては，「分析」と「総合」の視点が重要であると言われる（中里・前掲349頁，植村立郎「実践的刑事事実認定と情況証拠」（第３版）234頁）が，間接事実総合類型の判断構造のうち，個々の間接事実の推認力の検討は「分析」に，それらの総合判断は「総合」に概ね該当するといえる。

56　これはあくまで評議の技法（スキル）に過ぎないともいえるが，ヒアリング等を行う中で，間接事実総合類型の判断構造を踏まえた評議の在り方を考える上で重要な問題を含んでいると考えるに至ったことから，検討対象としたものである。

57　ヒアリング等では，事実認定の評議に何日も要するような複雑な事案において，この要請が強いという指摘があった。

58　同時に，ヒアリング等では，個々の間接事実を認定するたびに推認力を議論すべきであるとの立場から，評議の段階では既に他の間接事実の存在が知られているので，それを脇に置いて当該間接事実の推認力に限って意見を求める場合には，意識的に注意喚起をしていく必要がある旨の意見も述べられていた。

をとるにせよ，個々の間接事実の推認力について裁判体で自覚的に議論を行い，これを共有した上で，総合判断を行うことが肝要である。

　もっとも，間接事実が比較的単純でその存否に実質的な争いもないような場合には，事実関係を一通り認定した後に推認力を議論するという進行が分かりやすいであろう。また，いくつかの事実が組み合わされて初めて要証事実への推認力を持つ場合には，個々の事実について推認力を議論しても無意味であり，これらの事実を合わせた総体を1つの間接事実と見てその推認力を議論すべきである[59][60]。

(4) 間接事実の推認力の評議の在り方

ア　論理則・経験則と推認力

(ア)　裁判員法62条は，「裁判員の関与する判断に関しては，証拠の証明力は，それぞれの裁判官及び裁判員の自由な判断にゆだねる。」と定め，裁判官による裁判について定める刑訴法318条と同じく自由心証主義を採用している。これは，判断者が恣意的に心証を形成してよいことを意味するものではなく，その判断は，論理則・経験則[61]等に照らして合理的なものでなければならない。事

---

[59] この場合にどの範囲の事実を「間接事実」として見るかは，当事者の主張を踏まえつつ，最終的には裁判体の合理的裁量に委ねられるべき事項である。

[60] 評議の中で間接事実を取り上げる順序をどのように考えるべきかという問題がある。

　検察官は，通常，推認力の強い間接事実から順に主張・立証を行うであろうから，間接事実を取り上げる順序については，論告で主張された順序に従うのが相当なことが多いであろう。問題は，模擬事例Ⅰの検察官のように，犯人性を要証事実とする限りでは推認力が強いとはいえない動機のような間接事実に力点を置き，当該間接事実から主張・立証を行った場合，そのとおりの順序で評議を行うのが相当か否かである。

　ヒアリング等では意見が分かれた。仮に動機が論告で最初に主張されたとすれば，客観的事実など他の重要な間接事実から議論するように取り上げる順序を変えるべきであるという意見が有力に主張されたが，その理由としては，動機から議論を始めると，有罪の予断のようなものを抱くおそれがあり妥当でないとか，動機のように評価の分かれ得る事情から議論を始めるよりも，客観的事実から取り上げる方が議論しやすい，といった点が挙げられていた。これに対し，論告で主張された順序に従って議論をするのが相当であるという意見も少なくなく，その理由としては，通常は公判前整理手続で間接事実の重要性について議論が行われているはずであり，その議論を踏まえて当事者が主張してきた順序を評議の場面でも尊重すべきであるとか，仮に重要性の低い事実から主張がされたとしても，推認力を的確に検討すれば当該事実を過大視することにはならないはずである，といった点が挙げられていた。

　間接事実を評議で取り上げる順序については，公判前整理手続における争点整理の状況や，裁判員の関心等も踏まえた事案ごとの判断になるが，個々の間接事実について，その推認力の程度をしっかりと検討することができれば，これを取り上げる順序が評議の結論に影響を与えるといった事態は基本的には想定されないはずである。もっとも，仮に動機から取り上げる場合には，議論状況に応じて最終的な結論を出す前に他の間接事実の検討に移り，一通りの検討を終えた後に動機の検討に戻るなど，当該間接事実の性質に応じた評議の進行を工夫する必要はあろう。

　なお，裁判官が裁判員との評議に先立って間接事実の推認力の強さを判断し，これに従って評議の中で間接事実を取り上げる順序を決めていくという進行については，ヒアリング等において，実質的協働の観点から問題があるのではないかという指摘があったことを付言しておく。

[61] 河上和雄ほか編『注釈刑事訴訟法（第3版）第6巻』252頁は，経験則とは，個別的経験から帰納的に

実認定は，単なる個人的経験・感覚ではなく，広く社会に共有される論理則・経験則等に従うものであることで，判断の合理性が担保されているといえる。よって，間接証拠から間接事実を認定する過程と，認定した間接事実から要証事実を推認する過程のいずれについても，その判断は論理則・経験則等に照らして合理的なものでなければならない。

(イ) ところで，間接事実が要証事実を推認する「力」を適切に評価するためには，推認力が強い，弱いなどと単に論じるだけでは必ずしも十分とはいえず，どうしてその推認力が生じるのか（力の性質）を分析し，それを踏まえて推認力はどれほどなのか（力の程度）を分析する必要があると考えられる。

したがって，間接事実の推認力を評価するには，まずは当該間接事実が要証事実にとってどのような意味合いがあるか（論理則・経験則等を踏まえ，当該間接事実が要証事実をどのように推認させるのか）を評価し，その上で，当該間接事実が要証事実にとってどの程度の重みを持つか（論理則・経験則等を踏まえ，当該間接事実が要証事実をどの程度推認させるのか）を評価することになる[62]。後者の重みを評価するに当たっては，合理的な疑いが残れば無罪となるという刑事事実認定のルールを踏まえると，要証事実と間接事実との結びつきだけではなく，要証事実の否定，つまり反対仮説と間接事実との結びつきも考慮しなければならない。その意味で，当該間接事実の存在を前提として，反対仮説の可能性がどの程度残るのかを考えてみることは，間接事実の重みを評価する上で有効な方策である。

思考過程が論理則に従うべきことは当然であるが，間接事実が要証事実に対して持つ意味合いや重みを考える上で重要な働きをするのは経験則である。そして，経験則は日常生活における常識的な知識や法則であることからすれば，評議の中で裁判員ならではの知識・経験に基づく意見が述べられることは，裁判員制度導入の趣旨[63]に適うとともに，事実認定を経験則に従った適正なもの

得られた因果の関係や事物の性状等についての知識や法則であるとする。例えば，Aという原因が〇〇という程度の蓋然性をもってBという結果を生じさせるといった知識は，それが日常生活上極めて常識的なものであれば，経験則に属するといってよい。

[62] ここで用いている「意味合い」と「重み」という概念は，間接事実の推認力を検討する際に，裁判官側が枠組みとして持つと役に立つというものであって，裁判員に対して，これらの概念を用いて説明するという類いのものではない。意味合いと重みの評価は密接不可分の関係にあり，実際の評議ではこれらの検討が同時に行われていることが多いであろうし，こうした思考過程の分析を逐一裁判員に披瀝する必要もない。しかし，意味合いと重みという2つの側面から当該間接事実に光を当て，分析的な検討を行うことは，裁判官の思考の整理に資するだけではなく，後記のとおり裁判員との評議においても実践的な意義を有するものと考える。

[63] 裁判員ならではの知識・経験に基づき意見が述べられ，裁判の結果等に裁判員の視点・感覚が反映されることで，より良い刑事裁判を実現することにあるとされる（今崎幸彦「裁判員裁判における複雑困難事件の審理」判例タイムズ1221号13頁）。

にする上でも，極めて重要なことといえる[64]。

(ウ) 論理則・経験則等を踏まえた推認を合理的なものとするために留意すべき点としては，①無意識的に誤謬が混入している可能性を意識すること，②当該事案の特徴に即した具体的な議論をすべきことが挙げられる。

①については，過去の経験に基づく判断には，意識的な検討を経ずに当然視している部分が混入していることがあり，その当然視している部分が実は必ずしも当然とはいえない場合がある[65]。事実認定に際しては，証拠に基づく部分とそこから推認している部分とを自覚的に分けて考えることが重要である。

②については，経験則の内容は多種多様である上，その適用範囲も広狭様々であり，当該事案に最も適した経験則を選択・適用する必要があるとされている[66]。事実認定は常に個別判断であることからも，あくまで当該事案の特徴，すなわち，当該事案の証拠関係の下における具体的な事実関係を前提として，推認力の議論を行うよう心がける必要がある[67]。

論理則・経験則の働きを前出の図に補足すると，次のようなイメージになるであろう（間接証拠から間接事実を認定する場面と，間接事実から要証事実を推認する場面の双方において，論理則・経験則は用いられる。）。

---

[64] ヒアリング等では，犯人性が争われた事案ではないが，被告人が被害者の顔面を路上で殴り転倒させて傷害を負わせ，その場で被害者からバッグを取ったとして，強盗致傷罪で起訴された事案において，殴打行為が財物奪取の手段として行われたかが争われ，殴打行為から被害者の体を触るまでの時間的間隔（四，五秒）は，被告人が殴打行為後に金品を奪う意思を抱くに至ったとして不自然ではない長さといえるかについて，裁判員の指摘を踏まえて慎重に議論し，殴打の経緯や態様，財物奪取の態様その他の間接事実も合わせて総合的に検討した結果，傷害罪と窃盗罪が成立するにとどまると判断し，判決が確定した事例が紹介された。裁判員の視点・感覚が反映されることで間接事実の評価に関する判断の厚みが増した事例として参考になると思われる。

[65] 例えば，甲は，スーパーマーケットA店から，中に物が入った状態の白いビニール袋を手に提げて出てくる乙を見て，「A店で買い物をして出てきた。」と思ったとしよう。しかし，甲は，乙がA店から出てきたように思っていたが，実は，甲は，乙がA店の入口前の路上にいるところを見ただけなのに，ビニール袋を手に提げているという乙の姿から，A店から買い物を終えて出てきたと思い込んでしまったということもあり得る。こうした思い込みによる誤謬の危険は，目撃状況に限らず，人の知覚の過程全般に存在し得ると考えられる。

[66] 植村・前掲231頁。

[67] 具体的な議論の在り方は，本報告書第2の3(4)イ（23頁）を参照されたい。
　ヒアリング等では，例えば，犯行現場に残された足跡が某メーカーのシューズにより印象されたもので，被告人が履いていたシューズと同種であるという間接事実について，単に同種のシューズであるという事実だけで考えた場合と，当該シューズは全サイズ合計50足が製造されたにすぎない希少品で，犯行現場からかなり離れた他県（被告人の住居地）を中心に販売されたものであるという具体的状況を踏まえて考えた場合とでは，推認力の評価は異なるものになるはずであるという意見が述べられた。

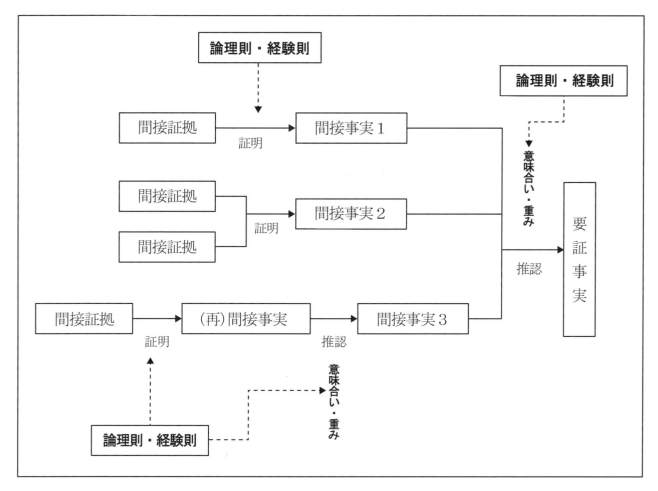

イ 間接事実の推認力検討の具体的手法

　間接事実の推認力を検討するに当たっては，論告と弁論における当事者双方の主張を対比しながら議論を進めていくのが通常であろう。ただし，裁判体が推認力検討の基本的な手法を理解しておくことは重要であるし，模擬事例Ⅰのように被告人が積極的な弁解をせず，弁護人としても反対仮説の可能性を抽象的にしか主張できないケースや，弁護人が間接事実の存在自体を争っているため，当該間接事実が認められることを前提として予備的に反対仮説の可能性を支える具体的なストーリーを提示するといった訴訟活動を行うことが現実的ではないケースでは，的確な主張（反論）が出されないことがあり，裁判体が自覚的に推認力を検討していく必要がある場合も想定されないではない[68]。

68　合理的な疑いを差し挟む余地がない程度の証明があったか否かを審査するのは裁判所に課せられた責務であり，そのために当事者が主張していない反対仮説の可能性を裁判体が検討することが当事者追行主義との関係で問題となるものとは解されない。同様に，間接事実の推認力に関し，当該間接事実が要証事実を推認させる過程について，評議の結果，当事者が主張するのと異なったアプローチとなったとしても，自由心証主義の問題であり，当事者追行主義との関係で問題は生じないと解される。もっとも，このような事態にならないよう，まずは公判前整理手続において反対仮説やその可能性を顕在化させるための努力をすることが重要であるし，仮にこのような事態になった場合には，不意打ち防止の観点から，審理を再開し，必要に応じて期日間整理手続に付するなどして，当事者に対して追加の主張・立証を求

そこで，以下では，ヒアリング等で紹介された推認力検討の具体的手法を明らかにするとともに，これを用いて，模擬事例Ⅰで検察官が主張した間接事実の1つ（証明予定事実記載書2の②の本件火災発生の約13分後にV宅の南方約150メートルに位置する交差点を被告人が所有車両を運転して北から南へ時速約100キロメートルで走行していた事実。以下「自動車運転の間接事実」という。）について，上記具体的手法を実践してみることとする[69]。

(ア) 間接事実が持つ意味合いを確認する

ヒアリング等では，「この事実からどれくらい被告人が犯人であるといえますか」などとストレートに質問しても答えは返ってこないという意見が述べられるとともに，「なぜ被告人はそのような行動をしたのですか」などと問いかけることで，当該間接事実が要証事実との関係でどのような意味合いを持っているかを具体的に確認していくことが有益であるという紹介がされた。

論理則・経験則等を踏まえつつ，当該間接事実の意味合いをよく見つめることは，推認力評価の対象や推認の過程を正しく理解するという意味で推認力検討の出発点であるといえる。また，この作業は，当該間接事実がどこまでの具体的事実を推認させるかを確認することで証拠構造を浮き彫りにする側面があり，場合によっては，当該間接事実が，要証事実を推認させる間接事実に対して意味合いを持つ再間接事実[70]であることが判明することもあろう。

これを自動車運転の間接事実について考えると，まずは「なぜ被告人は，この時間帯にこの場所を，車を運転して時速約100キロメートルで走行していたのでしょうか」などと尋ねることになると思われる。仮に模擬事例Ⅰの評議におけるように，「放火に関係しているからとしか考えられない」という意見[71]が相次いだとすれば，次に「なぜそう言えるのでしょうか」と根拠を尋ねることで，その意見がたどった推認の過程や適用した経験則（のようなもの）を明

めるべき場合もあろう。

69 なお，自動車運転の間接事実については，例えば，被告人が犯行以外の理由で現場にいた可能性が低いことや第三者による犯行の可能性は乏しいことなどといった事情があれば，その推認力評価や，落書き等の理由で現場にいたなどの反対仮説の成否に影響を及ぼすと思われるが，模擬事例Ⅰではこれらについて検察官の主張・立証がなかったことを前提にしている。

70 例えば，事件現場に被告人の指紋が存在するという間接事実について考えてみると，この事実は，被告人が犯人であることを直ちに推認させるわけではなく，直接的には被告人が事件現場に行ったことがあるという間接事実を推認させ，そこから，他の間接事実等も相まって犯人性が推認されるという過程をたどることになる。この2段階目の推認の場面では，指紋の付着が別機会だったかどうかが争点となり得ることから，こうした分析的視点を持つことは重要である。

71 この事実から被告人が「怪しい」と思うのは普通の感覚ともいえるが，問題は「怪しい」の内実，つまり，どうして怪しいといえるのか，反対仮説につながる可能性はないのかであり，それを明らかにしていくことこそが重要である。

らかにしていく必要がある[72]。

また，ヒアリング等では，実際の事例と条件を少し変えて比較・対照することで間接事実の意味合いを確認する手法も紹介された。これにより間接事実から要証事実への推認を支える前提条件（具体的状況）が明らかとなり，そのことが推認力の限界を意識することにつながるといえるが，条件設定を誤ると不当な誘導になりかねない点に注意が必要である。

自動車運転の間接事実でいうと，「仮にV宅が山奥の一軒家である場合と，都会の真ん中にある場合とで，V宅付近を被告人所有車両が通過したことについて，被告人が犯人であるといえる可能性は違ってくるでしょうか」などと尋ねることで，模擬事例Ⅰのような都市部における自動車走行の意味するところが議論の対象となることが期待される[73][74]。

(イ) 反対仮説の可能性の検討を通じて間接事実の重みを検討する[75]

ヒアリング等では，「被告人が犯人でないとすると（真犯人が別にいるとすると），こういう事実はあり得るでしょうか」などと尋ねることで，反対仮説の可能性を検討する手法が紹介された[76]。

当該間接事実の存在を前提として，論理則・経験則等を踏まえつつ[77]，反対

---

[72] そうすることで，「別の用事だった可能性はないでしょうか」という問いかけが可能となり，反対仮説の可能性に目が向いていくことになるはずである。

[73] 中里・前掲341頁は，推認力を検討するに当たっての基本的視点として，推認力の方向や強弱の評価に意味を持つと考えられる限り，間接事実については，日時，場所，態様等をできるだけ具体的に認定しておくことが必要である旨を指摘している。自動車運転の間接事実について考えてみても，本文のような条件を変えた問いかけにより比較・対照の視点が出てくることが期待できるが，それ以前に，間接事実の認定の精度を上げ，被告人所有車両が走行していた道路は被告人の自宅からどの程度離れているのか，道路の制限速度や日頃の交通量はどうか，といった具体的状況を認定しておけば，推認力の限界を共有することは一層容易になるといえよう。

[74] なお，この条件設定を変えた問いかけをすることで，間接事実が持つ意味合いだけでなく，その重みについても当然に議論をすることになろう。

[75] 反対仮説の可能性は，全部の間接事実に対するもの（アリバイなど）と，個々の間接事実に対するものとが想定できる。前者については，基本的には間接事実からの総合判断の場面でのみ問題となるが，後者については，仮に個々の間接事実を認定するたびに推認力を議論するという手法をとるならば，個々の間接事実の認定を行う際と総合判断の際と2度にわたり検討を行うことになる。しかし，総合判断の際の検討は，事実関係全体の中に位置付けて行うものであるから，個々の間接事実を認定する際の検討とは視点が異なる。

[76] ヒアリング等では，複数の裁判官から，被告人が犯人でない可能性として各裁判員が考えたことを出し合った上，証拠に照らしてそのような可能性が残るかを全員で議論している旨の紹介があった。裁判員の意見の述べやすさにも配慮した有効な手法であるが，具体的な証拠との関係を意識しすぎると，合理的な疑いの挙証責任が被告人側にあるかのような誤解を与えかねないので，注意が必要である。

[77] 裁判員とともに経験則を用いて反対仮説の可能性を検討する際に考慮すべき点として，間接事実と要証事実の先後関係という問題がある。

間接事実が要証事実に先行し，要証事実の原因となるような事実である場合には，反対仮説の可能性

仮説の可能性を検討することは，当該間接事実の重みを考える上で有効な方策であり，間接事実総合類型における評議の核心部分ともいえるものであって，欠かすことのできないプロセスといえよう。

　この点，模擬事例Ⅰの評議では自動車運転の間接事実に関する反対仮説の可能性の検討は特段行われていない[78]。ヒアリング等では，模擬事例Ⅰのように，被告人がアリバイ等の積極的な弁解をせず[79]，弁護人からも反対仮説の可能性を支える具体的なストーリーの主張がないと，評議の中で裁判員から反対仮説の可能性が提示されることを期待するのは実際には難しく，裁判官から提示していかざるを得ないという意見が述べられていた。

　間接事実の推認力の議論において，裁判官から反対仮説の可能性を提示することについては，裁判官と裁判員の実質的協働の観点からの検討が必要であろ

は比較的検討しやすい。例えば，模擬事例Ⅰの証明予定事実記載書2の①の動機となり得る事実，③の犯行が可能であった事実については，推論の流れと経験則の示す因果の流れが一致するため，反対仮説の可能性につながるストーリーは想起しやすい（間接事実→要証事実の反対仮説）。被告人に①の事情がある場合に犯行に及ぶ蓋然性が一定程度はあったとしても，我慢したりして，必ずしも犯行に及ぶとは限らない，つまり犯行に及ばないという蓋然性もあるということは誰でも思い浮かべやすいであろう。

　これに対して，間接事実が要証事実に後行し，要証事実の結果となるような事実である場合には，反対仮説の可能性を考慮することは容易ではない。例えば，模擬事例Ⅰの証明予定事実記載書2の②の不審な行動をとっていた事実，④の犯行への関与をうかがわせる言動，⑤の供述態度に関わる事実においては，推論の流れが経験則の示す因果の流れと逆行するため，反対仮説の可能性につながるストーリーを考慮することは難しい（要証事実の反対仮説→間接事実）。④の事情について反対仮説の可能性を検討する際は，被告人が犯人である場合に被告人がツイッターにそのような書き込みをする蓋然性が高そうに見えるので推認力が強いように見えるが，かかる蓋然性だけではなく，そもそも被告人が犯人ではない蓋然性と被告人が犯人でない場合に被告人がツイッターにそのような書き込みをする蓋然性も，意識的に検討する必要がある（ベイズの定理を応用して要証事実の蓋然性を求めるという考え方によれば，要証事実を前提に間接事実が生じる条件付き確率だけではなく，反対仮説を前提に間接事実が生じる条件付き確率をも考慮しなければならず，かつ，間接事実を考慮する前の要証事実の事前確率をも考慮しなければならないということになる。この構造は蓋然性が必ずしも数値化できない場合でも同じであろう。同様の考え方を尤度比の観点から説明するものとして，科学的証拠司法研究92頁＊119参照）。

　このように，推論の方向が経験則の示す方向と一致するかしないかで，反対仮説の可能性の捉え方に大きな違いが出てくることに留意しなければならない。

78　反対仮説の可能性を検討した結果，本件火災発生当夜は落書きがされていないから，被告人は犯行目的で現場付近に行った可能性が高いという結論になったのなら，説得力はかなり違ってくる。ただし，本件当夜に落書きが本当になかったと証拠上いえるのか，落書きをしようとしたら火災が起きているのを見て逃げてきた可能性はないのか，といった再反論は可能である。

79　弁解状況によって検討すべき反対仮説の可能性の内容や総合認定の在り方は異なってくる。例えば，事件現場に被告人の指紋が存在するという間接事実について考えると，被告人の弁解が現場に一度も行ったことがないというものであれば，当該間接事実の否認の主張であり，この事実を認定できるか否かがまず問題となるが，被告人の弁解が別の機会に現場に行ったことがあるというものであれば，当該間接事実の存在を前提として，被告人が別の機会に現場に行った際に指紋が付着したという反対仮説の可能性が検討されるべきこととなる。

う。これについては、裁判官は、説明事項として、反対仮説の可能性を検討することが重要である旨を裁判員に伝えるとともに、問いかけの仕方を工夫するなどして、裁判員から自発的な意見が出るように努めるべきである。しかし、こうした対応をしてもなお裁判員から十分な意見が出ない場合には、裁判官が、裁判体構成員の一人として、反対仮説の可能性やこれを支える具体的なストーリーを自らの意見として述べるべきであり、そのことが裁判官と裁判員の実質的協働の趣旨に反するものとも解されない。ただし、その場合であっても、反対仮説の可能性を議論のそ上に乗せるにとどめ、その後は裁判体構成員全員の間でこれに関する多角的な意見交換が行われるように評議を進行すべきである。

これを自動車運転の間接事実についていえば、「被告人が犯人でないとすると、被告人がこの時間帯にこの場所で車を運転して時速約100キロメートルで走行することはあり得るでしょうか」などと尋ねることが考えられる。被告人が、その時刻にその場所において高速度で車を運転していた理由について、考えられるものを挙げてもらうというのも、反対仮説の可能性を検討する上で有益な手法である。それでもなお反対仮説の可能性の議論が深まらない場合には、裁判官が、犯行以外の理由（落書きなど）で被告人がV宅の近くに行った可能性について言及することもあり得るであろう。

なお、ヒアリング等では、裁判員は犯罪行為など一般的でない行動に関する経験則を知らないことがあり、そのような場合には反対仮説の可能性の議論が難しいとか、被告人の生活環境との違いが大きすぎて、反対仮説の可能性に目が行きにくい場合があるという意見も述べられた。しかし、犯罪行為に関する経験則といっても、通常の社会常識さえあれば判断可能なものが大半と思われる[80]から、本来は予断を持たずに常識的な議論をすることを心がければ評議に支障はないはずであり[81]、生活環境の違いについても同様のことがいえる。ちなみに、裁判員がイメージを持ちにくい事柄について、裁判官の実務経験に基

---

[80] 殺意が争われる事案で、被告人が「頭が真っ白でよく覚えていない」と弁解した場合、裁判員から、自分は殺人をしたことがなく、殺意があるかないかをどのように考えたらよいか分からない、といった質問をされた経験のある裁判官は少なくないであろう。しかし、客観的な行為の態様や前後の状況等から、常識に照らして、そのときの行為者の心理状態、すなわち殺意の有無を判断することは十分可能である。なお、「回収措置に関する経験則」が問題となった最一小決平成25年10月21日刑集67巻7号755頁の判例解説（矢野直邦「平成25年度判解」（刑事）238頁）は、本決定は、無罪の第1審判決を破棄自判した原判決は、職業裁判官のみが知り得る「特殊な経験則」を用いたものでなく、通常の社会常識さえあれば誰でもそのように判断するであろう論理的思考の筋道ないし推認過程という意味での経験則等（経験則ないしそれに準じる事実認定の指針）を摘示し、それと対比して第1審判決の不合理性を指摘したものであることを確認したものといえる、とする。

[81] 仮に特殊な経験則の適用が必要であれば、そのような経験則があることにつき立証が必要であろう。矢野・前掲「平成25年度判解（刑事）」242頁注14参照。

づく一般的知識を参考までに提供する程度であれば[82]，実質的協働の趣旨に反するものではなく，許容されるであろう。

(5) 被告人の虚偽供述や黙秘の扱い
ア 被告人の虚偽供述の扱い

間接事実総合類型では，論告の中で被告人の供述態度，とりわけ虚偽供述が有罪の根拠の1つとして主張されることがある。ヒアリング等でも，被告人の虚偽供述を過度に重視しないように裁判員に説明するのに苦労した経験があるという声が聞かれていた。そのような事象が起こる原因としては，間接事実総合類型における被告人供述の位置付けが裁判体で十分共有されていないことが考えられる。

自己の刑責を否認する被告人の供述（弁解）は，究極的には訴因レベルでの事実を否認する供述か，違法性阻却事由の存在を主張する供述ということになるが，通常，これに沿った形で，①個々の積極的間接事実の存在そのものを否定する主張，②個々の積極的間接事実について，それが存在してもなお要証事実は存在しないという反対仮説が成り立ち得る可能性（個々の積極的間接事実が反対仮説にもつながり得る可能性を示す視点やストーリー）を提示することにより，その重みの程度を争う主張，③個々の積極的間接事実の重みの程度を争うにとどまらず，より広く，要証事実が存在しないという反対仮説を推認させる消極的間接事実を提示する主張，などを伴うことが多い。

要するに，自己の刑責を否認する被告人の供述は，基本的には反対仮説の可能性あるいはそれにつながるものと位置付けるのが相当であり[83][84]，裁判官としては，被告人の供述のこうした位置付けを裁判員に的確に説明し[85]，「被告人の言い

---

[82] 各犯罪には実際には様々な類型があることを裁判員と共有することなどが考えられる。

[83] 被告人が自らの刑事責任を回避しようとして真実を秘匿し，積極的に虚偽のアリバイ主張をしたことが判明した場合に，虚偽供述が積極的間接事実になり得るという見解がある（植村・前掲145頁）。しかし，同見解においても，自らの刑事責任を回避しようとしたものか，積極的に虚偽を述べたものか，といった点は慎重に認定すべきとされている。

[84] 窃盗被告事件で，盗難の日時・場所に近接して被告人が盗品を所持（近接所持）している事実が認められ，盗品の入手経路に関する被告人の弁解が虚偽であることが判明した場合に，弁解の虚偽性が証拠上どのような意味を持つかについては，次のような説明が可能と言われている。第1は，虚偽弁解をしたこと自体が，窃盗犯人認定の積極的な間接証拠の1つとなるという考え方であり，第2は，自らの窃盗行為以外によって当該物品を入手した経路としては，抽象的には種々のものがあり得るけれども，被告人がその入手経路としてある特定の事由を主張している場合には，その主張する経路以外によって入手した可能性は事実上極めて少ないと見てよいとするものであり（第1の見解を論理的に説明したもの），第3は，虚偽弁解をしたということ自体が窃盗犯人認定の積極的な間接証拠の1つとなるものではなく，被告人の弁解が排斥されたことのいわば反射的効果として，被告人の弁解によっていわば停止状態にあったところの，近接所持その他の間接事実による推定力が復活するとするものである（渡邊忠嗣／北島佐一郎「贓物の近接所持と窃盗犯人の認定」小林充＝香城敏麿編『刑事事実認定（下）』88頁）。ヒアリング等では，第3の見解を支持する裁判官が比較的多いようであった。

[85] 裁判官の説明事項である。

分が信用できないことのみから有罪にする」という論理はとることができないことについて，十分な理解を得ておく必要がある[86]。

実際の訴訟では，被告人の供述が虚偽である旨の主張がされることは少なくないが，評議においては，その証拠構造や判断構造上の位置付けを十分意識した上で議論を行う必要がある[87]。

イ　黙秘の扱い

黙秘については，これを被告人に不利益に扱ってはならないのが刑事裁判の鉄則である（憲法38条1項，刑訴法198条2項，311条1項）。裁判官としては，被告人の黙秘が予想される事案などでは，裁判員に対し，黙秘権が保障された趣旨をその歴史的経緯を遡るなどして丁寧に説明する必要がある[88][89]。

ヒアリング等では，模擬事例Ⅰのように「黙秘するのはやましいことがあるからではないか」というような裁判員の発言に接したならば，「そういう理由で有罪にすることはできません」「判決にはそういうことは書けません」と告げるなどして，毅然と対応すべきであったという意見が述べられ，異論はなかった。

<模擬事例Ⅰの検討>

模擬事例Ⅰの評議では，個々の間接事実の推認力，とりわけ反対仮説の可能性が議論されていないことが問題である。裁判官としては，個々の間接事実の推認力を裁判体が自覚的に議論し，これを共有することができるような評議の進行を図るべきで

---

[86] 「嘘つきは泥棒の始まり」という諺があるように，嘘をついている人は何らかのやましいことをしているという考えは，常識的な発想といってよい。問題は，そのやましさが「犯人であること」に由来するかどうかであり，そのことを裁判官は裁判員に丁寧に説明すべきである。

　この点，ヒアリング等では，裁判官から被告人の虚偽供述の危険性を説明するよりも，被告人が嘘をついた理由をまず議論すべきであるという意見も有力に主張された。この議論を行うことにより，嘘をついた理由として，被告人が犯人である可能性以外にも，誰かをかばっているなど様々な可能性が想定され，そのいずれとも確定し難いということになれば，被告人が嘘をついた事実は，結局は当該部分の供述が信用できないということ以上の意味がないことが自然と共有されることになるはずであるという意見であり，傾聴に値すると思われる。

[87] 本来的には，公判前整理手続の中で，被告人の虚偽供述の証拠構造や判断構造上の位置付けについて法曹三者がしっかりと議論をすべきである。仮に検察官が被告人の虚偽供述を積極的間接事実である旨明示して主張してきた場合には，被告人が意図的に嘘をついたと認定できるか，虚偽供述が被告人の犯人性とどのように結びつくかといった点を慎重に検討することになろう。

[88] 裁判官の説明事項である。いわゆる和歌山カレー事件第一審判決（和歌山地判平成14年12月11日判例タイムズ1122号280頁）は，黙秘権の意義につき歴史的経緯を含めて言及している。

　なお，虚偽供述と同様に，黙秘をした理由としては様々なものが想定されることを理解し，黙秘が単純に犯人性を推認させるものではないことを共有するというアプローチも考えられよう。

[89] 同種前科についても同様の問題がある。同種前科を有する被告人の犯人性が争われた場合には，裁判官は，裁判員に対し，原則として同種前科を犯人性の認定に用いることができないことを，その根拠に遡って丁寧に説明すべきである。最一小決平成25年2月20日刑集67巻2号1頁参照。

あった。
　間接事実の推認力の議論の在り方としては，論理則・経験則等を踏まえて，当該間接事実が要証事実に対して持つ意味合いや重み（反対仮説の可能性）を評価することになる。この点，動機となり得る事実として主張された間接事実（証明予定事実記載書2の①）は，冒頭にかなりの時間をかけて議論されており，評議の中でこの間接事実を最初に取り上げるのが相当であったかについては議論の余地があり得るものの，そこにおいて意味合いや重みの分析をしっかりと行っておけば，その後の評議の進行が異なっていた可能性がある。また，自動車運転の間接事実（証明予定事実記載書2の②）については，間接事実総合類型の判断枠組みを踏まえ，特にその意味合いや重みの議論をしっかりと行うべきであった。なお，この間接事実に関し，推認力検討の具体的手法を実践した例は本文に記述したとおりである。犯行への関与をうかがわせる言動として主張された間接事実（証明予定事実記載書2の④）についても，その意味合いや重みの議論を深めること（動機との関連や，「天罰」という言葉に意味があるのか，犯人以外の者がツイッターにこのような書き込みをする蓋然性など）は可能であったように思われる。
　こうした推認力の議論において重要な働きをするのは経験則である。評議の中で裁判員ならではの知識・経験に基づく意見が述べられることは，事実認定を経験則に従った適正なものにする上で極めて重要であり，裁判官は，裁判員から多角的な意見を引き出すように努めるべきである。
　模擬事例Ⅰの評議における裁判員の発言からは，被告人の虚偽供述や黙秘が有罪の心証に少なからぬ影響を与えていることがうかがわれる。裁判官としては，被告人の虚偽供述の証拠構造や判断構造上の位置付けについて裁判員に丁寧に説明し，十分な理解を得ておく必要があったし，模擬事例Ⅰの事案に照らし，黙秘権保障の趣旨についても，より丁寧な説明を行うことを検討すべきであった。

4　間接事実からの総合判断の評議の在り方
(1) 間接事実からの総合判断の難しさ
　ヒアリング等では，合理的な疑いのイメージを裁判体で共有しつつ，間接事実からの総合判断を的確に行っていくことの難しさが指摘されていた。その難しさの中身を分析してみると，①個々の間接事実の推認力の評価を総合評価につなげる方策がうまく共有できないという側面と，②「合理的な疑い」と「合理的でない（抽象的な）疑い」との違いが分かりにくいという側面とがあるように思われる。
　そこで，以下，それぞれについて問題の所在と考えられる対応策を検討することとしたい。

(2) 個々の間接事実の推認力の評価を総合評価につなげる方策
　個々の間接事実の推認力の評価を議論したとしても，それを総合評価にどのようにつなげていくかについて，裁判体が何らの見識も持たず，闇雲に議論しようとし

ても，的確な検討を行うことは難しいといわざるを得ない。

　個々の間接事実が持つ意味合い・重みは様々であり，それらの組合せによる総体としての推認力の程度も事案ごとに千差万別であって，間接事実を総合して要証事実を推認する過程についてマニュアルや公式は存在しない。したがって，裁判体としては，個々の間接事実について検討した推認力を前提に，それらが組み合わさることにより，反対仮説が成立する余地がなくなるのか否かを当該事案に即して具体的に考えていくほかはない。ただし，ある程度基本的な考え方の枠組みを念頭に置くことはできる。

　一般に，独立した間接事実[90]が重なれば重なるほど，反対仮説の可能性は小さくなり，間接事実が全体として要証事実を推認させる力は強くなるものと考えられる[91]。その理由は事案によって様々であり，個別具体的な検討が必要になる。

　この点を付言すると，決して間接事実の個数で全体としての推認力が決せられるわけではないことには注意が必要である。つまり，１つの間接事実であっても，その推認力が極めて強いものであれば，その１つの間接事実で要証事実を十分に推認できると評価される場合もある。反対に弱い推認力しかない間接事実がいくら集まっても，通常は強い推認は働かないといえよう[92]。

　もっとも，間接事実相互の関係次第では，それぞれの間接事実単独では残っていた反対仮説の可能性が，間接事実の組合せにより解消されることがある[93]。例えば，

90　模擬事例Ⅰでいえば，証明予定事実記載書２のうち，①の動機となり得る事実と④の犯行への関与をうかがわせる言動とは，相互補完的な関係にあるといえ，独立性は低いが，この①④の両事実と，②の不審な行動をとっていた事実，③の犯行が可能であった事実，⑤の供述態度に関わる事実とは，相互に独立した関係にあるといえる。

91　ただし，要証事実が不存在（被告人以外の者が犯人である）のときに複数の間接事実が起きる確率は，複数の間接事実があるときに要証事実が不存在（被告人以外の者が犯人である）である確率と必ずしも同じではないことに留意する必要がある。つまり，いわゆるアナザーストーリーが起きる可能性が一見非常に低く見える場合でも，被告人以外に犯人となり得る者がかなりの数いると思われる場合には，被告人以外の者が犯人である可能性が非常に低いとは言えない場合があり得る。これは，模擬事例Ⅰで，被告人が犯人でない場合に被告人がツイッターにそのような書き込みをする確率と，被告人がツイッターにそのような書き込みをする場合に被告人が犯人でない確率とが等しいわけではないのと同様である（本報告書注77（25頁）参照）。

92　前掲最一小判昭和48年12月13日裁判集刑事190号781頁参照。

93　模擬事例Ⅰにおいて，証明予定事実記載書２の②の間接事実に関し，防犯カメラに映っていた車が被告人所有車両と同車種であるとまでしか判別できなかったとしても，車の外装（エンブレムの形，スモークガラス等）が被告人所有車両の外装と酷似していたこと，同時刻頃に被告人の自宅駐車場に被告人所有車両が駐車されていないのを警察官が確認していること，後日の捜索の際に被告人所有車両のダッシュボードから本件火災発生時刻直後の時間帯に現場付近の高速道路料金所を通過したことを示す通行券が発見されたこと，周辺地域で登録されている同車種の車のうち，本件と無関係であることが判明していないのは，被告人所有車両を含む３台だけであったこと，といった間接事実が加われば，被告人が本件火災発生直後に現場付近道路を被告人所有車両を運転して走行したという事実が立証されたと判断されることもあり得るであろう。

被告人の犯人性が問題となっている場合に,「犯人の血液型も被告人の血液型も共にＡ型である」という間接事実ａと,「犯行の日時・場所との時間的・場所的な関係から,犯行の機会があった者は被告人を含めた５名である」という間接事実ｂがあるという事例を考えてみる。これらの間接事実は,それぞれ単体では被告人が犯人であることを強く推認させるものではないが,間接事実ａについてはＡ型以外の者が犯人である可能性が排除され,間接事実ｂについては当該５名以外の者が犯人である可能性が排除されることになる。したがって,仮にこの５名のうち血液型がＡ型の者が被告人しかいないとすれば,２つの間接事実が組み合わさることによって,被告人以外の者が犯人である可能性は排除されてしまう。

　間接事実が相互に独立の関係にない場合にも,同様の思考が必要となるが,これを反対仮説の側から見た場合には,反対仮説が間接事実全体を合理的に説明できないということになるであろう。

　また,例えば共謀の要素としての知情性や偽造の認識,盗品性の認識といった被告人の内心の状態が要証事実となる事例では,そうした認識を推認させる積極的間接事実が時系列に沿って複数積み重ねられていくことにより,時を追って反対仮説が成り立ち得る可能性が次第に低まり,それとの相関において要証事実を推認させる力が高まると評価できる場合もあろう。

　要するに,間接事実の組合せによって反対仮説の可能性が解消されるかどうかを検討するためには,間接事実相互がどのような関係にあるのか,つまり,間接事実の意味合いと他の間接事実の意味合いとの関係を分析することが必要であり,そのためにも各間接事実がそれぞれどのような意味合いを持つかを考えておくことが不可欠である。

(3) **合理的な疑いと合理的でない（抽象的な）疑いとの違い**
　ア　**合理的な疑いと２つの最高裁判断**

　　間接事実総合類型の評議において,最も困難な課題は,間接事実の総合評価の場面において,「合理的な疑い」を「合理的でない（抽象的な）疑い」とどのように区別するかという点であろう。裁判員法39条に基づく裁判員への説明の際には,「証拠を検討した結果,常識に従って判断し,被告人が起訴状に書かれている罪を犯したことは間違いないと考えられる場合に,有罪とする[94]」という説明をしている裁判長が多いと思われるが,実際にどの程度の心証に達すれば,「常識に従って判断し,間違いない」といえるかは,事案によっては非常に悩ましいことがある。

　　ここで,間接事実総合類型において有罪認定に必要とされる立証の程度に関する２つの最高裁判断に言及しておくこととする。まず,１つは,２の(1)で既に紹

94　最高裁判所刑事規則制定諮問委員会で審議された裁判員の参加する刑事裁判に関する規則36条の説明例。刑裁資料289号461頁。

介している最一小決平成19年10月16日刑集61巻7号677頁（以下「平成19年決定」という。）であり，同決定は，「刑事裁判における有罪の認定に当たっては，合理的な疑いを差し挟む余地のない程度の立証が必要である。ここに合理的な疑いを差し挟む余地がないというのは，反対事実が存在する疑いを全く残さない場合をいうものではなく，抽象的な可能性としては反対事実が存在するとの疑いをいれる余地があっても，健全な社会常識に照らして，その疑いに合理性がないと一般的に判断される場合には，有罪認定を可能とする趣旨である。そして，このことは，直接証拠によって事実認定をすべき場合と，情況証拠[95]によって事実認定をすべき場合とで，何ら異なるところはないというべきである。」旨判示している。

もう1つは，最三小判平成22年4月27日刑集64巻3号233頁（以下「平成22年判決」という。）であり，同判決は，「刑事裁判における有罪の認定に当たっては，合理的な疑いを差し挟む余地のない程度の立証が必要であるところ，情況証拠によって事実認定をすべき場合であっても，直接証拠によって事実認定をする場合と比べて立証の程度に差があるわけではないが（最高裁平成19年(あ)第398号同年10月16日第一小法廷決定・刑集61巻7号677頁参照），直接証拠がないのであるから，情況証拠によって認められる間接事実中に，被告人が犯人でないとしたならば合理的に説明することができない（あるいは，少なくとも説明が極めて困難である）事実関係が含まれていることを要するものというべきである。」旨判示している。この点，平成22年判決の判示は，情況証拠からの有罪認定の在り方に関し，新たな判断方法ないし基準を示したものかが問題となり得るが，従来の判例と異なる一般論を提示しようとしたものではないという理解が一般的であり[96]，同判示の趣旨は，被告人の有罪方向を示す多数の情況証拠がある場合に，「被告人が犯人であるとすればこれらの情況証拠が合理的に説明できる」ということのみで有罪の心証を固めてしまうおそれがあることに対し，警鐘を鳴らそうとした点にあると解するのが相当であろう[97]。

各判示の意義を4の(1)で言及した間接事実からの総合判断の難しさの中身の問題と関連付けて考えてみると，平成19年決定の判示は，合理的な疑いとは何かという問題（4の(1)の②）にアプローチをしたものであり，平成22年判決の判示は，個々の間接事実の推認力の評価をいかにして総合評価につなげるかという問題（同①）と，その場合における合理的な疑いの判断の在り方という問題（同②）の双方にアプローチをしたものと整理することができるように思われる。

上記のような理解を前提とし，かつ，平成22年判決の判示が立証の程度に言及

---

[95] 「情況証拠」の概念は多義的であり，間接証拠と間接事実を合わせて情況証拠と呼ぶことが多いが，補助証拠，補助事実をも含んだ意味で用いられることもある（中里・前掲336頁）。

[96] 鹿野伸二「平成22年度判解（刑事）」79頁，河上和雄ほか編『大コンメンタール刑事訴訟法（第2版）第7巻』414頁。

[97] 鹿野・前掲「平成22年度判解（刑事）」79頁。

する際に平成19年決定を引用していることにも照らせば，平成19年決定の判示は，合理的な疑いの有無の判断に際して基本的な指標とされるべきものである。一方，平成22年判決の判示は，反対仮説が間接事実の関係を合理的に説明できないか，あるいは，少なくとも説明が極めて困難であれば，合理的な疑いをいれない証明があったとみてよいとするもので，平成19年決定において示された有罪認定に必要な立証の程度を前提としつつ，複数の間接事実を組み合わせて合理的な疑いの有無を判断する際には，間接事実相互の関係性，つまり，ある間接事実が他の間接事実における反対仮説の可能性にどのように影響するかを具体的に分析することが重要である旨を説いたものと捉えるのが適切であろう。

イ　合理的な疑いの本質的理解を踏まえた検討の重要性

間接事実からの総合判断の場面で，合理的な疑いの検証が不十分となる原因を考えてみると，合理的な疑いの概念やその判断方法について，裁判官から裁判員に対して的確な説明がなされていない可能性が指摘できよう。裁判官には，合理的な疑いの本質的理解を踏まえ，裁判員への説明内容や評議の進行等について十分な検討をしておくことが求められる[98]。

裁判官は，合理的な疑いと合理的でない（抽象的な）疑いとをどのように区別するのか，個々の間接事実の推認力をどう評価し，それらをどのように総合評価につなげるのか[99]，といった点に関し，いかにして裁判員と評議を行っていくかについて日頃から考えを深めておくべきである。そして，評議の際には，裁判員に対して，合理的な疑いとは，健全な社会常識に照らしての疑いであって，単なる直感やひらめきで判断するものではないこと，間接事実の推認力を議論し，反対仮説の可能性を検討する目的は，最終的に合理的な疑いの有無を的確に判断するためであるということをしっかりと説明し，腑に落ちて理解してもらう必要がある[100]。合理的な疑いの意義につき，裁判員の十分な理解が得られないまま，単に反対仮説の可能性について尋ねても，議論の深まりは到底望めないであろう。

98　ヒアリング等でも，こうした検討ができているのかを裁判官が自問自答すべきであるという意見が述べられ，他の裁判官の賛同を得ていた。

99　最二小判平成30年7月13日刑集72巻3号324頁は，被告人を殺人及び窃盗の犯人と認めて有罪とした第1審判決に事実誤認があるとした原判決は，全体として，第1審判決の説示を分断して個別に検討するのみで，情況証拠によって認められる一定の推認力を有する間接事実の総合評価という観点からの検討を欠いており，第1審判決が論理則・経験則等に照らして不合理であることを十分に示していないとして原判決を破棄している。

100　裁判員に重要な法律概念を説明するに当たっては，評議の冒頭に一度説明するだけではなく，評議の経過や裁判員の反応に応じて説明の仕方を変えてみるなどして，裁判員が確実な理解に到達するよう努めるべきであることについては，本報告書第1の2(3)（4頁）参照。なお，ヒアリング等では，合理的な疑いの有無を判断するのが評議の最終段階であることからすると，合理的な疑いについて初期の段階で説明を尽くすよりも，議論を進める中で，事案との関連で具体例を出しながら検討した方がイメージをつかみやすいのではないかという意見が述べられていた。

先に紹介した2つの最高裁判断との関係では，ヒアリング等によると，裁判員に対して，「被告人が犯人であることが常識に照らして間違いないか」という説明だけをしているという裁判官が比較的多く，これらの裁判官は，平成19年決定の判示を踏まえた評議をしているようであった。上記裁判官からは，平成22年判決の判示について，二重否定の表現が分かりにくく，裁判員との評議で用いる有用性を余り感じないとか，事案や被告人の弁解状況によっては使いにくいという意見が述べられていた。

　これに対し，平成22年判決の判示に近い説明を行っている裁判官も少なくなかったが，これらの裁判官の間でも，評議の最後に確認的に用いる程度という裁判官から，当初よりこれに基づいた評議をしているという裁判官まで幅があった。ただ，同判示をそのまま説明で告げているという裁判官は少なく，「被告人を犯人とみれば矛盾しない，説明できるということがあったとしても，それでは足りず，犯人でなければ説明がつかないといえることが必要です」などと，かみくだいて説明している[101]とか，そのよって立つ基本的な視点・視座について繰り返し説明し，趣旨を理解してもらうことに努めているといった意見が述べられた[102]。

　平成19年決定及び平成22年判決は，裁判員に対してその判示をそのまま説明しなければならないとか，評議における判断の手法として使わなければならないという趣旨を述べるものではないと解される。裁判官としては，その判示を的確に理解し，事案の特性に応じて反対仮説の可能性をどのように検討していくか，そのためにどのような評議を行っていくかをよく考えなければならない，と受け止めるべきであろう。

(4) 間接事実からの総合判断の具体的手法

　ヒアリング等では，間接事実を総合して合理的な疑いの有無を判断するための具体的手法として，主として以下のアイの2つの手法が紹介された。

ア　間接事実が組み合わされても反対仮説が残るかを議論する

　1つは，間接事実Aについて犯人でない可能性がαとβだとして，間接事実Bを認定するとαが消えてβが残り，間接事実Cを認定するとβも消えて犯人でない可能性がなくなる，というように，間接事実が組み合わされても反対仮説が残るかどうかを検証するという手法である。これは，4(2)で紹介した事例（「犯人の血液型も被告人の血液型も共にA型である」という間接事実aと，「犯行の日時・場所との時間的・場所的な関係から，犯行の機会があった者は被告人を含めた5

---

[101] ヒアリング等では，評議の冒頭に「『被告人が犯人だと説明できる』と『被告人が犯人でないと説明できない』とは大きな違いです」と告げている旨の紹介があったが，平成22年判決の趣旨の分かりやすい説明例として参考になろう。

[102] ヒアリング等の結果から明らかなように，平成22年判決の判示には二重否定の表現が含まれており，そのままの形では裁判員への説明として使いづらいことは否めないように思われる。同趣旨の指摘は平成22年判決の堀籠裁判官の反対意見にも見られる。

名である」という間接事実bがある事例。仮にこの5名のうち血液型がA型の者が被告人しかいないとすれば、2つの間接事実が組み合わさることによって、被告人以外の者が犯人である可能性は排除されてしまう。）のように、個々の間接事実の推認力の評価を前提として、間接事実相互の関係により、それぞれの間接事実単独では残っていた反対仮説の可能性が、間接事実の組合せにより解消されるかどうかを判断する手法といえる。

　この手法を模擬事例Ⅰで実践してみると、「被告人が本件火災発生直後に現場付近道路を車を運転して走行していた事実から、被告人がV宅に放火をした可能性と、V宅へ落書きをしに行った可能性が考えられるということでしたが、動機や、本件後のツイッターへの書き込みの内容など証拠から認められる他の事実によって、落書きの可能性はなくなったのかどうかを考えてみましょう。」などと問いかけることが考えられる。

イ　全ての間接事実を説明できる反対仮説が成り立つかを議論する

　もう1つは、反対仮説が全ての間接事実を矛盾なく説明できるのか、それともできないのか、言い換えると、全ての間接事実を前提として反対仮説が成り立つかどうかを検証するという手法である。仮に、相当奇妙なストーリーでないと被告人以外の第三者が犯人であるとの説明ができない場合（第三者が超人的な動きをして初めて犯行が可能となる場合など）には、常識に照らして反対仮説は成り立たないと判断することになろう。この手法は、アの結論の相当性を別の観点から検証する手法ともいえ、平成22年判決の判示とほぼ同内容であると考えられる。

　ただし、この手法は、個々の間接事実の推認力の評価を前提としている点に特に注意が必要である。つまり、全ての間接事実の説明が「可能」であるかの判断、反対仮説が「成り立つ」か否かの判断（ストーリーが「奇妙」であるかどうかの判断）には、個々の間接事実の推認力の評価が織り込まれているはずであり、こうした評価を置き去りにして、「可能」かどうか、「成り立つ」かどうかの判断を行えば、それは、直ちに大雑把で直感的な総合判断となってしまうであろう。

　この手法を模擬事例Ⅰで実践すると、「被告人がVに対する恨みを募らせていたこと、本件火災発生直後に現場付近道路を車を運転して走行していたこと、その後のツイッターへの書き込みの内容など、証拠から認められる全ての事実を前提にして、『被告人以外に真犯人がいる』という想定が成り立つかを考えてみましょう。これまで議論してきたそれぞれの事実の意味合いなどを十分に踏まえて考えたときに、そのような想定をしようとしてもおよそ成り立たない場合や、常識的に見て成り立つとは考えられない場合には、『被告人以外に犯人はいない』といえることになります。」などと問いかけることが考えられる。

ウ　間接事実からの総合判断の在り方

　アイの手法は、いずれも間接事実相互の関係性に着目し、合理的な疑いの有無を検証しようとするもので、反対仮説の可能性の検討の在り方についてよく考え

られたものであると思われる。

　これまで検討したところに基づき，間接事実からの総合判断の在り方について考えてみると，平成19年決定によれば，合理的な疑いの有無の分岐点は，抽象的な可能性としては反対事実が存在するとの疑いをいれる余地があっても，健全な社会常識に照らして，その疑いに合理性がないと一般的に判断されるかどうかであり，これを平成22年判決で言及された間接事実相互の関係性にも着目して考えるならば，①独立した間接事実が組み合わさることで反対仮説の可能性が合理的にみて残らないといえる程度に極めて小さいものとなるか[103]，②間接事実相互の関係から，それぞれの間接事実単独では残っていた反対仮説の可能性が，間接事実の組合せにより解消されたといえるか（アの手法），③反対仮説が全ての間接事実を合理的に説明することができないか（イの手法）[104]，といった観点から，健全な社会常識に照らして上記疑いの合理性について判断していくことになるのではないだろうか[105]。

　これらの手法を用いて間接事実からの総合判断を行う際には，繰り返しにはな

---

[103] 科学的証拠司法研究138頁は，「基本的に裁判体の自由心証の問題であるが，現在のＳＴＲ15座位によるＤＮＡ鑑定の識別力を前提とすれば，設例のようなケースでは，ＤＮＡ型鑑定を要素として構成される間接事実により，犯人性について確信に達する心証を形成できるものと思われる。…ＤＮＡ型鑑定を構成要素とする唯一の間接事実がその犯人性を優に推認させ，これを揺るがすような事実や証拠がないような場合には，これのみによる有罪認定も許されると解されよう。」としている。ヒアリング等でも，ＤＮＡの一致を唯一の間接事実とする事案で有罪認定をしたというケースが多数紹介されていた。
　なお，上記「設例」の概要は，次のようなものである（科学的証拠司法研究101頁）。
【設例】
　深夜通行中に強姦（平成29年法律第72号による改正後の罪名は強制性交等）被害に遭った女性から，被害の数時間後に採取された膣内液が科捜研のＤＮＡ型鑑定に付され，2段階抽出された精子のＤＮＡからＳＴＲ15座位及びアメロゲニン型の全てが検出された。その型は，被告人の口腔内細胞につき実施されたＤＮＡ型鑑定により検出されたＳＴＲ15座位及びアメロゲニン型と全てにおいて一致し，その出現頻度は約50京人に一人の割合であると算定された。

[104] ②と③は間接事実相互の関係性を問題にするという意味では同様の判断手法といえるが，②は反対仮説の可能性が消えていく過程に着目しているのに対し，③は反対仮説から全ての間接事実が説明可能であるか否かに着目するものである。また，個々の間接事実と反対仮説の可能性の対応関係が明確でない場合には，間接事実を認定するたびに反対仮説の可能性が消えていくかを考えるより，反対仮説から全ての間接事実が説明可能かを考えた方が適切に判断できる事例もあると考えられることから，別の手法として整理した。
　なお，科学的証拠司法研究138頁＊201は，平成22年判決が，情況証拠による有罪認定について「認められる間接事実中に，被告人が犯人でないとしたならば合理的に説明することができない（あるいは，少なくとも説明が極めて困難である）事実関係が含まれていることを要する」と説示していることとの関係で考察しても，本件設例におけるＤＮＡ型鑑定を要素として構成される間接事実は，まさに「被告人が犯人でないとしたならば合理的に説明することができない事実関係」にほかならないものといえるであろう，とする。

[105] これらはあくまでも判断手法のモデルであり，具体的な事案の特徴をよく吟味しないで，類型的な視点を公式のように当てはめようとすると，的確な事実認定に失敗する危険がある点には注意が必要である。

るが，個々の間接事実の推認力を裁判体で共有した上で，反対仮説が常識的にみて成り立ち得るものであるか否かを個別具体的に考えながら議論を行うことが肝要である。

いずれにせよ，裁判官としては，当該事案の特徴や判断構造等に照らして，合理的な疑いの有無を検証するための最善の方策は何かを十分に検討した上で評議に臨む必要がある。

(5) 判決書の記載

間接事実からの推認や合理的な疑いの有無の判断が常識に基づくものであるべきとしても，その判断過程を論理的に説明できなければならないのは当然である。職業裁判官による事実認定に関しても同様の指摘がされてきた[106]が，裁判員裁判においても，個々の間接事実の評価や間接事実から要証事実を推認する過程をできる限り具体的に判決書に記載し，事後的な検証に耐え得るものにすることは，推認過程の論理性を確保する上で有益な方策と考えられる[107]。

もっとも，事案によっては間接事実からの総合認定の過程を言語化して説明することが必ずしも容易でないこともあると思われる。また，一般的に，裁判員裁判においては，評議終了からさほど時間を置かずに判決が言い渡されることが多く，判決書の作成にかけることのできる時間には限りがあることからも，推認過程の記載は「できる限り具体的に」行うほかはないであろう。

ヒアリング等でも，裁判員に対し，「今言われた理由を文章に書いてみるとどうなりますか」と尋ねるなどして，感覚や印象に偏った議論にならないよう留意しているという意見[108]や，反対仮説の可能性を支える具体的なストーリーを文章化しながら事実認定をした方が説得力を持つし，評議の進め方としても妥当であるとの意見が述べられていた。

なお，裁判員裁判における第1審の判決書の理念型は，結論を導く基本的な筋道が説示された簡潔なものでよいとされているところ[109]，本章における上記提言は，結論に至る判断過程を判決書に明快に示すことを目指すものであり，判決書の過度な長文化や詳密化を奨励するものでは全くない。

仮に，こうした推認過程の説明に十分な説得力がないと感じられるときには，遡って事実認定自体を見直す必要がある場合も考えられよう[110]。

(6) 裁判員への説明案

別紙2は，これまでの問題意識を踏まえ，間接事実総合類型における事実認定の

---

106 村瀬・前掲354頁等。
107 中里・前掲350頁，植村・前掲254頁等。
108 裁判官が裁判員の発言の趣旨を正しく理解し，必要に応じて言葉にまとめるなどの配慮をすることを当然の前提とした意見である。
109 第一審判決書司法研究29頁。
110 中里・前掲350頁。

方法について，裁判員への説明案を2通り考えてみたものである[111]。

> **＜模擬事例Ⅰの検討＞**
>
> 　模擬事例Ⅰの評議では，個々の間接事実の推認力が裁判体に共有されないまま，間接事実から大雑把で直感的な総合判断が行われてしまっており，合理的な疑いの有無について十分な議論がなされていないことが大きな問題である。
>
> 　上記評議では，犯人性の検討に入る前に，裁判長から，裁判員に対し，間接事実を総合して行う事実認定の判断枠組み等について説明が行われたが，裁判員から特に疑問や質問は出ていない。そして，評議の進行中に，反対仮説の可能性を検討する重要性等について，裁判官から説明が補足された形跡も見られず，裁判員に対して適時・適切な説明が行われていたとはいい難い。
>
> 　間接事実からの総合判断の具体的手法としては，間接事実が組み合わされても反対仮説が残るかを議論することや，全ての間接事実を説明できる反対仮説が成り立つかを議論することなどが考えられ，その実践例は本文に記述したとおりであるが，いずれについても個々の間接事実の推認力の評価を十分に踏まえて行う必要がある。
>
> 　裁判官としては，合理的な疑いの本質的な理解を踏まえ，間接事実からの総合判断の在り方について考えを深めておくとともに，模擬事例Ⅰの事案の特徴や判断構造等に照らして，合理的な疑いの有無を検証するための最善の方策は何かを十分に検討した上で評議に臨み，評議においても裁判員に適時・適切な説明をすべきであった。
>
> 　「以上の認定事実を総合した結果」という模擬事例Ⅰの判決書の記載は，上記のような評議の問題をうかがわせるものといえる。

5　多数の間接事実が主張されている複雑な事案の評議について

　多数の間接事実が主張されている複雑な事案においても，評議を行う上で留意すべき事項はこれまでに論じたところと基本的には同じであるが，そうした事案では，多くの証拠関係や事実関係を分析し，その相互の関係性や推認力の程度を共有した上で，総合認定を行うべき要請が一層強く，かかる緻密な検討を欠くと，模擬事例Ⅰのように直感的で大雑把な判断に陥る危険がある。一方で，細かい点に気を取られすぎると，いわば「木を見て森を見ない」状態となり，事件の全体像を見失う危険があり[112]，適

---

[111] 共通部分はいずれの説明にも共通した部分であり，説明案1，説明案2はそれに引き続くものであるが，説明案1は本文の4(4)アの手法を，説明案2は本文の4(4)イの手法をそれぞれイメージしている。もとより，裁判員に対する説明は，事案の内容を踏まえて柔軟に行うべきものであり，常にこのような説明をしなければならないという趣旨で紹介するものではない。

[112] 最一小決平成26年3月10日刑集68巻3号87頁は，覚せい剤の密輸入事件について，被告人から指示を受けていたとする共犯者供述の信用性を否定して被告人を無罪とした第1審判決には事実誤認があるとした原判決は，第1審判決が，受信は記録されていないなどの通話記録の性質に十分配慮せず，それと同共犯者供述との整合性を細部について必要以上に要求するなどしたことや，同共犯者に指示を与えて

切な判断のためには，分析と総合のほどよいバランスをとることが求められよう。こうした作業を的確に行うために，裁判官が果たすべき役割は大きいといえる。

　上記のような複雑な事案では，当事者による分かりやすい主張・立証が行われることがとりわけ重要であるが，裁判官としては，それを前提に，①当該事案の判断構造や判断のポイントを裁判体の構成員が共有できるように十分配慮し，②議論の意味や位置付けを常に明確にしながら評議の進行を図るべきである[113]。加えて，こうした事案では，③時には一歩引いて全体を見直すなど，評議の進行に余裕を持たせることも必要であろう。

　①の観点からは，判断構造等を図に表したものを評議の際に用いるのが有益である。ヒアリング等では，複雑な事案において，検察官が論告の中で示した証拠構造図を用いて評議をしたという意見が複数述べられ，その一例として，多段階の推認を要する事案の再間接事実から一段上の間接事実の推認，その間接事実から要証事実の推認構造が記載された証拠構造図が評議に役立ったという紹介があった。

　②の観点からは，評議における議論の順序を初めに提示すること，今行っている議論の意味（間接事実の認定の問題か，推認力の議論かなど）を常に明確にし，全体的な枠組みの中での当該議論の位置付けも確認しておくこと，議論の経過を目に見える形にして共有することなどが考えられる。ヒアリング等では，多くの裁判官が，評議の際に全員が同時に見ることができる付箋紙やホワイトボード，モニターといったツールの重要性を指摘していた[114][115]。

　③の観点からは，評議の進行を無理のないものにするとともに，一通り評議が終わったあとに，判断過程に論理矛盾がないか，事案全体を常識的な目で見たときに最終結論が不当ではないかといった点を今一度検証すること[116]などが考えられる。ヒアリン

いた第三者の存在に関する抽象的な可能性をもって同共犯者供述の信用性を否定したことなどを指摘して，その判断は経験則に照らして不合理であるとしており，第1審判決の事実認定が経験則に照らして不合理であることを具体的に示したものといえ，刑訴法382条の解釈適用の誤りはない旨判示している。上記事案は共謀が争点であり，その関係で共犯者の供述の信用性が問題とされたものであるが，被告人以外の第三者の存在の可能性が問題となっている点，共犯者の供述以外にも被告人の関与をうかがわせる事情があるとされている点から，間接事実総合類型の判断の在り方を考える上で参考になる事案と思われる。

113 本報告書第1の3(1)イ（7頁）で指摘したところとつながる問題である。複雑な事案では，この点に十分な配慮をしないと，裁判員が自発的な意見を述べることは一層難しくなってしまうであろう。

114 裁判官3名と裁判員6名という多人数で議論を行うものとされた裁判員裁判の評議の設計を考慮すると，視覚化により認識の共有を図ることは，単なる評議の技法（スキル）にとどまらない重要性を有している。とりわけ評議が長期にわたるときは，記憶の保持が難しい場合もあるので，議論の経過を目に見える形で残しておくことが大切である。

115 その実践例として，評議室に巨大な付箋紙を貼り，論点をつぶしながら，その日に行う議論を確認していった例，論点及び裁判員の意見の概要を評議室のモニターに表示し，これを全員で見ながら議論を進めていった例などが紹介された。

116 情況証拠司法研究31頁は，事例によっては，事件の中心的と見られる争点に対する心証から事件全体

グ等では，場合によりいったん終えた議論に戻ってみることも有効であるとの意見が述べられ，また，判決書を起案している中で論点相互の判断の矛盾に気付き，評議をやり直した例も紹介された。

　以上の観点を踏まえつつ，裁判官としては，評議の順序や進行方法等につき予め十分な検討を加えておくとともに，裁判官相互の間で意思疎通を図り，必要に応じて法令解釈等の合議も行っておくべきである[117]が，審理・評議が始まって以降も，新たに生じた問題等[118]に柔軟に対処する力が求められている。

　に対する心証を形成してしまい，これを基に付随する他の争点に対する判断を決めてかかったのではないかと解される場合があり，付随する争点についても，独立して問題点を分析し，その結論いかんによっては，既に形成されている総合的心証を見直せる余地を残しておくべきであろうとする。

117　検討すべき内容は，評議における議論の順序の確認や，裁判長と陪席裁判官の役割分担，法律概念の説明方法等多岐にわたるであろう。もとより裁判官が事前に心証を形成することなどあってはならないが，そのことを恐れるあまり，評議の進行等についての検討が十分行われていないと，いわゆる出たとこ勝負の進行となって，的確な評議が行われないおそれは高まるといわざるを得ない。

118　当事者への求釈明や争点顕在化を図るべきかを検討する必要が生じた場合等が想定される。

(別紙１)

間接事実を総合して行う事実認定の例

事例１

　皆さんが夜寝るときに窓の外を見ると，地面が普通に土の状態だったのに，翌朝起きたら見渡す限り一面に雪が積もっていたという事例を考えます。ここで「夜中に雪が降っているのを見た」というような直接的な証拠はありません。しかし，①寝る前には地面は普通に土の状態であり，②翌朝起きたら見渡す限り一面に雪が積もっていた，という２つの事実から，皆さんは「夜中に雪が降った」と思うでしょう。そうではない可能性を考えると，「誰かが夜中にトラックで雪を運び込んでばらまいた」といった，およそ現実的にはあり得ないようなストーリーしかないと思われるでしょう。このように皆さんが常識に照らして間違いないという確信を持つことができるのであれば，「夜中に雪が降った」という事実を認定することができるのです。これが間接事実から事実認定を行うということです。

事例２

　皆さんが外出して帰宅すると，壁に落書きがしてあったという事例を考えます。家では小学５年のＡ君と，小学１年のＢ君が留守番をしていました。二人とも自分はやっていないと言っています。しかし，①落書きがＢ君の手の届かない壁の高いところに書いてあり，近くに踏み台になる椅子などはなく，②Ａ君の指に落書きと同じ色のインクが少しついており，③落書きの文字に小学校低学年では習わないような難しい漢字が使われていた，という３つの事実から，皆さんは，常識に照らして，落書きをした犯人はＡ君であると断定することができるでしょうし，Ｂ君が犯人であるという疑いは残らないと考えるでしょう。これはまさしく間接事実を総合して事実認定をしていることにほかなりません。

(別紙2)

裁判員への説明案の例

共通部分

　選任手続の際に申し上げたように，刑事裁判においては，不確かなことで人を処罰することは許されませんから，常識に従って判断し，被告人が犯人であることは間違いないといえるときに有罪とすることになりますが，常識に従って判断し，被告人が犯人であることに疑問が残る場合には，無罪としなければなりません。では，目撃証人のような被告人が犯人であることを直接示す証拠がないこの事件において，その判断をどのように考えていったらよいのでしょうか。その考え方の道筋についてご説明いたします。

　この事件では，検察官は，被告人が犯人であることを推測させるいくつかの事実を主張して，有罪の立証をしようとしています。これからの評議では，検察官が主張する事実が認められるかを証拠に基づいて1つ1つ検討していき，ある事実が認められると判断された場合には，その事実から被告人が犯人であるということがどの程度言えるのか，あるいは言えないのかを皆さんと具体的に議論していきます。そして，最後にそれらの事実を総合して，有罪か無罪かを判断することになります。

説明案1

　1つだけの事実なら，被告人が犯人でない可能性がいくつか考えられるのが普通です。しかし，事実がいくつか組み合わされていくと，被告人が犯人でないという可能性がなくなっていき，最後には被告人が犯人でないことはあり得なくなるときがあります。皆さんには，証拠から認められる全ての事実を前提としたときに，被告人が犯人でない可能性が残るのか，残らないのかを考えていただき，その可能性が常識に照らして残らないといえるのであれば，有罪とすることになります。反対に，被告人が犯人でない可能性が常識に照らして残るのであれば，無罪としなければなりません。

説明案2

　証拠から認められる全ての事実を前提にして，「被告人以外に真犯人がいる」という想定が成り立つかを考えてみましょう。これまで皆さんと1つ1つの事実から被告人が犯人であるということがそれぞれどの程度いえるかを議論してきたわけですが，その議論の成果を十分に踏まえ，「被告人以外に真犯人がいる」という想定をしようとしてもおよそ成り立たない場合や，常識的に見て成り立つとは考えられない場合には，「被告人以外に犯人はいない」といえますから，有罪とすることになります。そうでない場合には無罪としなければなりません。

模擬事例Ⅰ

【起訴の概要】

○ 被告人
　A（昭和40年5月10日生，無職）

○ 公訴事実
　被告人は，勤務先の新聞販売店を解雇されたのは同店店長であるV（当時55歳）のせいであると思い込んでVに対する恨みを募らせ，そのうっぷんを晴らすため，A県a市○町△丁目□番×号所在のVほか3名が現に住居に使用する木造スレート葺2階建家屋（床面積合計約157平方メートル）に放火しようと決意し，平成27年2月14日午前2時50分頃，同家屋前路上において，同家屋に立てかけてあった段ボールに灯油をまいて何らかの方法で点火し，その火を同家屋に燃え移らせ，よって，同家屋の外壁等を焼損（焼損面積合計約4平方メートル）させた。

○ 罪名及び罰条
　現住建造物等放火　刑法108条

【証明予定事実記載書1】

第1　被告人の身上経歴，Vとの関係等
　1　被告人は，中学卒業後，土木作業員等の職を転々とし，5年前からはA県a市内の○○新聞販売店で新聞配達の仕事に従事していた。Vは，被告人が同販売店に勤め始めた当時からその店長をしており，被告人の上司に当たる存在だったが，日頃から一人暮らしの被告人のことを気にかけ，面倒を見るなどしていた。
　2　被告人は，酒好きで晩酌を欠かさず，二日酔いで時折早朝の配達に遅刻することがあり，Vから再三注意されていたところ，一向に態度が改まらないことから，平成26年12月末をもって解雇された。被告人は，他の販売員で遅刻する人もいるのに自分が解雇されたのは，Vが個人的に自分を嫌っていたからだなどと思い込んで，そのことを同僚に話すなどしており，Vに対する恨みを募らせていた。

第2　犯行状況等
　1　犯行状況は，公訴事実記載のとおりである。
　　被告人は，数日前の深夜にも嫌がらせのためにV宅を訪れたことがあったが，本件当夜は，自宅から車を運転してV宅付近まで来て，灯油を持ってV宅前路上に赴いたところ，たまたま家の外壁に段ボールが立てかけてあったことから，この段ボールに灯油をまき，携帯していた簡易ライターを用いるなど何らかの方法で火をつけ，放火した。
　2　V宅は，一般住宅が密集した地域にあり，放火当時，V宅では，Vのほか，Vの妻，高校生と中学生の子供が就寝中であった。近隣住民が火事に気付いて119番通報をし，臨場した消防職員により消火活動が行われた結果，家の外壁等約4平方メートルが焼損したものの，本件火災は鎮

火した。
第3　その他情状等

【予定主張記載書面1】
1　公訴事実に対する認否
　　被告人が公訴事実記載の放火に及んだ事実はなく，被告人は無罪である。なお，本件火災は何者かによる放火が原因であることは争わない。
2　証明予定事実記載書に対する認否
　(1)　被告人の経歴や，平成26年12月末をもって勤務先の新聞販売店を解雇されたことは認めるが，同店店長であるVに対する恨みを募らせていたとする部分は否認する。
　(2)　犯行状況等のうち，本件火災の客観的状況は争わないが，被告人は，本件当夜車を運転してV宅付近に行った事実も，V宅に放火をした事実もない。なお，被告人が，本件の数日前の深夜に嫌がらせのためV宅を訪れた事実もない。

【証明予定事実記載書2】
　検察官は，以下の間接事実の積み重ねにより，被告人が本件犯行に及んだことを立証する。
①　被告人は，解雇されて以後，職場の元同僚に時折愚痴を言い，解雇への不満をツイッターに連日のように書き込んでいた。また，本件火災発生の3日前の深夜，V宅敷地に駐車されていたVの自家用車に何者かが赤のスプレーで「バカ」と落書きをしているところ，同車両のボンネットから被告人の指紋が検出されている上，後日被告人所有の自動車を捜索した際にダッシュボード内から赤のスプレー1缶が発見されており，被告人がこの落書きをしたと認められる。被告人は，自分を解雇したVに対する恨みを募らせていたと考えられ，犯行に及ぶ十分な動機を有していた。
②　平成27年2月14日午前3時3分頃，V宅の南方約150メートルに位置する交差点を，被告人所有車両が北から南へ時速約100キロメートルで走行する様子が防犯カメラに映っている。同車両を運転する者は被告人以外にはいないことからすると，被告人が同車両を上記のとおり運転した事実が認められるが，この事実は，被告人に犯行の機会があったとともに，被告人が放火に関係していると推測される不審な行動をとっていたことを示すものである。
③　本件火災発生の3日後に行われた捜索の際，被告人所有車両のダッシュボードから，前記のとおり赤のスプレー1缶が発見されたほか，簡易ライター1個が発見され，また，被告人の自宅から灯油入りのポリタンク1個が発見されており，被告人が犯行に及ぶことは可能だった。
④　被告人は，本件火災発生の約6時間後，ツイッターへ「あーすっきりした。」「天罰が下った。」などと書き込みをしているが，犯行への関与をうかがわせる内容である。
⑤　被告人は，捜査官に対し，当初，本件火災が発生した夜は友人宅へ遊びに行っていたと説明していたが，裏付け捜査の結果，この弁解が虚偽であると判明した後は，その夜の行動状況に関して黙秘を貫いている。被告人の供述態度は極めて不自然である。

【予定主張記載書面２】
　検察官主張の間接事実に対する認否・反論は，以下のとおりである。
① 　被告人は，解雇されたことでＶに不満を抱いたこともあったが，新聞販売店勤務中折りに触れ面倒を見てくれたＶに対して基本的には恩義を感じており，犯行の動機は存在しない。ツイッターや落書きについては，仮にこれらの事実があったとしても，放火という重大犯罪に及ぶ動機としては弱いというべきである。
② 　本件当夜Ｖ宅南方約150メートルに位置する交差点を北から南へ走行したのは被告人所有車両ではない。被告人所有車両と同車種の車は全国で２万台以上販売されており，決して珍しい車種ではなく，不鮮明な防犯カメラの映像だけから車両の同一性を判断することはできない。被告人は本件火災発生当時現場付近にはいなかった。
③ 　スプレー缶は日曜大工に使用しているもの，簡易ライターはたばこを吸うためのもの，灯油は石油ストーブの燃料として購入したものであり，いずれも放火とは無関係である。
④ 　本件火災発生の約６時間後のツイッターへの書き込みは，被告人によると思われる他の日付の書き込みも含め，抽象的な内容であり，放火を意味するものと読み取ることはできない。
⑤ 　本件火災が発生した夜の行動につき被告人が真実を述べなかったとしても，被告人が放火の犯人であるということにはならないし，黙秘を不利益に扱うことも許されない。

【争点整理の経過の概要及び争点整理の結果】
1　争点整理の経過の概要
　　裁判所は，当事者双方の主張書面から，本件は，検察官が間接事実により犯人性を立証しようとする事案であると理解した。
　　そこで，裁判所は，公判前整理手続期日において，当事者双方に対し，本件の争いのポイントはどこか（間接事実の存否が争われているのか，間接事実の推認力が争われているのか）について口頭で求釈明した。これに対し，当事者双方から，①動機の存在，②本件当夜Ｖ宅付近の防犯カメラに映った自動車が被告人所有車両か否か，の２点が間接事実の存否レベルで争いがあり，その他の間接事実については，推認力の強さの程度について当事者間で見解の相違があるものの，最終的には裁判所の御判断にお任せする，と釈明があった。
　　裁判所は，検察官に対し，㋐動機に関し，犯人性の推認力には限界があることから，被告人が解雇されてＶに不満を抱いたという争いがない限度での間接事実に収めることでどうかと提案し，㋑本件火災発生当日の被告人のツイッターへの書き込みは，それ自体では意味が明らかではなく，推認力が乏しいことから，撤回してはどうかと提案した。しかし，検察官は，間接事実の推認力の強さについての判断は，裁判員を含む裁判体が行うべきものであるとして，主張の撤回等には応じなかった。
　　一方で，裁判所は，弁護人に対し，本件当夜の被告人の行動に関する具体的主張をしないのかと尋ねたが，弁護人は，そのような主張は予定していないと回答した。そして，弁護人は，上記㋐㋑の各間接事実に関し，検察官が主張を撤回等しないならば，被告人がＶに送ったメールや被告人のツイッターへの書き込みに関する書証を反証として提出したいと述べた。

2 争点整理の結果

被告人が本件放火事件の犯人であるか否かが争点である。

検察官は，被告人は自分を解雇したVに対する恨みを募らせていたこと，本件火災発生直後にV宅付近路上を被告人が自己の所有車両を運転して高速度で走行していたこと，本件火災発生の3日後に被告人が簡易ライター及び灯油を所持していたこと，本件火災発生後に被告人がツイッターへ犯行への関与をうかがわせる内容の書き込みをしていること，被告人の供述態度が極めて不自然であることといった間接事実を総合すれば，被告人が犯人であることは明らかであると主張する。

これに対し，弁護人は，検察官主張の各間接事実の存在ないしその推認力を争い，被告人が犯人であることについて合理的な疑いを超える程度の証明はされていないと主張する。

【証拠の整理】

省略

【検察官の冒頭陳述】

証明予定事実記載書1，2の内容をまとめて簡潔に述べた。

【弁護人の冒頭陳述】

被告人が犯人ではないことを簡潔に述べた。

【公判前整理手続の結果顕出】

争点及び証拠の整理の結果の要旨を告げた。

【証拠調べの概要】

1 書証
- ○ 検察官請求証拠
  - ・統合捜査報告書（火災関係）
    火災原因は灯油を使用しての放火と推定される旨の記載あり
  - ・統合捜査報告書（犯人性関係）
    (ｱ) 被告人のツイッターへの書き込みに関するもの
      本件火災発生前約2か月間にわたる大量の書き込み（「なんで俺だけ解雇？」「Vにはホント失望した」など）と，本件火災発生の約6時間後の書き込み（「あーすっきりした」「天罰が下った」など）を添付
    (ｲ) Vの自家用車への落書きに関するもの
    (ｳ) 防犯カメラ映像に関するもの
    (ｴ) 被告人所有車両及び被告人方の捜索結果に関するもの
    (ｵ) 被告人の取調べ状況に関するもの
      裏付け捜査の結果，本件当夜被告人が友人宅へは行っていないことが判明して以降，被告

人が本件当夜の行動状況について黙秘している旨の記載あり
- ○ 弁護人請求証拠
- ・ 報告書（メールに関するもの）

  被告人が解雇された後にVに送信したメール（「Vさんのところで働けて良かったです。」「就職先を探していただき，有り難うございます。」）を添付
- ・ 報告書（ツイッターに関するもの）

  本件火災発生前の被告人のツイッターへの書き込み（「よくできました」「気持ちいい」など）を添付

2 証拠物
- ・ 簡易ライター
- ・ スプレー缶

3 T（新聞販売店元同僚）の証人尋問要旨

被告人とは○○新聞販売店で3年ほど一緒に働いており，職場以外でも一緒にパチンコに行くなど付き合いがあった。被告人は，二日酔いによる遅刻が改まらず，V店長により解雇されたが，それ以後，「ほかにも遅刻するやつはいるのに何で俺だけ解雇されるのか。」「Vは本当は俺のこと嫌いだったのかな。」などと時折愚痴を言っており，酒を飲みながら泣いていたこともあった。解雇されたことが相当不満だったようである。

V店長に解雇されたのは被告人だけではないので，店長に不満を持っているのは被告人だけではないと思う。

4 H（画像解析鑑定人）の証人尋問要旨

大学で画像解析を専門に研究しており，これまで警察や検察，裁判所から鑑定依頼を50件くらい受けている。

防犯カメラの自動車の映像を技術的に解析し，被告人所有車両の写真と比較対照した結果，両車両は，型式や色，タイヤホイール等，多くの特徴が一致しており，同一車種と判定できた。さらに，外装，ボンネットのへこみ，ナンバーの最後の数字が「○」であることまで一致していることなどから，両車両は同一車両であると判断した。また，映像中の移動距離と移動時間に基づいて計算したところ，鑑定対象の自動車の速度は時速約100キロメートルと算出された。

鑑定依頼を受けた際には，放火事件という程度のことは聞いたが，映像の車が事件とどう関わっているといった詳細は聞いていない。

5 Vの証人尋問要旨

火事があった日の夜は自宅で妻と子供2人と一緒に寝ており，向かいの家の人が玄関ドアを叩きながら「火事だ，火事だ。」と叫ぶ声で初めて火事に気付き，家から飛び出した。本当に怖い思いをした。消防の人から火事の原因は放火と聞いたが，犯人に心当たりはなかった。3日前の夜にも

自宅敷地に停めていた自家用車に赤のスプレーで「バカ」と書かれた事件が起きており，警察に捜査を依頼していた矢先だったので，放火と何か関係があるのかとは思った。

5年前に被告人を雇った頃から○○新聞販売店の店長をしている。被告人は一人暮らしで身寄りがなく，寂しいだろうと思い，時々下宿に様子を見に行ったり，食事をおごってやったりしていた。被告人は，酒が好きで晩酌を欠かさず，二日酔いで遅刻することがたびたびあり，ほどほどにしろよと再三注意していたが，なかなか改まらなかった。12月に入って被告人が3日連続で遅刻したので，もう限界だと思い，同月末をもってやむなく解雇した。被告人を解雇するときは，理由をきちんと告げており，被告人も納得していた。個人的に嫌いだから解雇したわけではない。日頃から被告人の面倒を見ていたので，次の職場も探してやったが，被告人の年齢がネックになり就職先は見つからなかった。

その後も被告人から，「Vさんのところで働けて良かったです。」「就職先を探していただき，有り難うございます。」といったメールをもらっており，被告人からは慕われていると思っていた。被告人が本当に犯人ならば，厳重に処罰してほしい。

6 被告人質問要旨

5年前から○○新聞販売店に勤務していたが，二日酔いで遅刻を繰り返してしまい，平成26年12月末に解雇された。自分が悪いので，解雇されても仕方がないと思っている。解雇された不満を同僚のTに言ったり，ツイッターに書き込んだりしたかもしれないが，よく覚えていない。Vには，新聞販売店勤務中から，何かにつけて世話になっており，解雇された後も，次の就職先を親身になって探してくれたりして，恩義を感じている。そのことは，Vに送ったメールを見てもらえば分かる。Vには感謝こそすれ，恨みなど全くない。もちろん，Vの車にスプレーで落書きしたことも，Vの家に放火したこともない。

住居地で一人暮らしをしており，所有する車を自分以外に運転する人はいない。車のダッシュボードから見つかった赤のスプレー缶は日曜大工で使っていた。何の塗装にスプレーを使ったかと聞かれても覚えていない。簡易ライターはたばこを吸うためにいつも持ち歩いていた。灯油は自宅の石油ストーブの燃料として本件火災発生の1か月くらい前に購入したものである。Vの車のボンネットから自分の指紋が検出された理由は思い当たらない。

（検察官）事件の夜はどこで何をしていたのか。
（被告人）黙秘する。
（検察官）初めは友人の家へ行っていたと嘘の説明をしたのではないか。
（被告人）黙秘する。

【検察官の論告】

犯人性に関しては，証明予定事実記載書2の内容を証拠調べの結果を踏まえて主張するとともに，被告人の法廷での供述態度が極めて不自然である点も付加して，被告人が犯人であることは明らかであると述べた（求刑　懲役6年）。

【弁護人の弁論】

予定主張記載書面1，2の内容に沿い，被告人が犯人であることについて合理的な疑いを超える程度の証明はされていないと主張した。

【評議の経過】

1　まず本件火災の原因が放火であるかが議論されたが，出火箇所に火源はなく，残焼物から灯油と考えられる油の付着が確認されていることから，灯油を使用しての放火と認定できることに異論はなかった。

2　犯人性の検討に入る前に，裁判長は，裁判員に対し，間接事実を総合して行う事実認定の判断枠組みや，黙秘権の趣旨について説明したが，裁判員から特に疑問や質問は出なかった。

3　初めに，論告の順番に沿って，動機の点について評議を行った。被告人のツイッターへの書き込みや，元同僚Tの証言からも，解雇されたことで被告人がVに不満を抱いたことには異論がなかった。また，被告人がVの自家用車に赤のスプレーで落書きをしたことについても意見が一致した。

　しかし，事件当時の被告人のVに対する感情については，解雇後執拗にツイッターへ書き込みをしており，Vの家まで行って落書きをしているから，恨みを募らせていたとみるべきだという意見と，ツイッターへの書き込みの内容やT，Vの各証言からは，恨みまではなかったとみるべきだという意見とに真っ二つに分かれた。そこで，被告人のツイッターへの大量の書き込みやVに送信したメールの内容を全員で逐一確認することとし，この作業にかなりの時間を要したが，ツイッターへの書き込みが執拗だという意見が次第に優勢となった。最終的には，恨みを募らせていたということで意見が一致し，犯行に及ぶ十分な動機があったということで議論がまとまった。

4　次に，H証言の内容について評議した結果，車両の同一性等に関するHの判断手法・過程が合理的であり，同証言の信用性に疑いはないことで意見が一致した。同証言等に基づき，本件火災発生直後，V宅付近交差点を，被告人が自己所有車両を運転して時速約100キロメートルで走行した事実が確認されたが，裁判員からは，「火災発生の13分後にVの家の方から逃げるように高速度で車を走らせているのは，放火に関係しているからとしか考えられない。」といった意見が相次いだ。

5　被告人が簡易ライターと灯油を所持していたことについては，放火とは無関係ではないかという意見も出たが，少なくとも被告人が放火の犯行に及ぶことは可能だったということに異論はなかった。

6　被告人のツイッターへの書き込みについては，これだけでは本件火災との関係は分からないという意見も複数出たが，火災発生の約6時間後の時点での書き込みであることから無関係とは思えないという意見も強く，少なくとも放火への関与をうかがわせるかのような内容の書き込みをしているということで意見が一致した。

7　続いて，被告人供述の検討が行われた。裁判員からは，被告人の話には明らかな嘘があり，信用できないという意見が多く聞かれた。さらに，複数の裁判員から「嘘がばれて黙秘に転じたというのはおかしい。」「本当にやっていないなら当日の行動につき説明ができるはずで，黙秘するのは，やましいことがあるからではないか。」といった意見が出たので，裁判長は，裁判員に対し，黙秘していること自体を不利益に扱うことはできないという刑事裁判のルールを改めて伝え，注意喚起

- 50 -

を行った。

8　以上のとおり，主として間接事実の存否に関する評議が行われたが，間接事実の持つ推認力を意識した議論は特に行われなかった。

そして，犯人性についての最終評議が行われ，「これだけの情況証拠がそろっているから，常識的に考えて犯人であることは間違いない。」とする有罪意見が裁判員の大勢を占めた。裁判官は2名が無罪，1名が有罪意見であり，評決の結果，有罪の結論となった。

9　（量刑評議は省略）

【判決の骨子】

〈主文〉

被告人を懲役5年に処する。

未決勾留日数中120日をその刑に算入する。

〈理由の要旨〉

（罪となるべき事実）

被告人は，勤務先の新聞販売店を解雇されたのは同店店長のVのせいであると思い込んでVに対する不満を抱き，その腹いせのため，A県a市○町△丁目□番×号所在のVほか3名が現に住居に使用する木造スレート葺2階建家屋（床面積合計約157平方メートル）に放火しようと決意し，平成27年2月14日午前2時50分頃，同家屋前路上において，同家屋に立てかけてあった段ボールに灯油をまいて何らかの方法で点火し，その火を同家屋に燃え移らせ，よって，同家屋の外壁等を焼損（焼損面積合計約4平方メートル）させた。

（争点に対する判断）

1　（証拠）によれば，平成27年2月14日午前2時50分頃，何者かが判示V宅家屋に立てかけてあった段ボールに灯油をまいて何らかの方法で点火し，その火を同家屋に燃え移らせて外壁等を焼損（焼損面積合計約4平方メートル）させたことが認められる。

本件では，この放火犯人が被告人であるか否かが争われているので，以下，当裁判所が被告人の犯人性を肯定した理由を説明する。

2　（証拠）によれば，被告人は，職場を解雇されて以後，元同僚であるTに対し，解雇されたことの愚痴を時折言っており，ツイッターにも解雇への不満を連日のように書き込んでいたことが認められる。また，（証拠）によれば，本件火災発生の3日前の深夜，V宅敷地に駐車されていたVの自家用車に何者かが赤のスプレーで「バカ」と落書きをしていること，同車両のボンネットから被告人の指紋が検出されていること，本件火災発生の3日後に行われた捜索の際，被告人所有車両のダッシュボード内から赤のスプレー缶が発見されていることが認められ，これらの事実によれば，被告人が上記落書きをしたものと認められる。

上記事情に照らすと，被告人が，職場を解雇されたことに関し，Vに対する恨みを募らせていたことが推認され，犯行に及ぶ十分な動機を有していたと認められる。

3　証人Hの証言及び防犯カメラの映像によれば，平成27年2月14日午前3時3分頃，V宅の南方約150メートルに位置する交差点を，被告人所有車両が北から南へ時速約100キロメートルで走行した

事実が認められる。この点，弁護人は，H証言の信用性を争うが，車両の同一性等に関するHの判断手法・過程に不合理な点は見当たらない。

　そして，被告人所有車両を運転する者は被告人以外にいないことからすると，被告人が同車両を上記のとおり運転した事実が認められるが，この事実は，被告人に犯行の機会があり，かつ，被告人が放火に関係していると推測される不審な行動をとっていたことを示すものである。

4　（証拠）によれば，本件火災発生当時，被告人が簡易ライターと灯油を所持していたことが認められる。確かに，ライターや灯油には通常の用途があることから，その所持の事実自体が不自然とはいえないものの，被告人が本件犯行に及ぶことが可能だったことを示す事情といえる。

5　（証拠）によれば，被告人は，本件火災発生の約6時間後，ツイッターへ「あーすっきりした」「天罰が下った」などと，放火への関与をうかがわせるかのような内容の書き込みをしていることが認められる。

6　（証拠）によれば，被告人が，捜査官に対し，当初，本件当夜友人宅へ遊びに行っていたと説明していたが，裏付け捜査の結果，この弁解が虚偽であると判明した後は，犯行に関し黙秘していることが認められる。当公判においても，被告人は，ツイッターへの書き込みやVの自家用車への落書きといった証拠上明らかな事実について，記憶がないと述べ，あるいは否定しており，その供述態度はかなり不自然といわざるを得ない。

7　以上の認定事実を総合した結果，当裁判所は，被告人が本件放火事件の犯人であることについて合理的な疑いをいれない程度に証明がされていると判断した。

第3 正当防衛の成否の判断について

1 問題状況

　　正当防衛の成否の判断が問題となる事案（以下「正当防衛類型」という。）の評議に関しては，ヒアリング等の結果，正当防衛類型には様々な事案があり，①個々の要件及び判例理論を含む法解釈のうち，当該事案で争点（すなわち，裁判体が実質的に判断すべき事項）となる点について，裁判員とその理解を共有するとともに，②当該事案の判断に最もふさわしい判断枠組みを設定し，③実質的な侵害の急迫性や防衛行為の相当性等の評価的な総合判断に当たって重要な事実関係を適切に取り上げて当てはめの作業を行っていくことの難しさが浮き彫りになった。

　　模擬事例Ⅱの評議は，正当防衛の成否の前提となる事実の認定の順序に問題があり，その結果不合理な事実認定になっていると思われるほか，証拠に現れた事実関係から必要な事実に焦点を当てて刑法36条に当てはめる作業も，十分にされていないと考えられる。さらに，そもそも，いわゆる積極的加害意思論や防衛行為の相当性の要件に関して，裁判官がその説明事項と協働事項の区別を十分に理解しつつ，裁判員の疑問にも配慮するなどしながら審理・評議を進めたといえるか，裁判官による過不足のない説明によって裁判員が十分な法的理解を持ち，その上で協働できたといえるかどうかについても，疑問の残る内容となっている。

　　正当防衛類型に関しては，難解概念司法研究において，その概念の説明の在り方等が検討されているが，本章では，前述のような実務が直面する問題状況を踏まえ，裁判員との協働を全うできるための評議の方策や，これを踏まえた模擬事例Ⅱにおける問題と改善策について論ずる[119]。なお，侵害を予期した上で対抗行為に及んだ場合の急迫性の判断の在り方については，本研究中に後記平成29年決定が出されたので，同決定を踏まえた今後の評議の在り方についても言及する。

2 正当防衛の成否の判断における裁判官と裁判員の協働の在り方

(1) 正当防衛類型における争点と評議の進行

　　一口に正当防衛類型といっても，争点の内容や性質は，問題となる個々の要件や当事者の主張によって様々である。最も単純なのは，相手の侵害行為があったかどうかなどの事実認定によって結論が決まるケースであろう。一方，刑法36条への当てはめが問題となる場合，実質的な侵害の急迫性（又は正当防衛状況）や防衛行為の相当性が認められるかどうかといった争点の場合には，諸事情の総合評価が求め

---

[119] 正当防衛類型に関しては，説明事項に関する説明の在り方にもかなりの紙幅を費やした。この点，争点に関する説明は，第一義的には検察官及び弁護人が冒頭陳述や論告・弁論で裁判員に分かり易く行うことが期待されることから，本章の内容は両当事者にとっても参考になると思われる。

　　ただし，正当防衛に関しては，これが問題となった事案は必ずしも多くなく，本研究の対象とすることのできた事案の数に限りがあったことに留意されたい。

られる。もとより，事実認定と当てはめにおける総合評価とが複合的に問題となる事案もある。

　したがって，評議の進行の在り方も，当該事案における争点の内容や性質によって，これに適した形で行われる必要がある。事実認定によって結論が出る場合の評議の進行は比較的単純であろう（ただし，後記のとおり事実認定評議において配慮すべき点は存在する。）。一方，当てはめに際して諸事情を規範的な観点から総合評価しなければならない場面では，論告・弁論で主張された諸事情を踏まえ，場合によってそれらでは不足している事情等にも着目しながら，前提となる事実関係の中から重要と思われる事情を抽出して，当該事情が争点にどう影響するのかを評価した上で，それらを総合するとどのような結論になるのかを議論していくこととなる。

(2) 裁判官が果たすべき役割

　総論で論じた評議において裁判官が果たすべき役割について，正当防衛類型の評議に即すると次のようになる。

　説明事項については，裁判官は，刑法36条の基本的な趣旨について裁判員に説明し，これを裁判体で共有しながら審理や評議に臨むことが肝要である[120]。その上で，裁判官は，侵害の急迫性，防衛行為の相当性等といった当該事案における争点につき，必要に応じてその具体的内容や法解釈を裁判員に説明することになる。一定の価値基準に基づいた判断を要求していると解される争点[121]について真に争われている場合には，裁判官は，その意味するところが伝わるような，かつ，当該事案の具体的な問題に応じた柔軟な説明を，分かり易く行い，その判断枠組みを理解してもらうことが求められる。その際，説明が実質的に協働事項に及ぶことがないよう十分留意する必要がある。裁判員との間で法解釈や法の求める価値判断が実質的に共有された状態に至っていれば，あえて明示的に当該法解釈等について説明せずとも足りる場合もあろう[122]。裁判官は，そうした点も含めて，協働に適した説明の在り方を事案ごとに模索していく必要がある。

　協働事項のうち，事実認定に関しては，裁判官と裁判員の果たすべき役割に基本的に異なるところはないが，正当防衛類型の場合，相手の侵害行為等の，公訴事実以外のより広い事実関係を認定しなければならず，裁判官は，認定事実に矛盾が生じないようにするため，証拠評価の検討順序等にも意を用いながら評議を進行する役割を果たすことが求められる。

　当てはめに関し，諸事情の規範的な総合評価を求められる場面においては，裁判官は，論告・弁論を基に裁判員と対等の立場で議論を行うことになる。正当防衛の

---

[120] 正当防衛は，裁判官が適切に説明を行えば，裁判員が理解したり納得したりすることが比較的容易な概念であることが，ヒアリング等を通じて判明している。
[121] 後述する実質的な侵害の急迫性や，いわゆる自招行為が先行する場合の正当防衛状況等である。
[122] 前述した事実認定によって正当防衛の成否が決まるような場合には，法律要件の簡潔な説明で足り，立ち入った説明までは不要であることが多いと思われる。

成否は，社会常識に根差した判断をする余地の大きい類型であるといえる上，責任能力等と異なり，一般市民である裁判員にもイメージがしやすく，意見が述べやすい事項であると思われる。したがって，裁判官は，裁判員の多様な意見を十分に引き出し，議論のそ上に載せ，裁判内容に適切に反映されるよう努める必要があるが，他方では議論が刑法36条の趣旨や要件判断に沿った形で的確に行われるように関与していく必要もある。議論の中で不足している視点等がある場合には，裁判官は，その視点等を提示する役割も担っているといえよう[123]。

3 刑法36条の基本的な趣旨についての説明の在り方

(1) 説明の必要性

まず，ヒアリング等によると，当然のことではあるが，裁判官は，評議に先立ち，裁判員に対して刑法36条の条文に加え，その基本的な制度趣旨を説明している。

その理由としては，難解概念司法研究において指摘されているように[124]，「正当防衛」という言葉自体は一般に知られているものの，通常は刑法36条が規定する正当防衛について裁判員が知っているわけではなく，同条の当てはめを行う上で，裁判員に正しい理解を持ってもらうことにあるとの意見が多く聞かれた。また，正当防衛が問題となる事案においては，侵害を予期した上で対抗行為に及んだ場合の急迫性のように，刑法36条の基本的理解を踏まえて諸事情を総合考慮しなければならない場合があるほか，当事者が必ずしも着目していない事実関係を裁判所が評価の対象に加えて当てはめをする必要がある場合もあり，こうした場合における評議では，裁判官と裁判員の間で刑法36条に関する基本的理解を十分共有し，議論に向けた考え方の素地を作っておくことが重要であるとの意見も聞かれた。したがって，この点は，協働の前提として必須の説明事項であるといってよい。

(2) 説明の内容や方法等

最二小決平成29年4月26日刑集71巻4号275頁（以下「平成29年決定」という。）は，「刑法36条は，急迫不正の侵害という緊急状態の下で公的機関による法的保護を求めることが期待できないときに，侵害を排除するための私人による対抗行為を例外的に許容したものである。」と説示している。同決定が出る前に行ったヒアリング等を通じてみても，刑法36条の趣旨については，このような法治国家における公的保護の補充的手段としての「法の自己保全」の観点から，かみ砕いた説明がされている例が一般的であり，裁判員にも理解しやすいようである。例えば，「法治国家においては，紛争の解決は公的機関に委ねられており，自己の正当な権利を守るためであっても，相手を傷つけるなどの実力を行使して自力でこれを守ることは，

---

[123] 本文で述べたとおり，評議では論告・弁論を基に議論するので，基本的な視点は当事者から提供されているはずであるが，例えば，裁判員の視点・感覚に基づく意見に端を発して，裁判官も論告・弁論では取り上げられていなかった新たな視点に気付かされることもあると思われる。

[124] 難解概念司法研究20頁。

原則として禁止されている。しかし，不法な攻撃が差し迫っており，公的機関による保護を求めることが期待できないような緊急の場合にまで，そのような攻撃をただ受けなければならないというのは不合理である。そこで，刑法は，被告人にとって，不法な侵害行為が差し迫っている状況において，自分の身を守るためにやむを得ずにした行為については，例えばそれが人を殺傷する行為であっても，正当防衛として無罪にすることとしている。」といった説明である[125]。

なお，ヒアリング等の中で，上記説明をする際に，裁判官は，正当防衛行為が，本来は構成要件に該当する犯罪行為であり，原則として違法な行為であるにもかかわらず，その違法性が阻却されて無罪になる場合であるという，刑法36条の持つ意味合いやニュアンスを特に裁判員に正しく理解してもらえるよう意識して説明をすべきである，との意見もあった。この点は，説明に当たって留意すべきであると思われる。

また，こうした説明は，最終評議ではなく，公判前整理手続の結果顕出の直後といった審理の早い段階から行われているのが実情のようである。裁判員が刑法36条の趣旨を正しく理解した上で証拠調べに臨むという観点からは，望ましいことといえよう[126]。ただし，総論で論じたように，上記のような審理の早い時点であまりに詳しい説明を行うと，初めて刑法36条に接する裁判員がかえって混乱する可能性がある点には留意すべきである。また，最初の説明だけで裁判員に刑法36条の趣旨や要件が十分に伝わるとは限らないから，裁判官は，その後の公判審理や評議の中でも，裁判員の反応を見ながら適宜説明を加えるなどして，基本的理解を共有できるよう努めるべきである[127]。

＜模擬事例Ⅱの検討＞
1　模擬事例Ⅱにおいて，裁判官は，公判前整理手続の結果顕出後に刑法36条の一般的な説明を行っており，裁判員にその趣旨を正しく理解した上で審理に臨んでもら

---

[125] さらに，このような一般的な説明と併せて，裁判員に対し，自分の家に誰かが殴り込んでくることが分かった場合，普通はどうするか，突然路上で誰かに殴りかかられたらどうするかなど，いくつかの例を投げかけて裁判員自身に考えてもらい，イメージをつかんでもらうといった実践例も見られた。

[126] ヒアリング等では，刑法36条の趣旨や要件といった説明事項は，当事者が冒頭陳述の中で分かりやすく説明すべきであり，あえて裁判官がそれよりも前に説明しておくまでの必要はないという意見が多かったが（本報告書注3（1頁），注10（4頁）参照），当事者の冒頭陳述を法廷で聞きながら理解するためには，罪状認否の直後に休憩時間を設けて説明すべきであるとの意見もあった。

[127] なお，いわゆる難解概念に共通する事柄であるが，裁判官が裁判員に対して法律要件や解釈を適切に説明できるためには，裁判官自身が当該要件や解釈について，その趣旨や本質を十分理解しておく必要があることはいうまでもない。そもそも，公判前整理手続において裁判官がこの点を十分に理解していなければ，適切な争点整理を行い得ないと考えられるが，合議体を構成する各裁判官が当該問題となっている要件・解釈について十分に理解しておくとともに，裁判官同士も共通理解を持っておくことが重要であろう。

うことを意識した点は評価できる。しかし，裁判員が疑問を持っていないかを把握しようと試みたかどうかは不明であるし，その後の公判審理や評議の中で，追加的・補足的な説明をした様子もうかがわれない。審理の早期の段階の説明だけで裁判員に刑法36条の趣旨が十分に伝わるとは限らないから，裁判官は，裁判員の理解度に常に気を配り，必要に応じて説明を補足したり，全員で議論するなどして，裁判体が正当防衛の基本的な理解を共有できるように努める必要がある。

2 しかも，本件では，刑法36条の基本的な趣旨と併せて積極的加害意思論に関する説明まで行われており，説明内容が裁判員にとって容易なものでなかった可能性がある。裁判官としては，審理開始当初の説明は簡潔なものにとどめるなど，説明の内容や分量を説明の時期によって配慮する必要があるし，審理の過程で裁判員が混乱していないかどうかなどについて細心の注意を払うべきであろう。

4 前提事実に関する評議において事実を認定していく順序[128]

(1) 問題状況と検討

正当防衛類型における事実認定に関しても，その一般的な注意則が当てはまることは当然である。もっとも，正当防衛の判断に当たっては，公訴事実（構成要件該当事実）以外の，より広い事実関係を認定しなければならないことから，それらの事実をどのような順序で認定していくかという問題が生じ得る。

この点，ともすると，まず，公訴事実の認定又は構成要件該当性の判断という観点から，被告人の行為の有無・内容を認定し，次いで，違法性阻却事由の成否という観点から，相手による侵害行為の有無・内容等を認定するという順序で評議を行うことを考えるかもしれない[129]。しかし，相手の侵害行為と被告人の対抗行為とは，通常は原因・結果の関係に立つ連続性・関連性のある事実である。にもかかわらず，それらの一連の事実について，証人や被告人が「相手から攻撃があり，そのために被告人が反撃した」旨の供述をしている場合に，被告人の行為に関する供述部分だけをまず取り上げてその信用性を検討し，次いで相手の侵害行為に関する供述部分の信用性を検討するといった順序をたどると，証拠を分断的に検討することで，一人の供述の信用性評価に不合理なねじれが生じるなど証拠評価に矛盾を来し，本来双方共に認定又は否定すべきはずの被告人の行為と相手の侵害行為の一方だけを否定するなどの不自然な事実認定に至るおそれが高くなると思われる。この点はヒアリング等においてもおおむね意見が一致した。

---

[128] 本章の構成上，個々の要件に関する問題の前に事実認定一般に関する問題を論じたが，実際の評議においては，模擬事例Ⅱがそうであるように，正当防衛に関する事実の認定評議をする前提として，争点となっている個々の要件の内容や法解釈についての裁判官の説明が先行することが多いであろう。そうしないと，何のために事実を確定しようとしているのかが裁判員に理解されないと考えられる。

[129] 実際，本研究で検討した記録の中にも，そのような順序で事実認定の評議をしたのではないかと思われるものがあった。

したがって，このような場合，基本的には，前提事実をまとめて認定すべきであり，供述の信用性評価を行う際には，当該供述が全体として信用できるか否かという形で評議をすべきであろう[130]。仮に被告人の行為と相手の侵害行為とを別々に検討する場合には，後者の評議を行う際（又は行った後）に前者の評議の結果に立ち返るなどして，証拠評価に矛盾が生じていないかどうかを確認するなどの作業が必要であると思われる。ヒアリング等を通じてみても，適切な事実認定を行っていると思われる事案では，このような検討順序によって前提事実を認定している[131]。もっとも，同一人の供述であっても，時間的に隔たっているなど，相互の関連性が乏しい複数の事実関係を述べることもあり，そのような場合には，まとまりのある事実関係ごとに評議を行うことが可能な場合もあろう。

　　このように，正当防衛の成否の前提となる事実の認定評議においては，裁判官は，事実関係や証拠評価のまとまりの観点を十分考慮した上で，合理的な事実認定に至るために，適切な評議の順序を見極めていく必要がある[132]。

(2) 殺意の有無と正当防衛の成否が争われた場合の事実認定の順序等

　　応用的な問題として，殺人（未遂を含む。）事件において，殺意の有無と正当防衛の成否が併せて争われることがあり，この場合にも，殺意の認定と正当防衛に関する事実の認定をどのような順序で行っていくかという問題が起きる。

　　この場合，そもそも被告人による攻撃態様に関する争いに起因して殺意が争われているのであれば，前記(1)と同様，正当防衛状況に関する証拠の評価と殺傷行為の態様に関する証拠の評価との間に矛盾が生じないようにするため，基本的には，被

---

[130] なお，検察官の立証責任を踏まえると，検察官側の証人の供述と被告人の供述とを対比させてどちらが信用できるかを検討するよりは，被告人の供述をひとまずおいて，検察官側の証人の供述が信用できるかどうかをまず検討するのが適当であろう。

[131] なお，本文の5以下において述べるように正当防衛の成否の判断を要件ごとに行っている例が多いことと，前提事実をひとまとめにして認定すべきこととの関係については，まず事実を全体として認定した上で，これを踏まえて個別の要件ごとに当てはめを行うということになると思われるが，事案の複雑さの如何等によっては，いったん大筋の事実を認定した上で，刑法36条の個々の要件を見ていく中で，更に具体的な事実を認定していくといったように，当てはめと事実認定とを行ったり来たりしながら評議が進む場合もあり得ると思われる。後者の場合には，本文で示したように，全体としての事実認定（証拠評価）が不合理なものとならないよう，特に留意する必要がある。

[132] 裁判官は，証拠調べの内容を踏まえながら，証拠評価のまとまり等を検討していくことになろうが，公判前整理手続において，検察官の証明予定事実記載書に掲げられた証拠方法から，被告人の対抗行為や相手の侵害行為がどのような証拠によって立証する予定なのかを把握できれば，なお理想的であろう。例えば，本研究で検討した事案の中には，公訴事実に掲げられた被告人の暴行態様を被告人供述によって立証するという証拠構造でありながら，検察官が，被告人が供述する相手の侵害行為はなかったと主張しているものもあった。裁判官としては，このような主張には証拠評価の点から相当に難しい面があることを早期に気付き，争点整理や評議に活かせれば望ましい。また，当事者の論告・弁論においても，本文のような事実関係や証拠評価のまとまりという観点を踏まえた主張の組立てがされていれば，評議もしやすいといえる。

告人の攻撃態様と殺意を先行・独立させて検討することはせずに，まずは供述証拠が全体として信用できるかどうかをまとめて検討するなどし，客観的事実の一連の流れがどのようなものであったかを認定すべきであろう。その上で，殺意の有無を検討し，更に正当防衛の成否に関する当てはめを行うのが自然な議論の流れであると思われる。本研究を通じてみた事案でも，そのような順序で検討をしているものが多かった。

　一方，被告人の攻撃態様については争いがなく，殺意の点は専ら評価的な総合認定のみが争いになっている場合等において，被告人が攻撃に及んだ経緯や動機を検討せずとも，当該攻撃の態様や創傷の部位・程度，凶器の性状・用法等だけから殺意の有無を容易に判断できる場合もあると考えられる。そのような事案であることがあらかじめ予想されるのであれば，殺意の有無の判断のみを先行させ，その後に正当防衛に関する事実関係を検討しても構わないであろう。もっとも，この場合にも，被告人のほうは相手の侵害行為と自己の対抗行為とを一連のものとして供述しているはずであるから，殺意の有無に関する検討を先行させ，殺意がなかったと述べる被告人の供述部分が信用できないとの結論に至った場合には，その信用性判断が正当防衛にまつわる事実関係に関する被告人供述の信用性に及ぼす影響を十分検討し，信用性判断が不合理にならないように配慮する必要があろう。また，相手による侵害行為の内容等が被告人の動機形成に与えた影響を議論した方がよいと思われる場合には，まず一連の客観的事実の流れを認定していくということになろう。

＜模擬事例Ⅱの検討＞

　模擬事例Ⅱの評議では，まず，【評議の経過】1で，公訴事実に限定して事実認定を行い，被告人の暴行が証拠から認定できるかどうかを評議し，その中で，特にSと被告人の供述に食い違いのあるVの転倒後の暴行態様について，S供述を信用できると結論付けている。次いで，3で積極的加害意思が問題となる場面に限定して事実認定を行い，その後，4で過剰防衛の成否の問題に関する事実を認定する中で，1とは離れて再びS供述と被告人供述の信用性を検討し，この場面では被告人供述を必ずしも排斥できないという結論に至っている。しかし，1の点でS供述を信用するのであれば，「Vは（殴打されて）頭から出血し，痛そうな表情で後ずさりし，ナイフを落として横向きに倒れた。転倒後のVはほとんど動けない様子だったが，被告人はVに近づき，頭や背中をコンクリートブロックで数回殴った。」と述べているS供述全体が信用できると評価し，被告人の「Vは転倒してナイフを落としたが，すぐに立ち上がり，付近に落ちていた石を拾うと，腕を振りかぶって投げつけてきた。」という供述は，これと整合しない不合理な供述であるとして，信用できないと結論付けるのが自然であろう。したがって，上記評議の結論は，被告人の暴行とVの行為の認定との間で，S供述及び被告人供述の信用性評価に矛盾をはらんだものになってしまってい

るといえる[133]。
　さらにいえば，事件当日の出来事全体が，同一の場所で短時間のうちに起きた一連一体の出来事であるということもできる。したがって，証拠評価という面から見れば，事件当日の事実関係を一連の流れとして供述するS及び被告人の各供述は，それぞれにつき全体としてその信用性を評価し，前提事実をまとめて認定するのが相当であったと考えられる。
　他方で，事件前日の居酒屋での出来事と事件当日の出来事とには，さほど強い連続性はなく，また，Sは，事件前日は酒に酔っており，事件当日とは同人の知覚・記憶に差異があると考えられること等からすると，両日の事実関係については，切り離して評議することも可能であったと思われる。

5　正当防衛の成否の判断における評議の基本的な枠組み
(1)　難解概念司法研究における提言
　難解概念司法研究では，侵害の急迫性と防衛行為の相当性の2要件が争点となる事案を基本的な類型と捉えた上で，このような事案における評議の手法として，①上記2要件に対応する形で各要件を裁判員に説明し，それぞれ個別に事実を当てはめて検討するという方法と，②上記2要件を特に区別せず，被告人の行為が「相手方の攻撃に対する防御として許せるものか」という大きな形で判断対象を示して，裁判員には当事者の主張についての意見を自由に述べてもらい，裁判官の側で上記2要件を念頭に置きつつ議論を整理していく方法が提案された[134]。

(2)　ヒアリング等からみた実情と検討
　ヒアリング等によると，多くの評議では，①の方法を採用し，前述した刑法36条の基本的な趣旨の説明と併せて，あるいはその説明の中で，「正当防衛が成立するためには，(1)急迫不正の侵害（又は正当防衛状況）が認められ，かつ，(2)これに対する被告人の行為が（自己又は他人の権利を防衛するため）やむを得ずにした行為でなければならない」旨を明示し，その順序に従って個別に評議をしており，②の方法を採用している例は少数であった。
　こうした運用状況となっている理由について，ヒアリング等では，包括的な問題提起をしても，裁判員には「正当防衛が成立するか」という問い立てしか与えられないに等しく，当事者の主張があることを踏まえても，何について意見を述べればよいか戸惑ってしまい，裁判員から意見が出にくいとの意見が聞かれた。正当防衛のように要件が積み重なった法令の当てはめについては，段階的な思考を裁判員に要求するのは難しいのではないかという懸念が従来指摘されていたが，司会進行役

---

[133] しかも，1の評議と4の評議との間に積極的加害意思に関する評議が入り込み，両者の評議の時間も空いてしまっているため，なおのこと4の評議の時点で1の評議の結果が忘れられていたおそれもある。
[134] 難解概念司法研究21頁ないし23頁。

である裁判官が適切に順序立てて議論を進めていけば，裁判員もこれに従って思考することは可能であり[135]，むしろ，そのように段階を踏んだ方が，裁判員の意見が活発に出やすく，当てはめが困難になるという問題も特段生じていないように見受けられる。

そもそも，対抗（防衛）行為を行う前提条件と，対抗行為自体とは，判断の対象が質的に異なっており，考慮要素等も本来それぞれにつき検討すべきであって，ヒアリング等の結果が前記のようになっているのも，ある意味自然なことといえよう。加えて，平成29年決定が正当防衛の成否について侵害の急迫性という要件により判断を行ったことも踏まえれば，個別の要件該当性を議論することの必要性は今なお否定されていないともいえよう。したがって，正当防衛が問題となる事案の評議において，急迫不正の侵害の要件と防衛行為性の要件とを区別して議論するという方向性には十分な合理性があるものと考えられる[136]。

そこで，以下では，(1)と(2)の要件に分けた評議を主に念頭に置くこととする。

6 急迫不正の侵害（正当防衛状況）に関する評議①－急迫性に関する基本的な評議の在り方

(1) 説明の在り方

ア 難解概念司法研究における提言

刑法36条の本来的な意味における侵害の急迫性，すなわち，相手が攻撃してくることを予期してから実際に攻撃を受けるまでの間に被告人が凶器を準備して待ち受けたり相手先に出向いたりしたなどの特別の事情がなく，単純に相手の侵害を察してこれに反撃した場合における，侵害の客観的・時間的な切迫性（以下単に「急迫性」ともいう。）が問題となる場合，法が要求する急迫性の意味合いについての理解を裁判体の中で共有することが肝要である。難解概念司法研究では，裁判員に対し，「被告人にとって，生命や身体に対する危険が差し迫った緊急状

---

[135] 量刑評議においては，犯情に関する議論の中で一般情状に関する意見が出ても，裁判官が適切に議論を整理していくことによって，手順を追った評議を行うことが可能となっていると思われ，正当防衛に関する評議でも同様と思われる。このような評議の交通整理は，法律要件に即した検討を行うためのものであって，裁判官の思考方法を裁判員に押し付けていることにはならないであろう。

ただし，犯情と一般情状とを分けて考えない裁判員の発想が，事案の理解として本質的なものを含むことがあることと同様に，「相手方の攻撃に対する防御として許せるものか」と大きく捉えた裁判員の発想が本質を穿つときがあることに，裁判官は心をとめる必要があろう。

[136] (1)の急迫不正の侵害については，広く対抗行為を行う前提条件という意味で，けんか闘争や，自招侵害等の「正当防衛状況」の問題をも含む要件として，また，(2)の防衛行為性は防衛の意思と防衛行為の相当性の問題として分類するのが分かりやすいであろう。駒田秀和「難解な法律概念と裁判員裁判－正当防衛に関する模擬裁判を通して－」刑事法ジャーナル10号74頁参照。もっとも，後述のように，防衛の意思が特に問題とならない場合には，②については防衛行為の相当性が要件であることを説明すれば足りよう。

態」，あるいは「被告人にとり，生命や身体に対する危険が差し迫り，何らかの反撃行為に出ることが正当化される緊急状態」などと説明することが提案されている[137]。

イ ヒアリング等からみた実情と検討

ヒアリング等によると，大方の事案では，前記のような説明を行い，これを基に当てはめを議論した結果，問題なく評議ができたようであった。もっとも，難解概念司法研究の中でも懸念されているように，「緊急状態」という言葉を使うと，裁判員が，急迫性が肯定される状況を狭く捉えすぎたり，個々の裁判員が抱くイメージにばらつきが出たりするおそれなしとしない，との意見も聞かれた。そうした観点から説明の在り方を工夫し，前述した刑法36条の基本的趣旨と絡めて，「不法な攻撃が迫り，公的機関による保護を受ける余裕がない緊急の場合」などと説明するものもあった。

平成29年決定に照らすと，「侵害が差し迫っている」状況とは，「対抗行為に及んだ時点において，公的機関による法的保護によって，その侵害を回避したり阻止したりすることが期待できない状況」[138]と説明するということが考えられよう。ヒアリング等での上記説明例も，正当防衛の本質から説明を試みたものとして評価できる。

(2) 協働の在り方

以上に基づき，裁判官及び裁判員は，相手の侵害がどの程度切迫し確実であったか，被告人が公的機関に通報をしたり駆け込んだりすることが可能であったか，可能であったとしてもどの程度容易であったか等の当該事案に現れた諸事情を，論告・弁論を議論の土俵に据えて，今日の社会情勢等も加味しながら，多角的に検討していくことになる。この点の実質的な検討こそがまさに評議の要であり，その際，裁判官が裁判員の多様な意見を十分に引き出して議論のそ上に載せるべきこと等については前述したとおりである。

なお，裁判員裁判において正当防衛が問題となり得る主な類型である殺人や傷害致死においては，個々の事案によるものの，実際上判断すべき事柄の中心が，警察の保護を求めることが期待できなかったか否か（すなわち，その時点で110番通報をしたり警察署に駆け込んだりすれば，相手が実際に攻撃してくるまでに警察の方でその攻撃に対処してもらうことができると一般に思えるかどうか）である場合が多いと思われる。そのような場合には，ある事実関係の下で侵害が急迫であったかどうかが特に争われている場合における具体的判断枠組みは，「警察の保護を求めることが期待できなかったか否か」といった形に設定されることになろう。これに

---

[137] 難解概念司法研究22頁。
[138] ここでいう「期待できない」とは，一般的な社会通念に照らし，という意味であろう。したがって，被告人の立場に立ちつつ一般的観点から判断すべきものと思われる。

より、「差し迫った」、あるいは「緊急状態」といった抽象的な語句の持つあいまいさ等を回避し、適切な法的理解の下で、裁判体が当てはめの作業を行うことがいっそう可能になるのではないかと考えられる。

7 急迫不正の侵害（正当防衛状況）に関する評議②－対抗行為に先行する事情を考慮すべき事案における評議の在り方

(1) 侵害を予期した上で対抗行為に及んだ事案に関する評議の在り方

ア 判例の内容等

相手の侵害が差し迫る前に被告人が相手の侵害を予期し、その上で実際に侵害行為が行われた際にこれに対する対抗行為に及んだ場合[139]に関しては、従来、いわゆる積極的加害意思論が解釈上確立していた（最一小決昭和52年7月21日刑集31巻4号747頁。以下「昭和52年決定」という。）。さらに、平成29年決定は、昭和52年決定のような場合を、侵害を予期した上で対抗行為に及んだときに急迫性が否定される場合の一つと捉えた上で、より広い法解釈として、「対抗行為に先行する事情を含めた行為全般の事情に照らして検討し、刑法36条の趣旨に照らして許容されるものとはいえない場合には、侵害の急迫性の要件を満たさない」とした[140]。

本研究の時点において、平成29年決定を踏まえた評議の実情を分析して検討できる状況には至っていないが、これ以前にも、積極的加害意思論の判断枠組みには当てはまらない事案について、急迫性（又は正当防衛状況）の実質的な判断を行った事案が散見されている。そこで、以下では、そうした事案における評議の例についても検討を加えた上で、平成29年決定を踏まえた今後の評議の在り方について論ずる[141]。

イ 説明の在り方
(ア) 難解概念司法研究における提言

---

[139] 本来的な意味における侵害の急迫性の問題は、被告人が対抗行為に及んだ時点において、相手の侵害が「差し迫っている」（客観的・時間的に切迫している）といえるレベルに到達していたかどうかの問題である。これに対し、侵害を予期した上で対抗行為に及んだ場合の問題は、被告人が対抗行為に及んだ際には、形式的には相手の侵害が「差し迫っている」レベルに達していると認められるものの、それよりも前の事情も併せ考慮した場合に、実質的に急迫でないといえるかどうかの問題であり、両者は問題状況を異にする。この点について当該事案に即し争点整理を誤らないようにする必要があると思われる。

[140] 平成29年決定が出現する前は、法律家において、ややもすると、当該事案の問題を積極的加害意思論に引き付けて処理しようとしていたきらいがあったようにも思われる（同旨の指摘として、中尾佳久「侵害を予期した上で対抗行為に及んだ場合における刑法36条の急迫性の判断方法」ジュリスト1510号107頁）。今後は、予期が必ずしも十分でなかったり、攻撃意思が積極的であると説明できない事案であっても、全体を観察して公的機関による法的保護を求めることが期待できたといえるような場合には、急迫性の要件を満たさないという判断もあり得ることになる。

[141] なお、本文のような現状から、模擬事例Ⅱは平成29年決定が出る前の審理及び評議を前提に作成した。

難解概念司法研究では，侵害の予期があり積極的加害意思の存在が主張される事案に関する評議の在り方について，裁判官は，裁判員に対し，昭和52年決定の判例理論を詳しく説明することはせず，急迫性の要件と防衛の意思の要件を合わせた形で，「正当防衛が認められるような状況にあったか否か」（正当防衛状況性）といった大きな判断対象など，事案に応じた判断対象を提示すべきであり，その上で，正当防衛状況にあった（又はなかった）理由として当事者が具体的に主張する事実について議論し，その認定事実に照らせば，被告人の行為は，その行為が相手方からの侵害に触発されたという経緯があることを除けば，通常の暴行や傷害，殺人等の加害行為と異なることはないと見ることができるかを，常識に照らして判断すれば足りるのではないか，その議論は，前記各要件から見れば混然としたものとなろうが，裁判官は，判例理論を念頭に置いた上で，評議の結論と理由を前記要件に沿った形で整理し，判決書を作成するのが適当ではないか，といった提案がされた[142]。

(イ)　ヒアリング等からみた実情

　　ヒアリング等を行ってみると，当事者間において前提としている事実関係に大きな隔たりがあり，弁護人が前提とする事実関係によれば正当防衛であるといえるが，検察官が前提とする事実関係によれば明らかに被告人がけんかをしに行っており正当防衛にはならないというように，事実認定が当てはめをほぼ決定付けるような事案では，大きな判断対象を提示するだけで，前提とする事実関係について認定することでも，裁判員が実質的な判断を行うことができたという実例が挙げられた。

　　一方，積極的加害意思論に従って正当防衛の成立を否定すべきかどうかを慎重に検討する必要のある事案については，難解概念司法研究が提案したような形で大きな判断対象を提示するのではなく，裁判官が，裁判員に対し，昭和52年決定の要旨や，その実質的に意味するところが伝わるようなかみ砕いた説明を加え，裁判員に理解してもらった上で，防衛の意思とは区別されたところの，防衛行為が許容される前提条件の問題として議論している例が多かった。

　　難解概念司法研究は，前記(ア)のような判断枠組みを提案した理由として，裁判員に対し，昭和52年決定のような階層的な法解釈を前提とし，この解釈に従った認定判断を求めることが適切か疑問であることや，積極的加害意思の存在が主張される事案では，多くの場合，被告人が専ら攻撃の意思で反撃行為に出たため防衛の意思を欠くことになる旨の主張もなされるものと思われるが，類似の概念について混乱なく裁判員に理解してもらうことは困難であることを指摘していた[143]。

142　難解概念司法研究26頁ないし28頁。
143　難解概念司法研究1頁，24頁及び25頁。

しかし，ヒアリング等で聴取してみると，既に5⑵で述べたとおり，①大枠の問題提起だけをしても，裁判員に思考方法についての手掛かりがないまま意見を求めることになり，問題に即した意見を述べてもらうことが難しく，昭和52年決定の基本的な考え方や意味を理解してもらうなどした上で議論を進めたほうが，裁判員の意見が出やすいとの意見が少なからずあった[144]。また，②侵害の予期や積極的加害意思に関わる事実の認定は，そのベースとなる価値判断やこれに基づく判断枠組みが理解・共有できていてこそ，命題に向かって必要な事実に着目していくことが可能になる面もあり，あらかじめ裁判員に判断枠組みを知っておいてもらうほうが，前提事実の認定もしやすい，③裁判員に判例理論についての実質的理解を求めないままオープンに議論を行うと，法が要求する価値基準に沿わない方向へ議論が進むおそれもある，④どの時点における被告人の予期や加害意思を議論するのかを裁判官が整理して評議を進めることで特段の不都合は生じていない[145]，正当防衛に関する法解釈は，裁判員の常識に照らしても理解は難しくない，といった意見も挙がった[146]。

(ウ) **検討**

　前述したとおり，正当防衛が問題となる事案の評議において，急迫不正の侵害の要件と防衛行為性の要件とを区別して議論することには合理性があると考えられる。そうすると，裁判官は，急迫性の意味や，必要に応じて積極的加害意思の判断枠組みを，裁判員に説明することになると考えられる。

　この点において，とりわけ実質的な急迫性の有無を慎重に検討する必要のある事案について，防衛行為の前提条件の問題であることを明確にした上で評議を進めるという評議の方法は，ヒアリング等で述べられた意見に照らせば，合理的な在り方であると評価してよいであろう。

　もっとも，総論で指摘したように，裁判体の議論の中で説明内容が実質的に

---

[144] ただし，難解概念司法研究も，大きな判断枠組みだけではなく，「被告人の行為が通常の暴行や傷害，殺人等の加害行為と異なることはないと認めることができるか」という視点を裁判員に提示することにしているし，正当防衛の各要件を踏まえた当事者の具体的主張がなされることを前提にもしている。ヒアリング等では，その点の理解が裁判官を含む法律家の側に浸透していないようにも思われた。

[145] そもそも，実際の例において，積極的加害意思等の侵害の急迫性の有無と，専ら攻撃の意思であったか否かが共に争点とされる事案は少ない。これは，専ら攻撃の意思であったか否かは，積極的加害意思が認められないなど侵害の急迫性が肯定された場合に初めて問題となるものであり，積極的加害意思を主張し，重ねて専ら攻撃の意思を主張するとなると，後者は前者が認められない場合の予備的主張になるからであると思われる。したがって，検察官が両者を同時に主張するような場合には，裁判員への分かりやすさ等の観点も踏まえ，公判前整理手続の中でよく議論する必要があるのではないだろうか。

[146] 急迫性に関して問題となる加害意思は，防衛の意思と併存していても正当防衛が否定され得るのに対し，専ら攻撃の意思は，防衛の意思がおよそないという非常に強い攻撃意思が認められる場合に限って正当防衛の成立を否定するものであるから，両者の区別をしないまま評議を行うと，かえって刑法36条の解釈に沿わない結論に至るおそれもあるのではないかとも思われる。

共有され，当てはめの作業が適切に行われるのであれば，裁判官が説明事項を常に裁判員に説明しなければならないわけではない。難解概念司法研究の前記提唱は，こうした観点から，積極的加害意思論の判断枠組みを正面から説明せずに評議することを指向しようとしたものと理解することができる。そして，前記ヒアリング等によれば，常識に照らしても侵害の実質的な急迫性の有無が容易に判断できるような事案については，そのような評議の在り方も可能であることが示されているといえよう。

要するに，裁判官は，事案に応じ，諸事情を踏まえながら，適切な判断枠組みの設定や説明の在り方を模索していく必要があるということであろう[147]。

(エ)　**平成29年決定を踏まえた説明の在り方**

そこで，とりわけ実質的な急迫性の有無を慎重に検討すべき場合における平成29年決定を踏まえた説明の在り方について検討する。

a　「急迫性」の要件の問題であると説明することについて

平成29年決定は，侵害を予期した上で対抗行為に及んだ場合に正当防衛が否定され得る根拠を，昭和52年決定に引き続き，急迫性の要件の欠如に置いている。

これに対し，難解概念司法研究では，積極的加害意思論に関して，客観的には身の危険が迫っているのに侵害が（実質的には）急迫でないというのは理解しにくく，急迫性と積極的加害意思論の関係は複雑で全体として分かりにくいのではないかという懸念も示されていた[148]。ヒアリング等においても，侵害を予期した場合における正当防衛の成否の問題が厳密な意味で「急迫性」の問題であることを裁判員に説明することまではせず，「相手に対する反撃が許される状況であったか」などと説明した方が評議しやすいとの意見が少なからず聞かれた。上記説明を妥当とする意見の中には，昭和52年決定に加えて，いわゆる自招侵害に関する最二小決平成20年5月20日刑集62巻6号1786頁（以下「平成20年5月決定」という。）を説明しつつ，両者を混合した形で「相手に対する反撃が許される状況」かどうかという大きな判断枠組みを提示するものもあった。

しかし，平成29年決定が侵害の予期がある場合における正当防衛の成否を急迫性の要件の問題として取り扱い，平成20年5月決定のように正当防衛状況の成否の問題としなかったことには意味があると思われる。両決定の関係についてはいくつかの見方が唱えられているが，平成29年決定は，侵害を予

---

[147] より具体的な評議の進め方としては，評議の当初は「正当防衛が許される状況だったと思いますか。」とか，「正当防衛が成立すると思いますか。」などと裁判員に問いかけて意見の出方をうかがい，徐々に議論を緻密化させていくという意見もあった。判断対象の提示を柔軟に行い，裁判員の意見を引き出そうとする試みとして参考になろう。

[148] 難解概念司法研究1頁。

期した場合に，（それにもかかわらず）公的機関による法的保護を求めることが期待できず，自ら対抗行為に出ることが許容される状況であったかという観点からの検討を要求する趣旨であると解されるのに対し，平成20年5月決定は，後述するように，不正の行為により自ら侵害を招いたかどうかという，公的機関により法的保護を求め得るかどうかとは異なる観点からの検討を要求するものと思われる[149]。両決定は，いずれも裁判員裁判時代において従前の判断枠組みの再構成を試みたものと評価することができ，この点では軌を一にするものの，対象とした事案の違いに応じて，正当防衛の成否を判断する際の基本的な価値判断や判断枠組みが異なっている。そうすると，侵害の予期を前提にして正当防衛の成否を判断すべき事案において，その具体的な争点（すなわち裁判体の判断事項）を「正当防衛状況」であるとすべきかは，侵害に至る経緯等を踏まえて検討されるべきであろう。仮に「急迫性」という言葉を持ち出さないとしても，この場面では「公的機関による法的保護を求めることが期待できず，自ら対抗行為に出ることが許容される状況であったか」という価値基準からの判断が求められていることを裁判体の中で共有しておく必要がある。

b　侵害の予期と急迫性の関係についての説明の在り方

侵害を予期した上で対抗行為に及んだ事案において侵害の急迫性に関する説明をするに当たっては，前提として，あらかじめ侵害を予期していても，それだけでは侵害の急迫性は否定されないことを裁判員に理解してもらう必要がある。これは法解釈であり，説明事項である。

一般には，侵害が予期されただけで公的機関に保護を求める，すなわち侵害から回避・逃避することが義務付けられると，被侵害者の社会生活の自由が不当に妨げられる結果となることから，それだけでは急迫性は否定されないと理解されている[150]。平成29年決定も，後記のとおり，侵害回避の容易性について，事案に応じて行為全般の状況を検討する際の一つの考慮事情として位置付けている。そうすると，説明の在り方としては，「侵害が『急に迫ってきた』というと，相手から攻撃を受けることがあらかじめ分かっていれば，『急に迫ってきた』とはいえないのではないかと思うかもしれない。しかし，攻撃が予期されたというだけで，侵害を避けなければいけないとなると，その人の社会生活が不当に制限されてしまうこととなるから，それだけで攻撃の予想される場所に赴くことが禁止されるわけではなく，そこに赴いた結果案の定攻撃を受けても，これに対して防衛行為に出ることは許されることも

---

[149] 橋爪隆「正当防衛(1)－緊急状況性の判断」警察学論集第69巻第3号155頁等。
[150] 香城敏麿「昭和52年度判解（刑事）」241頁。

ある。」などと説明することが考えられよう[151]。

　　　c　実質的な急迫性についての説明の在り方
　　その上で、裁判官は平成29年決定が意味するところを裁判員に説明することになるが、この点の説明に当たっては、「刑法36条の趣旨に照らし」ということがどういう意味であるのかを、前述した刑法36条の基本的説明と絡めて、裁判員との間で共有することが重要であるといえよう。ヒアリング等によると、平成29年決定以前に実質的な急迫性を認めるかどうかについて判断したこれまでの評議の実例においても、裁判官は、前述したような刑法36条の基本的趣旨を十分に説明するよう努めた上で、これと関連付けて、急迫性が実質的に否定される場合があることを説明しているようであり、その説明の重要性が実証されているといえる。
　　以下はあくまで試案であり、具体的な説明の在り方は今後の集積を待ちたいが、例えば、前記ｂの説明に続けて、「・・・しかし、相手の侵害が差し迫る前にあらかじめ予期された場合には、一般的には、現に侵害が切迫するまでの間に、公的機関による法的保護を求めることが可能な状況にあったはずであるから、被告人の対抗行為に先行する事情を含めた行為全般の状況に照らして検討し、具体的事情の下では、そのような保護を求めることが期待できず、自ら対抗行為に出ることが許されるといえる場合であってこそ、その侵害が被告人にとって『急に迫ってきた侵害』と評価できる。」などと説明することが考えられよう[152]。

ウ　協働の在り方
　(ア)　評議の進行と裁判官の役割
　　以上の説明を前提として、評議では、証拠から認定した事実関係を基に、論告・弁論で主張された事情を議論の土俵としながら、それらを総合考慮して、実質的な急迫性が認められるかどうかを検討することになる。
　　ここでの実質的な急迫性の判断は、被告人が対抗行為に出ることが「許容」されるか否かという、本来的な意味における急迫性の判断以上に評価的・規範的色彩が濃い判断であるから、裁判官としては、その判断が恣意的なものに陥らないよう、評議における議論の順序や方法等について、あらかじめよく検討

---

[151] この点について、具体例を示して裁判員の理解を求めることも考えられる。例えば、裁判員に、「ある人から近い将来確実に攻撃されることが予想されるが、重要な用事があってその場に行かなければならなかったり、危険な場所から立ち去ることができない場合、どうしたらよいと思いますか。」などと問いかけて考えてもらうのも一つの方策であろう。

[152] なお、将来的には、平成29年決定を踏まえた事例が集積されていくことにより、事案ないしは考慮要素のある程度の類型化が図られていき、裁判員にとってより分かり易い判断枠組みが構築されていくことも考えられよう。この点につき、佐伯仁志「正当防衛の新判例について」判例時報2357・2358合併号19頁参照。

しておく必要がある。

　ごく一般的に言えば，侵害行為が客観的にどの程度切迫し確実であったかを検討し，これを踏まえて，被告人がとった行動の許否を議論するという検討順序が合理的と考えられる[153]。そして，実際の議論においては，証拠から認定した事実関係の中から，論告・弁論の主張を踏まえて，急迫性の存否を判断する上で重要な事情を抽出して，それらがなぜ急迫性の判断に影響するのか，影響するといえる場合にはどの程度影響するのかを議論し，それらを全体として見たときに，被告人が公的機関による法的保護を求めずに当該反撃行為に及んだことが許容できるといえるかどうかという価値判断をしていくことになろう[154]。

　その際，裁判官が裁判員の多様な意見を十分に引き出すべきことや，議論において不足している視点等があればこれを提示すべきであること等については前述したとおりであるが，とりわけ実質的な急迫性が争われている場合，裁判官は，裁判員の意見がどのような趣旨であり，それが判断枠組みの中でどのような意味を持つのかを適切に把握しつつ議論のそ上に載せていく役割が求められよう。その上で，裁判員の経験・感覚に基づく多様な意見を裁判内容に適切に反映させるよう心がけるべきであり，安易に従来の判断傾向等を裁判員に押し付けることがないよう留意すべきである。

(イ)　**考慮要素の取扱い**

　ところで，平成29年決定は，行為者と相手方との従前の関係，予期された侵害の内容，侵害の予期の程度，侵害回避の容易性，侵害場所に出向く必要性，侵害場所にとどまる相当性，対抗行為の準備の状況（特に，凶器の準備の有無や準備した凶器の性状等），実際の侵害行為の内容と予期された侵害との異同，行為者が侵害に臨んだ状況及びその際の意思内容等を，総合考慮に当たって着目すべき考慮要素として掲げているところ，これらを裁判官が説明すべきかどうかは一つの問題である。

　この点，同決定以前に侵害の実質的な急迫性について評議をしたものの中に

---

[153] まず最初に被告人が予期した侵害の内容やその確実性の程度，法的保護に頼らずに侵害場所に出向いたり侵害場所にとどまる必要性や相当性がどの程度あったのか，侵害を回避することがどの程度容易だったのかを検討し，これらの事情から，公的機関による法的保護を求めることがどの程度期待できたといえるのかを考えることになろう。その上で，予期された侵害への対応としてどのような行動を取ったのか等を検討していくという順序になるのではないか。論告・弁論がこのような順序立てになっていると，議論がしやすいと思われる。

[154] なお，平成29年決定は，積極的加害意思論に依拠することなく，客観的な諸事情を総合考慮して急迫性の要件充足性を判断しており，裁判員裁判を意識して実体法上の判断の方向性を示したものとみられる（中尾・前掲109頁）。裁判員制度導入後，正当防衛の成否を判断するに当たって裁判員の視点・感覚を反映させようとする様々な取組みの積み重ねを経て，判断枠組み（説明事項）の再構成が意識されるようになったことの表れと見ることもできよう。

は，裁判官が前記のような考慮要素を一般論として裁判員に説明している例と，そのような説明はしていない例とがあった。

　前記のような説明を行う理由としては，初めて判断を行う裁判員にとって，評価のポイントとなる一般的な視点・基準が分からないと，活発な意見を言うことが難しいという点にあるようである。

　しかし，急迫性の検討に当たって考慮すべき事情は，事案によって千差万別であり，当該事案に応じた総合考慮にならざるを得ない。平成29年決定においても「事案に応じ」との前置きがされていること等から明らかなように，全ての事案において前記の考慮要素を一律に検討すべきものではないし，逆にこれら以外の要素を検討すべき事案も考え得る。当事者は，当該事案の内容にふさわしい事情を考慮要素として取捨選択して主張しているはずであるから，裁判官が前もって一般的な考慮要素を平板に説明するのではなく，まずは当事者によって主張された事情を議論の土俵に置き，前提となる事実関係を認定した上で，認定された事実関係を踏まえた場合に，前述したような「公的機関による法的保護を求めずに自ら対抗行為に出たことが許される場合」であったといえるかどうかを裁判員と協働して考え，不足している視点があると思われる場合に裁判官が適宜問題提起をしていくのが妥当であろう[155]。

(ウ) 判例や裁判例の取扱い

　ただ，確かに，前記の基本的趣旨についての理解のみから，具体的な着眼点について参考となる指標もなしに，いわば被告人の行為の実質的違法性（社会的相当性といってもよい）を裁判員に考えてもらうのは難しい場合もあるのではないかと思われ，そのような場合に，裁判員の理解を深めるための道具として，具体的な事例を用いることは考えられる。

　ヒアリング等によると，平成29年決定以前に侵害の実質的な急迫性について評議を行ったものにおいては，裁判員にこれが否定される場合のイメージを持ってもらうために，①最高裁判例を踏まえて作成した架空の事例を裁判員に提示し，裁判員自身にそれらの事例について急迫性があるといえるかどうかを考えてもらった例，②最高裁判例の事案と当てはめの結論又は理由を説明した例，更には③下級審の裁判例も一覧的に示し，その当てはめを網羅的に説明した例などがあった。

　このうち，①の手法は，判例における当てはめの結論をアプリオリに伝えて裁判員の思考を誘導し硬直化させるという弊害を避けつつ，裁判員に自ら頭作りをしてもらうという点で，一つの選択肢といえよう。また，②の手法についても，判例の事案自体を説明し，どのような観点から急迫性の有無を考えるの

---

[155] 今日，殺意の有無を検討すべき事案においては，当該事案を離れて殺意を推認させる一般的な考慮要素を裁判官が一方的に説明するような方法は取られていないと思われるが，それと同じことである。

かを一緒に考察していきながら，判断に当たって着眼すべき主なポイントについての理解を深めていくことは，①の手法と同様であろうし，そのようにして裁判員の頭作りが十分できた後であれば，最終的に判例の結論がどうであったのかを示しても問題は少ないであろう[156]。ただし，この場面は，法解釈に従った当てはめの具体的イメージをつかんでもらうためのツールとして判例を活用する場面であるから，実質的協働における裁判員の多面的な発想を阻害しないようにする必要があり，いきなり判例の結論を示すことには慎重さを要すると思われる。③の手法については，ヒアリング等においても，裁判員に過剰な情報を与えるとともに，裁判員の多様な見方を封じ，実質的協働を阻害するという問題が指摘されており，総論で言及したように説明として過剰である可能性があるから，妥当とはいえないであろう。

(2) 自招侵害が問題となる事案に関する評議の在り方

ア　判例の内容

　　被告人の不正な行為（自招行為）が相手の不正な侵害を招いた場合に関し，平成20年5月決定は，具体的な事実関係を踏まえ，「被告人は，Aから攻撃されるに先立ち，Aに対して暴行を加えているのであって，Aの攻撃は，被告人の暴行に触発された，その直後における近接した場所での一連，一体の事態ということができ，被告人は不正の行為により自ら侵害を招いたものといえるから，Aの攻撃が被告人の前記暴行の程度を大きく超えるものでないなどの本件の事実関係の下においては，被告人の本件傷害行為は，被告人において何らかの反撃行為に出ることが正当とされる状況における行為とはいえないというべきである。」と判示し，正当防衛の特定の要件の問題としては処理しなかった。

イ　ヒアリング等からみた実情と検討

　　平成20年5月決定については，自招行為が先行する場合の正当防衛の成否について一定の判断枠組みや考慮要素を示した面はあるものの，あくまで事例判例であり，①自招行為が明白な暴行である[157]，②相手の攻撃が自招行為の直後における近接した場所での一連・一体の事態といえる，③相手の攻撃が自招行為を大き

---

[156] ただし，事案が似通っていて判例を示すことが当該事案の結論に与える影響が大きいと考えられるような場合には，判例を用いることには慎重さが必要であろう。この点は，当事者が論告・弁論等で判例をどのように用いるかにもかかわる問題であり，当事者ともあらかじめ議論しておく必要があるように思われる。

　なお，侵害予期事案の中にもいわゆる「出向き型」と「待ち受け型」があると言われているところ，ヒアリング等の意見の中には，「出向き型」の事案の場合に昭和52年決定を紹介するのはそれほど有益でないのではないかとの意見もあった。

[157] 被告人の先行行為が暴行ではなく，挑発的な言動にとどまる場合，当該言動が「不正な」行為に当たり，相手の不正な侵害を「招いた」と認められるかについては，慎重な検討が必要であるように思われる。むしろ，そのような被告人の挑発的な言動が認められる事案の中には，平成29年決定やけんか闘争の判断枠組みで処理すべきものも少なくないのではないだろうか。

く超えるものでない，などの事情を踏まえる必要がある。したがって，同決定が考慮した要素以外の事情をも考慮して正当防衛状況を否定すべき事案もあり得ると考えられ，ヒアリング等においても，これを単純に当てはめただけの判決は見当たらなかった。

　もっとも，平成20年5月決定の根底には，「相手を殺傷しなければならない状況を自ら作り出したような場合には，正当防衛を認めない」という価値判断があると考えられ，これは法解釈の一環として裁判官が説明可能な事項であり，また，それ自体は裁判員にも分かりやすいと思われる。そして，このような価値判断に基づいて正当防衛状況を否定する以上，侵害の予期は問題にならないと考えられる[158]。

　したがって，被告人による自招行為に重点を置いて正当防衛状況の成否を判断すべき事案においては，前記の価値判断を裁判体で共有した上で，当該事案に現れた種々の事情の中から一定の重要な事情[159]を抽出し，それらを総合して「相手を殺傷しなければならない状況を自ら作り出した」ものとして正当防衛状況を認めるのが相当でないかどうかを判断することになるであろう。その際の議論の進め方や裁判官が果たすべき役割については，前記(1)で述べたのと同様であると思われる。

(3) 狭義のけんか闘争が問題となる事案に関する評議の在り方

ア　判例の内容

　互いに暴行し合ういわゆるけんかは，闘争者双方が攻撃及び防御を繰り返す一段の連続的闘争行為であり，闘争のある瞬間において闘争者の一方が専ら防御に終始し正当防衛を行うような観を呈することがあっても，闘争の全般から見てその行為が法律秩序に反するものである限り，正当防衛の観念をいれる余地がない[160]。今日の裁判員裁判においてもなお，かかるけんか闘争の判断枠組みから正当防衛の成否を判断したものが見受けられる[161]。

---

[158] 三浦透「平成20年度判解（刑事）」429頁は，「自招侵害といわれる事案においては，このような反撃の予期が必ずしも認定できないこともあると考えられるが，それでも一定の場合は正当防衛を認めるべきでないとの判断が正しいとすれば，侵害の予期の認定を前提として急迫性の要件を検討する手法は，そのような事案における判断の基準として必ずしも有効・適切なものではないということになる。」とする。

[159] 例えば，相手の攻撃が被告人の行為に触発されたものであることは当然の前提として，相手の攻撃が被告人の自招行為から時間的・場所的にどの程度接着して行われたか，相手の攻撃と被告人の自招行為の強度の差や質的な違い，被告人が自招行為に及ぶに当たって更に相手に帰責性がないかどうかなどといった事情が考えられよう。

[160] 一口にけんか闘争と言っても，広義には，平成29年決定や自招侵害の判断枠組みで処理すべき場合など様々な事案が含まれるが，ここで論じるのは，それらの類型以外の「狭義の」けんか闘争が問題となる事案である。最三小判昭和23年6月22日刑集2巻7号694頁，最大判昭和23年7月7日刑集2巻8号793頁。なお，最三小判昭和32年1月22日刑集11巻1号31頁参照。

[161] けんか闘争に関しては，正当防衛のどの要件該当性の問題かが難しく，その点を特に整理して説明す

イ　難解概念司法研究における提言

　　難解概念司法研究では，この点についても，けんか闘争といってもさまざまな態様があり，事案に応じた検討が必要となること，裁判員にとってけんか闘争はイメージしやすく，具体的態様を離れてけんかかどうかだけで判断することのないよう注意を要することから，「けんか闘争に当たるか否か」という判断対象の示し方は適当でなく，「正当防衛が認められるような状況にあったか否か」という大きな判断対象を示した上で，当事者が主張する事実関係を総合し，過剰防衛をも含めた形で刑法36条の当否の判断を行うのが適当と思われる，としている[162]。

ウ　ヒアリング等からみた実情と検討

　　ヒアリング等をしてみると，けんか闘争についても，前提となる事実関係の認定によってほぼ決着がつく場合はともかく，けんか闘争状況と評価して正当防衛を否定するかどうかに慎重な判断を要する場合には，やはり評議の最初に前記アのような判例の趣旨についての説明を加えた上で[163]，当該事案が正当防衛状況を否定すべきけんか闘争状態における行為であったかを議論している例が多かった。その理由は侵害を予期した上で対抗行為に及んだ場合の評議の在り方について論じたところと同様である。

　　もとより，けんか闘争であるからといっておよそ正当防衛が成立しないわけではないし，「けんか闘争」という用語がイメージだけで独り歩きしてはならない点は，裁判官において十分留意しながら評議する必要があるが，検察官から「本件はけんか闘争である」といった主張がされた場合には，上記のような説明を裁判員に行い，基本的な理解を裁判体で共有した上で，相互に攻撃・防御を繰り返すような状況であったかどうかを，事案全体の事実関係を検討しながら認定することになろう。

(4)　対抗行為に先行する事情を考慮すべき事案を通じた協働について

　　ところで，前述した3つの類型に関する評議の在り方は，それぞれ，当事者が，侵害を予期した場合の急迫性，自招侵害，けんか闘争の各観点からかみ合った主張を展開し，認定できる事実関係からしてもそれらの各観点から検討すべきであるといえる基本的・標準的な事案における評議の在り方を示したものである。もっとも，実際の事案においてはそのような場合ばかりではないと思われる。

ア　前記3類型の判断枠組みを複合的に用いるべき事案について

　　例えば，侵害の予期に基づく急迫性の欠如と，自招行為に基づく正当防衛状況の欠如とが重畳的に主張される事案も想定される。侵害予期の程度が必ずしも高

　　る必要もないとも思われるが，あえて分類するとすれば，被告人の行為が防衛の意思を全く欠くことは通常考え難いから，急迫性又は正当防衛状況に関する問題として整理されることが多いであろう。

162　難解概念司法研究29頁及び30頁。
163　この説明も，常識的で分かりやすいようである。

いとはいえず，自招行為も軽い部類に属するものの，それらを総合してみると急迫性ないし正当防衛状況が認め難いというように，前記3類型の判断枠組みが必ずしもそのまま当てはまらない事案もあろう[164]。

この場合，従前の判断枠組みをそのままの形では用いることができないから，生の事実関係の中から急迫性や正当防衛状況の判断にとって意味があると思われる事情を抽出し，各事情が急迫性や正当防衛状況の判断に影響する理由や影響の度合いを検討した上で，それらを総合して，急迫性や正当防衛状況が否定されることになるのか，それはどのような価値判断に基づくのか，といった判断を迫られることになる[165]。

説明事項としては，このような事案においても，事案の内容に応じて，侵害の予期が考慮要素となる場合には平成29年決定の，自招行為が考慮要素となる場合には平成20年5月決定の，相互闘争状況が考慮要素となる場合にはけんか闘争に関する判例の前述したような各説明を行い，裁判体において当該類型において要求される価値判断を共有しておく必要はあると考えられる。ヒアリング等においても，そのような方策が採られている事案が見られた。

その上で，最終的に論告・弁論における主張を議論の土俵にしながら，諸事情の抽出とその評価を行い，当該事案における急迫性や正当防衛状況の有無にとって真に重視すべき事情を抽出した上で，最終的にそれらを総合して当該事案の特徴・個性を捉えた時に，どのような根拠から正当防衛が成立する（しない）といえるのかを議論していくほかはないであろう。この場合，裁判員からはその経験・感覚に基づく様々な意見が出されることが予想されるが，繰り返し論じているように，裁判官は，その意見が侵害の急迫性や正当防衛状況等の判断枠組みとの関係でどのような意味を有するといえるのかを的確に把握し，これを裁判内容に適切に反映させるよう心がける姿勢が求められる。

言い換えると，上記のような判断は，裁判員の自然な感覚等を反映して，急迫性や正当防衛状況に関する従前の判断枠組みを見直す作業であるということもできる。裁判官としては，正当防衛類型にはこのような難しい課題が内在していることを理解した上で，争点整理や審理・評議に柔軟に臨む必要があるといえよ

---

[164] 自招行為が認められる場合であっても，正当防衛の判断の上でポイントとなる点は，事案の内容によって必ずしも同じではなく，特定の一つの要件で説明することは必ずしも適切でないとの指摘もされている（三浦・前掲427頁）。

[165] このような場合，まずは公判前整理手続において，当事者に，生の事実関係の中から重要と思われる事情を抽出し，それらの事情が正当防衛の成否における考慮要素の認定にどのように影響し，その考慮要素がどの程度評価的判断に影響するのかを考え，主張してもらう必要がある。多くは，当該事情が，例えば侵害の自招性，侵害の予期の有無・確実性，加害意思の有無・積極性，侵害回避の容易性等からどう評価できるのかを考え，それらを組み合わせることになろうが，裁判官においても，釈明を求めるなどして，当事者の主張の趣旨について十分把握しておく必要があろう。

う[166]。

イ　判断枠組みの変動について

　別の問題として，例えば，当初は侵害を予期した場合の急迫性を争点とした判断枠組みを設定していたものが，審理及び評議を進めた結果，被告人の侵害の予期の程度が低いことなどから急迫性がないとはいえないものの，自招侵害やけんか闘争の判断枠組みで見ると，正当防衛状況を認めることはできないのではないかという議論になる場合など，当初設定した判断枠組みが証拠調べ及び評議を経て変動することがあり得る。前記3類型のいずれもが，広い意味では対抗行為に先行する事情を総合考慮して防衛行為の前提となる状況を認めてよいかどうかという問題であることからすれば，このような事態は比較的想定されるところである。さらには，当初は1つの判断枠組みを問題としていたものが，審理及び評議を進めた結果，前記アのように，複数の判断枠組みを複合的に検討すべきであるとの結論に至ることもあり得よう。

　当事者追行主義からすれば，まずは当事者が判断の土俵を設定し，これについて議論を行っていくのが基本である。もっとも，正当防衛類型においては，当てはめに関する当事者の主張が，重要な事実関係を取り上げ切れておらず，そうした事実関係について裁判所が補充的に検討を行う必要性が生じることも相対的に多いように見受けられる[167]。したがって，裁判官としては，正当防衛類型がそのような実情にあることを念頭に置き，両当事者の主張を検討しながらも，その部分だけに焦点を当てた近視眼的な検討にならないように留意し，重要な事実関係が当事者の主張から漏れていないかどうかに気を配り，事案全体を見通しながら評議を進める必要がある。もとより，裁判員から，当事者が重視していない事実関係の部分が気にかかる旨の意見が述べられることもあり得よう。評議における議論の結果，当事者が取り上げていない事情が相当程度重要であり，判断枠組みを変更する必要があるという結論に至った場合には，両当事者にその問題意識を伝えた上で，弁論を再開し，問題となる事情に関する当事者の主張を論告・弁論に追加してもらうなどの方策を取ることになろう。その上で，新たな判断枠組みに従って議論を尽くすこととなる。このように，裁判官としては，対抗行為に先行する事情を考慮すべき事案においては，証拠調べや評議を経て判断枠組みが変動する可能性があることを念頭に置き，柔軟に議論の土俵を設定し直す姿勢が求められる。ヒアリング等においても，以上の点についてはおおむね異論がなかった。

　なお，前記のような重要な事実関係については，そもそも証拠調べ手続におい

---

[166] そして，そのような裁判員の自然な感覚等を反映した評議・判決を積み重ねていくことにより，刑法36条の当てはめが社会の実相をより反映したものとなっていくことが期待されているともいえよう。

[167] これは，法律家にとっても，生の事実関係を刑法36条にどのように当てはめるかの判断は非常に難しいということを示しているといえよう。

て当該証拠の内容に接した段階で，裁判官がその存在に気付くのが望ましい。その段階で裁判官が気付いた場合には，審理の途中で両当事者に裁判所の問題意識を伝えて，追加の主張・立証をするかどうかの検討を促すなどすべきである[168]。

8 防衛行為性に関する評議①－防衛の意思が問題となる事案における評議の在り方
(1) 説明の在り方
ア 裁判員に対する説明の要否

ヒアリング等によると，防衛の意思が特に争点とされていない場合には，同要件に関し明示的な説明や事実認定・当てはめを行っていない例が散見された。防衛の意思があることが正当防衛の成立要件であることについて裁判員の理解が必要となるのは，被告人の行為が専ら攻撃の意思によるものであるかが問題となる事案に限られよう。したがって，そのような事案に限って，正当防衛が成立するためには防衛の意思が必要である旨を説明すれば足りると思われる。

イ 難解概念司法研究における提言

難解概念司法研究では，専ら攻撃の意思であったといえるかが問題となる事案について，前記積極的加害意思論に関する考察との関連から，「正当防衛が認められるような状況にあったか否か」という大きな判断対象を示すことが提案されている[169]。

ウ ヒアリング等からみた実情と検討

しかし，ヒアリング等によれば，正当防衛状況に関する要件と防衛行為に関する要件とをまとめた概念設定が必ずしも評議しやすいものとなっていないことは

---

[168] この場合に，問題意識を当事者に伝えるかどうかを裁判官だけで検討して決めるか，それとも裁判員をも交えた中間評議を行うか，という問題があるが，ヒアリング等によると，審理の途中であれば，裁判員の問題意識が整理されていない可能性がある一方，時間的制約もあることから，裁判官のみで検討して決めてもよいのではないか，という意見が比較的多かった。

さらに，事案によっては，公判前整理手続の段階で，当事者の主張書面に記載された事実関係のうちに，正当防衛の成否にとって重要ではないかと思われる事実関係が現れているのに，当事者がそれを正当防衛の成否の基礎事情として意識して取り上げていないことに気付くということも考えられないではない。当然のことではあるが，主張書面に現れた事実関係については十分調査・検討し，前記のような事実がある場合には，当事者に対し，当該事実についてどのように考えているのかを求釈明し，裁判所の問題意識も適宜伝えるなどして，適切な争点整理につなげることが重要であろう。

なお，ヒアリング等における意見の中には，公判前整理手続において設定した判断枠組みと，証拠調べを経た上で判明した判断枠組みがずれるのは好ましくなく，公判前整理手続では採用する証人と尋問事項さえ判明すれば足りるといった考えから，正当防衛の要件のうちどの争点ないし判断枠組みを問題とするのかを詰めることなく，「正当防衛が成立するか」という争点設定に留めるのが妥当であるとの意見もあった。しかし，そのような争点整理では，当該証人に対してどの部分の事実関係に重点を置いて尋問がされるのか焦点が絞られないまま漠然とした尋問が行われるおそれがあるなど，争点整理の機能を果たしているか疑問であろう。

[169] 難解概念司法研究28頁。

前述したとおりであり，防衛の意思が問題となる場合には，その点に焦点を絞った説明を正面から行った方が，評議がしやすいと思われる。

ヒアリング等においては，「①防衛行為といえるためには防衛の意思が必要である。②侵害を受けた者は，興奮，憤激，逆上，憎悪，怒りといった感情を抱くことも少なくないから，そのような感情をもって反撃に出たとしても，防衛の意思がないとはいえず，侵害に対応する心理状態，侵害を避けようとする単純な心理状態でさえあれば，防衛の意思は認められる。③他方で，そのような意味での防衛の意思すら全くなく，専ら攻撃する意思で反撃行為に出たような場合には，正当防衛にはならない。」といった説明をしたものがあり，このような説明は，裁判員にも理解しやすいようである[170]。上記説明で重要な点は，防衛の意思を欠くことで正当防衛の成立が否定されるのは極めて例外的な場合であることを理解してもらうことであろう。

(2) 協働の在り方

「防衛の意思が全くない（ゼロである）といえるかどうか」は，価値判断に基づく評価というよりは，事実認定の側面が強いといえる。評議においては，犯行に至る経緯，相手の侵害行為に対する防衛行為の過剰性の程度，その過剰な行為を被告人が意図的に行ったか否か等の点について，当該事案に現れた具体的な諸事情を検討し，被告人の意思内容を確定していくことになろう。その際の裁判官の役割については既に論じたとおりである[171]。

9 防衛行為性に関する評議②－防衛行為の相当性が問題となる事案における評議の在り方

(1) 説明の在り方

ア 難解概念司法研究における提言

防衛行為が相当であるかどうかを評議する際の説明等の在り方について，難解概念司法研究では，①前記のとおり被告人の行為が「相手方の攻撃に対する防御として許せるものか」という大きな判断対象を示して議論する方法と，②防衛行為の相当性の判断を個別に取り上げて，「実際に行われた反撃行為は相当なもの

---

[170] この場合における「専ら」とは，攻撃の意思しかない，すなわち防衛の意思がゼロである，という意味であり，分かりやすいであろう。

[171] なお，専ら攻撃の意思による攻撃でしかないと認められる場合とは，事実上，防衛行為の相当性を著しく欠いている場合，及び意図的な過剰行為の場合に限られるのではないかとの指摘がある（安廣文夫「昭和60年度判解（刑事）」145頁等）。ヒアリング等で見た事案の中には，上記指摘を踏まえ，専ら攻撃の意思であったかどうかが争われた事案の争点を「被告人が意図的に侵害行為に比べて著しく過剰な行為に出たといえるか」であると設定し，これについて評議したものもあった。しかし，上記指摘は，あくまで専ら攻撃の意思であることを推認できる間接事実又は当てはめの例を分析したものにすぎないと考えられるから，これらの事情があれば必ず防衛の意思が欠けるような説明になってしまわないよう注意すべきである。

であったか」,「被告人が被害者に対して行った行為は,やむを得ず身を守るためにしたものとして,妥当で許される範囲のものであるか」などと説明し,防衛行為として過剰かどうかを客観的事情から判断する方法が提案されている[172]。

イ ヒアリング等からみた実情と検討

防衛行為の相当性が問題となった実際の事案についてヒアリング等を行った結果を見ると,②の方法を取ったものがほとんどであった。その理由はすでに論じたところと同様である。

②の方法による評議における具体的な説明の在り方等として,次のようなものが考えられる。

(ア) ヒアリング等によれば,まず,過去の裁判例や学説においてどのような観点から防衛行為の相当性が判断されているかをあらかじめ分析し,公判前整理手続の中で当事者とその分析結果を共有しながら,当該事案に即した事情について主張を展開してもらい,評議では,正当防衛が成立するためには防衛行為が相当な範囲に収まっている必要があること(これを超えると過剰防衛になること)を裁判官が説明し,当事者の主張を検討することが共通して行われていた。

(イ) また,最一小判昭和44年12月4日刑集23巻12号1573頁に基づき,防衛行為によって,侵害された(又はされそうになった)法益より重い結果がたまたま生じても,反撃が過剰であるとはいえず,あくまで反撃行為が防衛手段として相当といえるかどうかが問題となることを説明している例もあった。これも確立した法解釈であり,特に傷害致死事件については,当該事案の内容如何にもよるものの,「結果の相当性」と「行為の相当性」の関係について,裁判員が結果の重大性に目を奪われないために必要な説明であろうと思われる。

(ウ) ところで,ヒアリング等ではあまり見られなかったが,いわゆる補充性が要求されていないことは,確立した解釈であるから,「正当防衛状況の下では,先に攻撃してきた相手が悪い(すなわち違法な)わけであるし,被告人のほうはとっさに防衛するわけだから,バランス(権衡)を欠いた反撃行為はいけないが,相手のダメージが最小限度に収まる方法を選択するよう振る舞うことは要求されない」という点は,事案に応じて必要があれば,議論の前提として説明してよいであろう。また,「侵害行為と反撃行為とのバランスが取れているかは,行為の形式的な手段だけでなく,実質的に判断すべきである」ということも,議論の状況に応じ,裁判官が説明して構わないと考えられる。

(2) 協働の在り方

防衛行為の相当性の判断も,急迫性と同様,事実認定による部分もあるが,最終的には,認定した事実を踏まえて,それが法の要求する「相当」といってよいかという評価(価値判断)の作業である。ただ,最高裁判例は,防衛行為の相当性につ

---

[172] 難解概念司法研究23頁,28頁及び29頁。

き，究極的には「当該具体的事態の下において当時の社会通念が防衛行為として当然性，妥当性を認め得るもの」かどうかという基準しか示しておらず[173]，いわば事例判例にとどまっている。したがって，何をもって相当といえるのかという点についての基準にできる法解釈があるわけではなく，その内実を具体的に説明することはほぼ不可能であると思われる。これは，裏を返せば，防衛行為の相当性は，一般市民である裁判員の視点が生かされる余地の大きい争点であるということができよう。

この点についても，ヒアリング等では，裁判員が結果の重大性に目を奪われて議論に困難が生じたり，検討の着眼点がなく意見が出にくかったりするおそれがあるという観点から，相当性を評議するに当たって着眼点が的確に取り上げられるようにするための方策を採っている例が多く，①過剰防衛となる典型的な事例を裁判員に示し，どのような点に着目して防衛行為の相当性を検討すべきかを裁判員自身に考えてもらって共通理解を深めている例や，②裁判官が最初から「これが着眼点である」として，相手の攻撃の内容，攻撃の切迫性，反撃行為の危険性の程度，他に採り得る選択肢の有無等から判断することを説明している例などがみられた。

確かに，従来，相当性を判断するに当たっては，相手と被告人の各々の攻撃態様，凶器の有無，年齢，性別，体格等の諸事情を検討し，侵害行為と防衛行為の程度を比較し，また防衛しようとした法益と防衛行為によって侵害した法益が著しくバランスを欠いていないか等を検討し，防衛行為が侵害行為よりもある程度強度であるといえる場合には，更に相手の侵害がどの程度切迫した状態にあったか（急迫性の緩急），侵害がどの程度執ようであったか等の被告人の置かれた状況から，被告人が他に採り得る手段があったか否か，あったとしてそれを採ることがどの程度容易であったか（言い換えれば当該防衛行為が自己の利益の防衛のためにどの程度必要不可欠であったか），防衛行為は強度であっても生じた結果が小さいものに留まったかどうか等の点を，当該事案に現れた事情に即して検討することが多かったのではないかと思われる[174]。しかし，着目すべき事情には事案により多種多様なものが含まれるであろうし，侵害行為と防衛行為がバランスを欠いているかどうかや，他の手段を採り得たといえるかどうかは，まさに市民感覚を踏まえて判断すべき事項である。さらに，上記の判断枠組み自体も，それが絶対であるとは必ずしもいえないであろう。ここでも，裁判員の自然な感覚等が防衛行為の相当性の判断に豊富に取り入れられ，そうした判断が積み重ねられていくことが期待されているといえる。

総論でも言及したとおり，取り上げるべき評価根拠事実の類型についてまで裁判官が裁判員にあらかじめ提示するような評議の方法は，協働を要する場面に法律家が設定した枠組みを押し付けることとなりかねない点で相当でないと考えられ，前

---

[173] 最一小判昭24年8月18日刑集3巻9号1465頁。
[174] 例えば，香城敏麿「正当防衛における相当性」小林充＝香城敏麿編『刑事事実認定（上）』317頁。

記②の方策については，裁判官と裁判員の実質的協働という観点からは問題があろう。他方，①の方策は，裁判員に具体的事例を通して頭作りをしてもらうというものであり，実質的協働という観点からは望ましい手法といえよう[175]。その上で，裁判員から多様な意見を述べてもらい，裁判官はその意見の合理性を従来の判断傾向に従って安易に判断せずに，意見の趣旨を的確に把握して議論のそ上に載せていく姿勢が必要である。

なお，ヒアリング等においては，裁判員に「自分が被告人の立場だったらどのような行動をしたか」という問いかけをし，そのような視点から考えてもらうとよい，との意見もあった。防衛行為が相当であるかは一般的・客観的に判断されるべきであるから，裁判員一個人の主観的な考えを直截に結論に反映させるわけにはいかないであろうが，臨場感や現実味をもって考えてもらうという点では，議論の在り方として参考になろう。

<模擬事例Ⅱの検討>

1 積極的加害意思論に関する説明について

模擬事例Ⅱでは，評議の中で，裁判官が，昭和52年決定の事案の概要のみならず当てはめの結論まで紹介しているが，そのことが裁判員に与える影響が考慮されていない。本文に記載したような点を考慮し，裁判員が自ら考えて意見を述べることができるようにするために説明方法の工夫が必要であったと考えられる。

2 積極的加害意思の認定・当てはめに関する議論について

裁判官は，最終評議において，積極的加害意思の検討に際し，事件当日にⅤに遭遇した際，被告人が何を考えていたのかを推し測る上で，前日の被告人の言動が非常に重要である旨を，あらかじめ一方的に説明してしまっている。しかし，この点は，侵害の急迫性に関する基本的理解を踏まえ，様々な事情を総合して勘案した上で裁判官と裁判員が協働して検討すべき問題であると思われる。そうであるのに，評議では，上記のような裁判官からの一方的な説明によって，裁判員から特段の質問や疑問が出されないまま，検察官の主張それ自体には誤りがないかのように評議が進められており，その結果，当該事案における侵害の急迫性（積極的加害意思）を判断する上で議論を尽くすべき重要部分について，必要な検討がなされないという事態を招いてしまったと考えられる。

具体的には，模擬事例Ⅱでは，被告人はⅤの再襲撃を予期していたとはいえ，いつ襲われるか分からないという不確定な面があり，出勤途上の社員寮の前でⅤが被告人を待ち伏せしていたところに出くわしたことも，積極的加害意思の考慮要素となり得るであろう。さらには，被告人が直ちにⅤに攻撃に及ばずに，コンクリート

---

[175] ただし，事例を示す際には，審理対象の事案と似通ったものにならないようにするなど注意が必要であることは，既に論じたところと同様である。

ブロックを振り上げて怒鳴るなどの威嚇行為に出ていることや，その後に被告人が取った一連の行動も，遡及的に被告人の加害意思の程度を推認させる可能性があろう。ところが，裁判官の上記説明によって，これらの事情に裁判員の意識が向かなくなってしまったおそれがある。このような裁判官の振舞いは，実質的協働を阻害し，裁判員の多様な意見を十分に引き出して社会常識に根差した結論を導くことを難しくするであろう。「当事者は犯行前日の被告人の言動を重視している」というように各主張の意味を確認する程度の説明であればよいが，そこから先は，裁判員と共に認定した事実を踏まえて，協働して当てはめの作業を行うべきである。

　なお，平成29年決定を踏まえると，今後は，裁判官が同決定の趣旨を説明し，当事者の主張をその趣旨に照らして吟味し総合評価していくことになると思われる。

3　判断枠組みの適切な設定及び変動について

　模擬事例Ⅱの証明予定事実記載書1をみると，被告人がVと遭遇してからVがナイフを向けて襲いかかってくるまでに約10分を費やしており，その間の事実関係に関する主張がやや曖昧にされている。しかし，裁判官が，公判前整理手続で上記書面を見ただけで，この約10分間に何か重要な事実関係が隠れているのではないかなどと見抜くことは困難であろう。また，その点について当事者が特に取り上げていないのに，公判前整理手続の中で裁判所が根掘り葉掘り事実関係を聞き出すのも適当ではないと思われる（ただし，証明予定事実記載書2において，被告人は本件当日にVが再び襲ってくることを十分予期していたと主張されている点については，Vがナイフを持ってくるということまで被告人の予期の範囲内にあったと検察官が考えているのかどうかは不明であり，裁判官としては，公判前整理手続の中で検察官に釈明を求めるべきであったとも考えられる。）。

　他方，証拠調べをみると，S供述によれば，Vが被告人に対してナイフで切り付けてくる前に，約10分間にわたり，被告人とVが互いに近付き，最初に怒鳴り合い，さらに，互いの太ももや腰の辺りを蹴り合うなどし，Sが被告人をVから引き離し，こう着状態が続いたとの事実が明らかになっており，この事実については被告人も認めている。そうすると，被告人が，事件当日にVに遭遇する前にはVに積極的に攻撃する意思がなかったとしても，Vに遭遇した後にけんか闘争の状況が生じたのではないかという問題が浮かび上がってくるはずである（さらに，そもそも，S及び被告人の各供述の信用性を検討する過程で，被告人が，Vと遭遇した直後に，前記のようなVと対等の攻撃的行動に出ているという事実に照らし，いずれの供述内容が自然かという検討も行う必要があるのではないかとも思われる。）。しかし，評議では，この事実に着目したけんか闘争に関する議論が全くなされていない。裁判官としては，本文で述べたように，対抗行為に先行する事情を考慮すべき事案では，判断枠組みが変動する可能性があることを念頭に置いて審理及び評議に臨み，立証状況等に応じた適切な対応をとることが求められているといえる。

模擬事例Ⅱ
※ 平成29年決定が出る前の裁判であるとの設定である。

【起訴の概要】
○ 被告人
　A（平成3年4月13日生，建設作業員）

○ 公訴事実
　被告人は，平成27年12月4日午前7時10分頃，B県b市○町△丁目□番×号先路上において，V（当時25歳）に対し，その頭部，背部等をコンクリートブロック片で数回殴打するなどの暴行を加え，よって，同人に急性硬膜下血腫等の傷害を負わせ，同月5日午前10時頃，同市内のD病院において，同人を前記急性硬膜下血腫により死亡させた。

○ 罪名及び罰条
　傷害致死　刑法205条

【証明予定事実記載書1】
第1　被告人の身上経歴等
　　被告人は，高等学校を卒業後，建設作業員として稼働し，社員寮に居住していた。
第2　犯行に至る経緯及び犯行状況等
　1　被告人は，Fと交際していたが，Fの前の交際相手であるVからFを取られたなどとたびたび因縁を付けられていた。そして，平成27年12月3日午後11時頃，b市内の居酒屋で，勤務先の同僚Sと飲酒していたところ，Vに遭遇し，Vは，この日初めて被告人に暴力を振るい，「明日も首洗って待っておけ。」などと言って店を後にした。被告人は，その後も飲酒を続けたが，Vの言動に憤慨し，Sに対し，今度は自分がVを暴力で負かす旨を話した。
　2　被告人は，同月4日午前7時頃，Sと一緒に寮の玄関を出たところ，寮の前の路上にVが果物ナイフを持って立っているのを認め，あらかじめ携帯していたコンクリートブロック片を右手に持ち，Vと対峙するなどした。
　3　そして，午前7時10分頃，Vが被告人に果物ナイフを向けて襲いかかったところ，被告人は，Vに対し，その頭部を前記コンクリートブロック片で1回殴打した。Vは，路上に転倒したが，被告人は，更に転倒しているVに対し，その頭部，背部等を前記コンクリートブロック片で数回殴打するなどの暴行を加え，これら一連の暴行により，同人に急性硬膜下血腫，背部打撲，左顔面挫創の傷害を負わせた。
　4　前記一連の状況を目撃したSが119番通報し，Vは，D病院に搬送されたが，同月5日午前10時頃，同病院において死亡した。
第3　その他情状等

【予定主張記載書面】

第1　公訴事実に対する認否

　　　被告人が公訴事実記載のとおり暴行を加えてＶを死亡させたことは争わないが、正当防衛が成立し、被告人は無罪である。

第2　事実上の主張

1　被告人は、居酒屋でＶに暴力を振るわれた後、今度は自分がＶを暴力で負かすなどと言ったことはなく、むしろＶと再度顔を合わせることを恐れていた。そのため、被告人は、帰宅後にＳに電話をかけ、本件当日の朝、仕事先の建設現場まで一緒に出勤することを依頼した。また、被告人はコンクリートブロック片を持っていたが、これは万が一Ｖに再度攻撃された場合に備えて防御のために持っていたにすぎない。

　　そうしたところ、本件当日、突然Ｖが被告人の寮の前にナイフを持って現れ、被告人にナイフを向けて走り寄ってきたため、被告人は、身の危険を感じ、Ｖの急迫不正の侵害に対し、防衛のためやむを得ず公訴事実記載の暴行に及んでしまった。

2　なお、Ｖは、被告人に頭部を1回殴られた後も、付近に落ちていた石を被告人に投げつけるような行動に出たため、被告人は、なおも自己の身体を防衛すべく、Ｖの頭部及び背部を殴打した。

【証明予定事実記載書2】

本件については、以下のとおり正当防衛は成立しない。

1　被告人は、前日の居酒屋でのＶの言動等から、Ｖが本件当日に再び攻撃してくることを十分予期しつつ、帰宅する際、寮の付近に落ちていたコンクリートブロック片を見つけ、Ｖに暴行を加えようと考えて、これを拾って携帯した。その上で、本件当日も、Ｖが現れるや、コンクリートブロック片を持ちだすなどしており、積極的加害意思を有していた。

2　Ｖは、被告人に最初に殴打された後、果物ナイフを手から落として路上に転倒し、うずくまっており、被告人に再度攻撃できるような状況にはなく、被告人に石を投げたこともなかった。その後の被告人の暴行は、防衛行為には当たらない。

【争点整理の結果】

本件の争点は、正当防衛の成否である。具体的には(1)積極的加害意思の有無を中心として、被告人に正当防衛が認められるような状況があったといえるか否か（侵害の急迫性）、及び(2)これが認められた場合に、被告人の暴行がＶの攻撃に対する防御として許される範囲のものといえるか否か（防衛行為の相当性）の2点が問題となる。

事実認定上は、(1)被告人が本件前日に居酒屋でＶから殴打されるなどした後、Ｓにどのような発言をしたか、(2)被告人の殴打を受けたＶが、なおも被告人に石を投げるような行動を取ったか否か、が問題となる。

（なお、公判前整理手続の中で、検察官は、Ｖが転倒する前の被告人の暴行と転倒後の被告人の暴行とが別個の行為であるとの主張はしないことが確認された。）

【証拠の整理】
省略

【検察官の冒頭陳述】
証明予定事実記載書1, 2の内容をまとめて簡潔に述べた。

【弁護人の冒頭陳述】
予定主張記載書面の事実関係を若干敷えんして述べた。

【公判前整理手続の結果顕出】
争点及び証拠の整理の結果の要旨を告げた。
なお, その後, 裁判官は, 評議室において, 裁判員に対し, 正当防衛の一般的な説明及び積極的加害意思に関する説明を行った。

【証拠調べの概要】
1 書証
  ○ 検察官請求証拠
  ・ 統合捜査報告書
    (ア) 犯行現場及び居酒屋の状況に関するもの
    (イ) Vの身上並びに本件による傷害及び死因等に関するもの
    (ウ) 果物ナイフ及びコンクリートブロック片の測定結果等に関するもの
  ・ Fの検察官調書
    12月3日より前の被告人とVの関係等を述べたもの
  ○ 弁護人請求証拠
  ・ 報告書
    12月3日の居酒屋での被告人とSの注文内容等に関するもの

2 証拠物
  ・ 果物ナイフ
  ・ コンクリートブロック片

3 Sの証人尋問要旨
(1) 12月3日午後11時頃, 被告人と居酒屋で酒を飲んでいると, Vが店に現れた。Vは被告人に「女を取りやがって。」などと罵声を浴びせ, 一方的にその胸や腹を二, 三発手拳で殴り,「明日も首洗って待っておけ。」と言い残して店を出ていった。Vが去った後, 被告人は,「あいつは許せねえ。今度はあいつが来ても, 俺がやってやる。絶対負けねえ。」などと繰り返し言っていた。私も酒に酔っていたところがあるので, その後の被告人の発言内容について100パーセント自信は持て

ないが，自分が覚えている限り，被告人はこのように言っていた。
- (2) 居酒屋から帰るときに被告人がコンクリートブロックを拾ったかはよく覚えていない。また，居酒屋から寮に帰った後，被告人と電話をしたかどうかも，今となっては記憶がない。
- (3) 翌4日午前7時頃，寮で，被告人から現場に行こうと誘われ，一緒に寮を出た。このような誘いは初めてだった。すると，寮の前の路上で，Vが，ナイフのようなものを持って，怖い顔つきでこちらを向いて立っており，我々に近づいてきた。被告人は，いつのまにか割れたコンクリートブロックの塊を手に持っており，Vの方に近づいていった。Vと被告人は，最初は怒鳴り合い，さらに，どちらが始めたか分からないが，互いの太ももや腰の辺りを蹴り合うなどし始めた。私はこのままではまずいと思い，被告人をVから引き離した。被告人とVはいったん離れ，お互いに武器を持ったまま1分ほどこう着状態が続いた。
- (4) しかし，午前7時10分頃，突然Vがナイフを前に向け，「おらー」と言って被告人に向かってきた。被告人は，タイミングよくVの頭をコンクリートブロックで1回殴った。
- (5) Vは頭から出血し，痛そうな表情で後ずさりし，ナイフを落として横向きに倒れた。転倒後のVはほとんど動けない様子だったが，被告人はVに近づき，頭や背中をコンクリートブロックで数回殴った。私は，Vが転倒した頃に，背後の道路に人が通るような気配を感じたため，まずいと思って5秒か10秒ほど後ろを振り返って見たことがあったが，Vが被告人に石を投げるようなしぐさをしたということはないと思う。

4 被告人質問要旨

- (1) Fと交際を始めて約2週間後から，Vに「寝取ったのはお前か。」などと因縁を付けられるようになり，その後も，路上や飲み屋でVに出くわすたびに因縁を付けられていた。しかし，自分はVの話につきあわないように努めていた。
- (2) 12月3日の夜，居酒屋でVに殴られた状況は，おおむねSが証言したとおりである。このときVに初めて殴られ，直後は多少気が立って，「あいつは許せねえ。」とか，「今度はやってやる。」と言ったかもしれない。しかし，その後飲んでいるうちに，Fのことを考えると，やはり自分がVに手を挙げるわけにはいかないと思った。Vは次の日にも再び自分のところに来て暴力を振るう勢いだったので，どうしていいかわからず，不安が募った。このことは全て居酒屋でSに話し，Sは，「何かあったらいつでも俺を呼んでくれ。」と言っていた。私の話とSの話が多少食い違っているのは，Sが酒に酔っていたからだと思う。
- (3) 居酒屋を出て，帰り道にコンクリートブロック片が落ちているのを見つけ，今後万が一のことがあったら応戦するのは仕方がないと思い，拾ってジャンパーのポケットに入れた。寮に帰ってからも，1人でVに出くわすのが怖かったので，翌朝はSと一緒に出勤しようと思い，Sに電話をして，そのことを頼んだ（通話履歴を示して質問）。
- (4) 翌4日の朝，Sと一緒に寮を出たが，寮の前にVがおり，ナイフを持っていた。Vがナイフを持っているのを初めて見たので，殺されると思った。しかし逃げるのも無理だと思い，自分もひとまずコンクリートブロック片をジャンパーのポケットから取り出して振り上げた。その後の経過はおおむねSが証言したとおりであり，怖くて仕方がなかったが，Vがナイフを向けて襲っ

くるのを何とかかわして，頭を1回殴った。
(5) Vは転倒してナイフを落としたが，すぐに立ち上がり，付近に落ちていた石を拾うと，腕を振りかぶって投げつけてきた。そのため，怖さのあまり，Vの腕力を封じようと思い，腕付近をコンクリートブロック片で殴ろうとしたところ，Vが不意に動いたため，誤って頭と背中に1回ずつ当たってしまった。それでVは崩れるようにして倒れた。

【検察官の論告】

正当防衛に関する主な意見は，以下のとおり。
(1) 被告人は，本件前夜，居酒屋で被害者に殴られ，「明日も首洗って待っておけ。」と言われたのに対し，「あいつは許せねえ。今度はあいつが来ても，俺がやってやる。絶対負けねえ。」と言い放ち，コンクリートブロックを拾って携帯していた。したがって，被告人は，被害者が再び攻撃してくることを予期しつつ，自らも被害者に積極的に暴行を加えようと考えていたことは明らかである。被害者が果物ナイフで襲いかかってきたとしても，緊急状態が生じたわけではなく，正当防衛が認められるような状況があったとは到底いえない。
(2) 被害者は，被告人から頭を1回殴られて転倒した後，動けるような状態になかった。したがって，被告人は，被害者の攻撃が既に終了していたのに，攻撃を続けており，被害者の攻撃に対する防御として許される行為であったとも到底いえない。
(3) Sは被告人の勤務先の同僚で，酒を酌み交わすほどの仲であり，被告人に不利なうそをあえてつくことは考えられない。また，できる限りのことを思い出し，真摯に真実を話している。したがって，Sの証言は信用できる。
(4) 被告人の弁解は，信用できるSの証言に反している。また，居酒屋で被害者に殴られた後，いったん「あいつは許せねえ。今度はあいつが来ても，俺がやってやる。絶対負けねえ。」と言い放ったのに，その後怖じ気づいたというのも不自然である。さらに，被害者が腕を大きく振って石を投げていたら，Sが気付かないはずがないし，被害者の腕を狙ったのに，2度も外れて頭や背中に当たったというのも極めて不自然である。したがって，被告人の弁解は信用できない。

【弁護人の弁論】

正当防衛に関する主な意見は，以下のとおり。
(1) 被告人は，自分からVに攻撃を仕掛けることなど全く考えていなかった。Sは，被告人がコンクリートブロックを拾ったことも覚えておらず，12月3日に泥酔していたことは明らかであって，被告人の言動をすべて覚えているとはいえない。Vのことが怖く，自分から攻撃するつもりなどなかったという被告人の話は，寮に帰った後にSに電話をし，事件当日一緒に出勤していることに裏付けられており，信用できる。したがって，被告人はVからナイフで突然攻撃され，緊急状態に陥ったのであり，これに対して頭を殴った行為は明らかな正当防衛行為である。
(2) 被告人がVの頭を殴った後も，Vは被告人に石を投げるような行動に出た。Sは，Vが石を投げたことはないと証言したが，通行人に気を取られ，Vの行動を見ていなかった。Vが石を投げてこなければ，被告人が重ねてVを殴る理由などないから，この点も被告人の供述は信用できる。

したがって，その後の被告人の暴行も，Vの攻撃から仕方なく身を守るためのものであり，正当防衛行為である。

【評議の経過】

1 まず公訴事実記載の被告人の暴行が証拠から認定できるかどうかを評議し，最初の頭部への殴打については認定できることが簡単に確認された。

他方，その後の暴行については，Sと被告人の供述が異なっていることから，いずれが信用できるかを評議した。その結果，「Sの供述内容に不自然な点はない。」，「腕を狙って殴ったのに2度も外れて頭と背中に当たったという被告人の供述は不自然である。」，「不意の動きをしたというVの行動についての被告人の供述は具体性に欠ける。」などの意見が大勢を占め，Sの供述に従い，被告人がVの頭や背中を狙って，複数回殴打したと認定することとした。

2 次に，Vが被告人に果物ナイフで襲いかかってきたという事実が客観的にあったことを簡単に評議し認定した。

3 そこで，被告人に「正当防衛が認められるような状況があったといえるか」を評議することとした。

裁判官は，改めて，侵害の急迫性についての基本的な意義を説明した上で，客観的には侵害が差し迫っているように見えても，例外的に否定される場合があること，昭和52年決定の事案の概要及び同決定における当てはめの結論を紹介し，単に予期された侵害を避けなかったというにとどまらず，その機会を利用し積極的に相手に対して加害行為をする意思で侵害に臨んだ場合には，相手の侵害行為は被告人にとって急迫であるとはいえないことを説明した。その上で，本件では，事件当日にVに遭遇した際，被告人が何を考えていたのかを推し測る上で，前日の被告人の言動が非常に重要であると説明し，これを踏まえて「正当防衛状況にあったといえるかどうか」を検討していくことを裁判員に提示した。

そこで，論告・弁論を基に議論を進めたところ，「Sは，酒に酔っていて12月3日の出来事を一部覚えていない可能性がある。」，「事件当日の朝，被告人がわざわざSを誘って現場に行こうとしており，被告人がVに出くわすのを怖がっていたというのも理解できる。」，「被告人が居酒屋から寮に帰った後にSに電話をして一緒に出勤しようと頼んだことも，通話履歴で一応裏付けられている。」との意見が優勢となった。その結果，被告人の供述が嘘であるとはいえず，Vがナイフで襲ってきた際に被告人に積極的加害意思はなかったから，正当防衛が認められる状況であったと結論付けた。

4 さらに，裁判官は，被告人の一連の暴行が「相手の攻撃に対する防御として許される範囲」に収まっているか，を問題提起した。

議論に先立って，裁判官は，Vの攻撃が既に終了しているのに，なおも防衛行為を続けた場合には，被告人の行為は正当防衛ではなく過剰防衛になること，本件では，Vが被告人に殴られた後も被告人に対して攻撃を続けていたか，具体的には石を投げたかどうかが問題となっており，その点のSと被告人の話が食い違っているので，いずれが信用できるかを評議しなくてはならないことを説明した。

ここでも論告・弁論に従って評議が進められたが，「Sが，通行人に気を取られてVの行動を見ていない時間があり，Vが石を投げたという被告人の供述が嘘であるとは言い切れない。」「Vが石を投げていなければ被告人が攻撃を続けるはずはないという弁護人の意見も理解できる。」という意見が大勢となり，被告人がVの頭部を1回殴打した後もVの攻撃は続いていた可能性が否定できず，これに対する暴行はやはり正当防衛行為であるとの結論に至った。
　　以上の議論を経て，本件では正当防衛が成立するとの結論に達した。

【判決の骨子】
〈主文〉
　被告人は無罪。
〈理由の要旨〉
1　本件の争点は，被告人に正当防衛が成立するかであるが，当裁判所は，これが成立し，被告人は無罪であると認めたので，その理由を補足して説明する（なお，被告人は，Vへの2発目以降の殴打行為について，「腕付近を2度殴ろうとしたところ，Vが不意に動いたため，誤ってそれぞれ頭部と背部に1回ずつ当たってしまった。」などと供述しているが，Vの不意の動きに関する被告人の供述は具体性を欠いている上，2度も狙いが外れるというのは不自然であり，信用できない。被告人は，Sが供述するとおり，被害者の背部や頭部を狙って数回殴打したものと認められる。）。
2　まず，被告人に正当防衛が認められるような状況があったか否かについて検討する。
　　関係証拠によれば，被告人は，VからたびたびFを奪ったなどとして因縁を付けられていたこと，本件前日である12月3日午後11時頃，同僚のSと居酒屋で飲酒中，Vがやってきて，一方的に被告人に罵声を浴びせ，二，三発拳で殴り，「明日も首洗って待っておけ。」と言って去ったため，明日もVから暴行を振るわれると考えていたこと，翌4日午前零時過ぎころ，居酒屋を出て寮に帰宅したが，その帰路で本件コンクリートブロック片を拾い，上着のポケットに入れたこと，同日午前1時頃，Sに電話をしたこと，同日午前7時頃，Sと連れ立って寮の玄関を出たところ，Vが本件路上にナイフを持って立っていたこと，午前7時10分頃，Sが被告人に果物ナイフを向けて襲い掛かってきたことが認められる。
　　検察官は，被告人が居酒屋でVに殴られた後，Sに対し「あいつ（V）は許せねえ。今度はあいつが来ても，俺がやってやる。絶対負けねえ。」と言い放ったとのSの供述及び被告人がコンクリートブロックを拾って携帯した事実から，被告人は，Vが再び攻撃してくることを予期しつつ，その機会を利用して自らも積極的に暴行を加えようと考えていたから，Vが襲い掛かってきたとしても，それは正当防衛が認められるような状況ではないと主張する。
　　しかしながら，弁護人作成の報告書（弁1）等によると，Sは居酒屋でかなり飲酒していたことがうかがわれ，S自身，12月3日から4日の夜の出来事について一部記憶がないことからすると，Sが被告人の言動をすべて覚えていると認めることは困難である。
　　他方，被告人は，「Vに殴られた直後は多少気が立って，『あいつは許せねえ。』とか，『今度はやってやる。』と言ったかもしれないが，Fのことを考えると，やはり自分がVに手を挙げるわけにはいかないと思い直した。Vは次の日にも再び自分のところに来て暴力を振るう勢いだったので，ど

うしていいかわからず，不安が募った。このことは全て居酒屋でＳに話し，Ｓは，『何かあったらいつでも俺を呼んでくれ。』と言っていた。コンクリートブロック片を拾ったのは，万が一の際の防衛のためである。１人でＶに出くわすのが怖かったので，Ｖに電話をし，本件当日は一緒に出勤してもらった。」などと供述している。この供述内容は，前記の前提事実，とりわけ被告人がＶと一緒に寮を出たという点に照らして自然であるし，居酒屋から帰宅後にＳに電話をかけた事実ともよく整合するものといえる。したがって，この点の被告人の供述は信用できる。

　そうすると，被告人は，居酒屋を出た時点で，明日にもＶの攻撃があることを予期してはいたものの，Ｖに積極的に攻撃するつもりはなく，万が一の事態に備えて本件コンクリートブロック片を携帯していたにすぎないとの合理的な疑いが残るから，Ｖがナイフを向けて被告人に襲い掛かった行為は，被告人にとって正当防衛が認められる状況であったと認めることができる。

3　さらに，被告人の暴行が，Ｖの攻撃に対する防御として許された行為かどうかを検討する。この点，被告人が１発目の殴打をした後はＶの攻撃が終了していたのに，なおも被告人が殴打行為を続けたのか，それとも被告人が１発目の殴打をした後も，Ｖが石を投げて攻撃を継続していたのかが問題となる。

　この点，Ｓは，「Ｖが被告人に向けて石を投げるようなことはしていないと思う。」などと供述する。しかし，Ｓは，「Ｖが転倒した頃に，背後の道路に人が通るような気配を感じたため，まずいと思って５秒か10秒ほど後ろを振り返って見たことがあった。」とも供述しており，その間のＶの行動については見ていないといわざるを得ない。

　他方，被告人は，「Ｖは１発殴られて倒れたものの，すぐに立ち上がり，付近に落ちていた石を拾うと，腕を振りかぶって投げつけてきた。そのため，怖さのあまり，Ｖを更にコンクリートブロック片で殴った。」などと供述しているところ，前記のとおりＳが目撃していない間にＶによる投石行為があった可能性は排斥しきれない。また，Ｖが投石行為に及んだからこそ，被告人が殴打行為を続ける必要性があったものとも考えられる。そうすると，この点についても，Ｖによる攻撃が継続していたとの被告人供述を排斥することはできず，これに対して反撃として行った被告人の２発目以降の殴打行為を含め，被告人の本件暴行行為は，Ｖの攻撃に対する防御として許された行為であったというべきである。

　よって，刑訴法336条により，主文のとおり判決する。

第4　責任能力の判断について

1　問題状況

　責任能力の有無・程度が問題となる事案に関しても，難解概念司法研究において，その概念の説明の在り方について検討が行われている[176]。そこでは，裁判員にとって，弁識能力と制御能力という二つの抽象的な概念を区別した上，考慮すべき事実を当てはめて弁識能力の有無と制御能力の有無をそれぞれ判断することは困難が予想されるという問題意識を前提にして，法律家が，当該事案の本質的な部分にまで立ち返り，判断すべきポイントは何かを整理した上，判断の対象を簡明で理解しやすいものに設定することが必要であると指摘がされている。そして，精神障害の類型に応じた判断対象の示し方について検討が加えられている。

　本研究の過程で行ったヒアリング等を通してみると，実務において直面している主な課題として，責任能力の概念や判断枠組みをどのように裁判員と共有していくか，その前提としてそもそも責任能力の概念等をどのように整理すべきか，専門家による鑑定をどのようにして裁判員に理解してもらって判断していくか，といった点に裁判官が頭を悩ませているとの意見が多かった。責任能力に関する規範的な理解も，精神症状についての専門的な知見の理解も，裁判員裁判以前から裁判官にとっても難解であったから，裁判員との協働が難しいのは当然といってもよい。

　模擬事例Ⅲは，①責任主義という基本的な考え方について，一部の裁判員が素朴な疑問を解消できないまま評議に臨んでいること，②心神喪失・心神耗弱という概念について，当事者が別々の説明をしているのに，裁判官が適切に対応せず，裁判員の共通理解が図られていないこと，③精神鑑定の内容自体が難解であったため，その理解が不十分なまま評議が進められていること，④責任能力の判断に当たり，重要な事実関係に焦点が当たらないまま評議が終わってしまい，心神喪失・心神耗弱への当てはめが適切になされていないなどの問題点がある。本章は，そのような問題が生じる原因を分析し，考え得る対応策を提言しようというものである[177]。

2　責任能力の判断における裁判官と裁判員の協働の在り方

(1)　責任能力の判断の難しさの原因

　　責任能力に争いのある事件は，裁判員裁判の対象事件であるかどうかを問わず，一般的に複雑で判断の困難な事件とされている。すなわち，裁判員にとってはもちろん，裁判官にとっても判断が難しい事件である。その主な要因として，少なくとも，以下の2点を指摘することができる。

---

[176] 難解概念司法研究32頁以下。

[177] 本報告書では，統合失調症などの典型的な精神障害を中心に論じることとする。パーソナリティ障害などの周辺的な精神障害については，十分な研究ができていないため，可能な範囲で言及するに留まることをご了承いただきたい。

第1に，刑法39条が規定する心神喪失・心神耗弱という概念自体，難解なものであるという点である[178]。しかも，責任能力については，責任論を含む刑法理論上の位置付けを始めとして，刑罰の目的や自由意思論など根元的な問題が関わっている。さらに，心神喪失，心神耗弱及び完全責任能力の各概念について，それぞれ能力の程度が問題になるにもかかわらず，その境界を数値的に区別することが困難ということもある。

　第2に，心神喪失等を判断する際にその根拠として認定する必要のある被告人の精神障害には，統合失調症や躁うつ病，覚せい剤やアルコールなど薬物等による中毒のほか，知的障害やパーソナリティ障害，発達障害など様々なものがあるし，これらが複合している場合もあるという点である。責任能力の有無・程度を判断するためには，その前提として，被告人にどのような精神障害があるのか，精神医学に関する専門的知見をもとに事実を認定する必要がある。

　このように，責任能力の判断は，心神喪失・心神耗弱といった法律概念がそもそも難解である上，その中の事実認定の場面では精神鑑定という精神医学の専門家の知見を活用することが想定されており，このことが判断の難しさを一層増している。

(2) 裁判官が果たすべき役割

　責任能力が問題となる事案の評議においては，裁判官と裁判員は，前提となる事実を認定した上で，刑法39条1項，2項の当てはめまで行うことになるのであり，そこでは，①心神喪失，心神耗弱，完全責任能力の意義やその判断枠組みについて，当該事案の判断に必要な範囲で理解した上で，②精神医学に関する専門的知見を活用して，責任能力の判断のために必要な事実を認定し，③責任能力の有無・程度について判断する，という複雑な作業が必要になる。

　したがって，裁判官は，責任能力の判断構造をよく踏まえた上で，当該事案の争点，すなわち判断の分岐点がどこにあるかを考え，かつ，裁判員の視点・感覚が十分に反映されるよう，裁判員に対して，何をどのように説明して理解してもらい（説明事項），何について判断してもらうのか（協働事項），よく吟味した上で審理・評議に臨む必要がある。特に，評議において，裁判官は，段階的な判断の局面に応じ，専門家による鑑定意見の位置付けを含めて，その都度的確な説明を裁判員に対して行うとともに，責任能力に関する判断構造を裁判体として正しく共有しながら，専門的な証拠を基礎にしつつ，裁判員の視点・感覚を取り入れて，被告人に刑事責任を負わせることができるのかどうか，多角的な意見交換を行い，実質的に協働することができるよう，適切に関与していく職責を負っている。

---

[178] 刑法の難解な法律概念の中で最も説明が難しいのが責任能力であろう。法律の概念を説明するのが難しいという場合には，法律家が理解していることを一般の人に伝えるのが難しい場合と，法律家（研究者を含めて）がその本当に意味するところを十分理解できていない（したがって，一般の人にうまく説明できないのは当たり前である）という場合があるが，責任能力は後者であるように思われる（佐伯仁志「裁判員裁判と刑法の難解概念」法曹時報61巻8号29頁）。

3 責任主義についての説明の在り方
(1) 説明の必要性
　ヒアリング等の結果によると，責任能力が問題となる場合，裁判官は，裁判員に対して，刑法39条の条文に加えて，「責任なければ刑罰なし」という責任主義に関する説明をしている。

　このような説明をする理由は，「責任能力」という概念が必ずしも社会の中で共有されていないため，裁判員の中には，素朴な正義感から，罪を犯したのに，精神障害を理由に無罪になったり，刑が減軽されたりすることに違和感を抱いていたり，逆に，精神障害者であるということだけで，被告人に刑罰を科すことは相当でなく，医療的な措置や福祉的な措置を講じることがふさわしいと考えていたりすることがあるためである。このような違和感や考えを持ったまま評議に臨んだ場合，責任能力を判断するために必要な事実の意味を検討する場面や，最終的な評価をして結論を決める場面において，基準とすべき判断枠組みを共有できないおそれがある。

　また，責任主義の考え方を共有しておくことは，量刑評議を適切に行うためにも重要な課題となる。ヒアリング等の結果によると，例えば，責任能力の判断では，心神耗弱という結論になったが，その後の量刑判断において，被告人の精神障害について回復の見込みがなく再犯のおそれがあるなどとして，刑を重くする方向に意見が跳ね返ることがある。逆に，完全責任能力という結論になったものの，精神障害が犯行に相当程度の影響を及ぼしている場合に，それを量刑上，被告人に有利な事情として考慮することについて，裁判員から疑問を呈されることは，比較的多くの裁判官が経験しているところである。

　したがって，責任能力が争点になっている事案においては，一般的に裁判員が抱きやすいイメージをいくつか想定した上で，それぞれに応じて責任主義の内容について丁寧に説明することが不可欠である[179]。

(2) 説明の内容や方法
　ヒアリング等の結果によると，各裁判体において表現ぶりは色々あるが，責任主義について，「刑法の下では，自分の行為がやってもよいことか悪いことかを判断することができ，その判断に従って思いとどまることができたのに，犯罪行為を選んで行動したことが非難されるので，そのような場合には刑罰を科すことができる。しかし，精神障害の影響により，自分の行為がやってもよいことか悪いことか判断できないときや，悪いことと分かっていても自分の意思で思いとどまることができない場合には，それを非難することができないので，刑罰を科すことはできない。」旨の説明がなされているとの実情が紹介された。この説明は，行為の善悪を判断する能力と，その判断に従って自分の行動をコントロールする能力が，責任能力の要

---

[179] 刑罰を科すために責任能力が必要であることは，裁判官の説明事項であるとともに，まずは当事者が公判審理において説明すべき事柄である。

素になっていることを理解するために有用であり[180]、両方の要素を判断する必要のある事案により適した説明といえる。

　もっとも、精神障害の影響により、行為の善悪を判断する能力が欠如しているか、著しく低下している場合には、それに応じて行動コントロール能力も欠如しているか著しく低下していることが多く、善悪の判断能力は正常であるのに、行動コントロール能力だけが欠如し、あるいは著しく低下している事案は、少数に留まると思われる[181]。そうすると、事案によっては、例えば、「刑法の下では、自分の行為がやってもよいことか悪いことかを判断することができるのに、その犯罪行為を選んで行動したことが非難されるので、そのような場合には刑罰を科すことができる。しかし、精神障害の影響により、自分の行為がやってもよいことか悪いことか判断できないときには、それを非難することができないので、刑罰を科すことはできない。」といった説明の方が裁判員にはより簡明である場合もあろう[182]。裁判官としては、法律要件を念頭に置きつつ[183]、事案に応じて適切な説明をすべきである。

　また、ヒアリング等の結果によると、各裁判体は、責任主義に関する説明をする際には、上記のような説明を基本としつつも、身近な例を引き合いに出して、理解を図るための工夫を試みている。例えば、弁識能力については「自動車が通っていなくても、皆さんが、赤信号を無視して横断歩道を渡らないのは、赤信号を無視することは悪いことと分かっているからです。しかし、重い認知症の人が、赤信号の意味を分からずに、これを無視して横断した場合には、責めることができません。」などと説明している例が紹介された。このような説明は、自分の行為が悪いことであると分かっていない場合には、非難して責任を問うことができないということを、理解してもらいやすいものである。また、裁判員のほうから、日常生活において責任非難できない例を指摘してもらい、具体的なイメージを共有するように工夫をしている例もある。

　なお、責任主義の説明と合わせて、医療観察制度の説明（心神喪失を理由に無罪となった場合や心神耗弱と認定されて刑の執行が猶予された場合に、検察官の申し出により、裁判所が審理した上、一定期間、入院治療や通院治療を命じることがで

---

[180] 後述する中間概念（本報告書注188（95頁）参照）によると、弁識能力及び制御能力という用語は、表面上出てこないが、中間概念に加えて、弁識能力及び制御能力について補足的に分かりやすい説明を加えるのが適当なこともあり得るとされている（難解概念司法研究37頁）。

[181] 刑法は、行為者に対し、この社会をともに構成する者としての平均的な要請に応じることを期待しているのであり、その要請に反する以上、責任を肯定すべきである（平均人標準説）。責任判断の標準は、当該の具体的状況に置かれた行為者は、社会の側からいかなる行為をどの程度に期待されるかという社会的期待の有無と程度である（井田良「講義刑法学・総論」（第2版）391頁）。

[182] 難解概念司法研究37頁。また同285頁の説明案参照。

[183] 責任主義について、本文の例のような説明をしたからといって、行動コントロール能力の要件の検討が不要となるわけでないことは当然である。

きること)[184]をしている裁判体も多い。罪を犯した精神障害者の処遇について、刑事裁判による手続が全てではなく、他に司法が取り得る内容を示しておくことは、裁判員に対し、精神障害により刑法に触れる行為をした者に対して法制度がどのような枠組みで対処しているのかについての大まかな見取り図を提供しておくという意味で有用である[185]。

(3) 説明の時期

ヒアリング等の結果によると、責任主義や後述の責任能力など関連する法的概念の説明は、審理の初期の段階（例えば、公判前整理手続の結果顕出の後、具体的な証拠調べに入る前の段階）で、その概要を説明している裁判体がほとんどであった[186][187]。

このように、審理の初期の段階で、責任主義等の内容について説明しておくことは、裁判員が、証拠調べを見聞きするに当たり、争点に即して、注目すべきポイントがどこにあるのかを理解する上で役立つし、責任能力について判断することの意義を納得してもらうためにも有用である。その際、精神障害の内容、被告人の行動及び考えについて精神障害の影響を受けたと思われる部分とそれ以外の正常と思われる部分に注目してみること、精神科医は、それぞれの部分が犯行にどのように影響しているのか分析して説明してくれることなどを付加しておくと、証拠調べの重点が一層明確に伝わるであろう。

また、ヒアリング等の結果によれば、多くの裁判体において、責任主義について、評議の冒頭だけでなく、審理や評議の途中でも、折を見て、繰り返し説明しているのが実情である。

＜模擬事例Ⅲの検討＞

模擬事例Ⅲの評議では、裁判長が責任主義について説明したところ、ある裁判員から「人を殺したのに、心神喪失を理由に処罰を受けないのは、納得できない。」という発言が出ている。そして、裁判長が例え話を加えて説明したが、なお納得できていない様子がうかがわれる。

---

184 難解概念司法研究285頁に、説明案の一例が記載されている。
185 ヒアリング等では、裁判員に医療観察制度を紹介する場合には、裁判員に求められる判断は、被告人に刑罰を科すのか医療を施すのかという二者択一の選択ではなく、被告人に対し、刑罰を科すことができるのかどうか（責任能力の有無・程度）であると明確に伝えておくのが肝要であるという指摘もあった。
186 冒頭陳述については、情報が過多にならないようにすべきであると指摘されている（最高裁判所事務総局刑事局「模擬裁判の成果と課題」判例タイムズ1287号22頁注33）。このことからすると、法的概念の説明も、審理の初期の段階では、情報過多にならないように、基本的な考え方や制度の概要にとどめ、審理や評議の進行に応じて、次第に詳しい説明を加えていくことが望ましいと考えられる。本報告書第1の2(3)（4頁）参照。
187 また、公判前整理手続の中で、裁判所が評議で使う責任主義や責任能力の説明案を当事者に示し、当事者にも、冒頭陳述の中でその説明をしてもらうように促して、用語の統一を図っている裁判体も多い。

> 　裁判長が，具体例を挙げて説明を試みている点は，評価できる。しかし，それだけでは足りず，疑問の理由がどのような点にあるのか，その把握に努めた上，更に説明を加えたり，他の裁判員や裁判官を含めて，責任非難できない場面を指摘してもらったりして，責任能力の本質に関して理解を共有しておく必要がある。
> 　また，責任主義について，裁判官としては，裁判員に対し，評議の冒頭だけではなく，審理の比較的早い段階から，その概要を説明し，十分な理解を得た上で証拠調べに臨んでもらうのが相当である。

4　責任能力が問題となる事案における基本的な判断枠組み

(1)　難解概念司法研究における提言

　難解概念司法研究では，統合失調症の影響を理由として責任能力が争われ，犯行が妄想に直接支配されていたか否かが責任能力のポイントとなる事案では，端的に，「精神障害のためにその罪を犯したのか，もともとの人格に基づく判断により犯したのか」という視点から検討するのが裁判員にとって理解しやすいのではないかと指摘し[188]，他の精神障害の場合にも，各類型に応じた表現による判断の対象を示す（例えば，「被告人の飲酒の程度が異常であり，平素の人格と極端にかけ離れたものであったかどうか」等）ことは可能である旨提言した[189]。

(2)　ヒアリング等からみた実情と検討

ア　ヒアリング等からみた実情

　心神喪失，心神耗弱又は完全責任能力[190]という法的概念は，正当防衛などとは違って，日常生活で用いられる言葉ではなく，それ自体裁判員にとってなじみの薄いものであるし，これに関する判例の定義も，非常に難解なものである。裁判員に裁判官と対等な立場で議論を尽くしてもらうためには，具体的な事案におい

---

[188] 「統合失調症の圧倒的な影響によって，罪を犯したもので，もともとの人格に基づく判断によって犯したと評価できない場合か」（心神喪失），「統合失調症の影響を著しく受けているものの，もともとの人格に基づく判断によって犯したと言える部分も残っていると評価できる場合か」（心神耗弱），「統合失調症の影響があったとしても著しいものではなく，もともとの人格に基づく判断によって犯したと評価することができる場合か」（完全責任能力）という形で判断の対象（法文そのものではなく，また法文の解釈でもないが，概念の本質に遡った中間的な説明であることから，「中間概念」と呼ばれることが多い。本章においても，上記の判断枠組みについて「中間概念」と表記する場合がある。）を示すのが適当であるとする。

[189] 難解概念司法研究36頁。

[190] 「完全責任能力」という用語は，裁判員に対し，100パーセント完全であるという誤ったイメージをもたらし，責任能力が多少低下している程度であっても，心神耗弱に当たるとの誤解を招き，心神耗弱の範囲が不当に拡大するおそれがある。また，心神耗弱には至らない程度の責任能力低下に留まると認定された場合に，それを「完全責任能力」と表現すると，量刑の判断において，「完全」であるからという理由で，責任能力の低下を一切考慮すべきではないという誤解を生じることもある。したがって，完全責任能力については，「著しい能力の低下がない場合」とか，「十分な能力があるか，能力の低下が一定程度あるものの著しい低下はない場合」という趣旨の表現で説明することが妥当であると考える。

て裁判員が当てはめをできるように，裁判官は，その事案に応じた適切な判断枠組みを示すことが必要である[191]。

ヒアリング等の結果によると，統合失調症などの典型的な精神障害が問題となる事案の判断枠組みについて，概ね以下の3つが用いられている[192]。

① 「精神障害の影響のためにその罪を犯したのか，もともとの人格に基づく判断によって犯したのか」という難解概念司法研究が提言した概念を利用した判断枠組み

② 「精神障害の影響のためにその罪を犯したのか，正常な精神作用によって犯したのか」というように，①の概念を変形させた判断枠組み

③ 難解概念司法研究が提言した概念を用いずに，「精神障害の影響により，自分の行為について，してもよいことなのか悪いことなのかを判断する能力や，その判断に従って行動をコントロールする能力が失われていたため（著しく低下していたため）に，罪を犯したのか」という，責任能力に関する判例上の概念を平易化しつつそのまま用いる判断枠組み

以下，判断枠組みごとに検討する。

イ　難解概念司法研究が提言した概念を用いた判断枠組みについて（上記①②）

難解概念司法研究が提言した概念は，裁判員制度施行前に行われた模擬裁判の結果などから，裁判員にとって，事理弁識能力と行動制御能力という抽象的な二つの概念を区別した上，考慮すべき事実を当てはめて判断することは困難が予想されるため，当該事案の本質的な部分にまで立ち返り，判断すべき重要なポイントは何かを整理した上，判断の対象を簡明で理解しやすいものに設定することを試みたものである。そして，統合失調症の場合だけでなく，他の精神障害の場合にも，各類型に応じた表現による判断の対象を示し，その責任能力を検討することは基本的に可能であると紹介されている[193]。

なお，ヒアリング等の結果によれば，妄想や幻覚・幻聴が犯行に影響している統合失調症の事案では，難解概念司法研究が提言した概念を用いて説明している例が比較的多い。また，希死念慮（自殺したいという病的な思い込み）が犯行に影響したうつ病に基づく無理心中の事案についても，統合失調症を主に念頭にお

---

[191] 岡田幸之医師は，①裁判官の役割というのは，今から用いようとしている「定規」がどのようなものか，そして，その定規をどこに，どのようにあてて，定規のどこを見れば「刑事責任能力」という目盛りで測定できるのかを教えること，②精神科医の役割は，その測定作業をし易いように，つまり，定規を当てやすいように，被告人の精神状態や行動を整理して提示することであり，裁判員裁判においては，一般人にも裁判官が使う定規を共有してもらわなければならない，と指摘している（「精神鑑定と裁判員裁判」中谷陽二編「精神科医療と法」105頁）。

[192] 齋藤正人ほか「責任能力2(1)」判例タイムズ1378号56頁以下には，そのほかにも多様な説明案が紹介されている。

[193] 難解概念司法研究38頁。

いた前記判断枠組みのうち，「精神障害の圧倒的な影響（著しい影響）によって犯したものであるかどうか」という説明は有効であるという意見もあった。他方，統合失調症の中でも，陰性症状が強く影響している場合には，「もともとの人格」の立証や認定が困難であり，当事者が中間概念の利用に消極的であるとか，「もともとの人格」とは，いつの時点を捉えて検討するのか，精神障害発症前の時点か，発症後であっても問題行動を起こしていない平素の時点なのか，その時期の捉え方について問題を生じるという指摘があった[194][195]。

検討するに，難解概念司法研究は，統合失調症の場合には，裁判例において平素の人格と乖離しているか否かが重視されることが多いことに着目して，「統合失調症の圧倒的な影響（著しい影響）によって，罪を犯したものであるか，それとも，もともとの人格に基づく判断によって犯したと評価できるか」という判断対象を示したものである[196]。したがって，統合失調症以外の他の精神障害について，同じ説明が妥当するわけではないのは当然である。また，統合失調症が問題となる場合であっても，難解概念司法研究の上記提言は，「もともとの人格」の立証や認定ができる場合を想定した説明であって，り患してから長期間にわたって治療を受けたことがなく，その発症時期や発症前の性格などが不明なため，人格異質性を判断の重要な要素にすることが難しい事案にあえてこの中間概念を使う必要はない。

ところで，福島章博士は，統合失調症の者であっても，病的な心の部分と健康な心の部分が併存しているはずで，病的な部分が健康な部分を圧倒・支配している場合は責任無能力だと考えるべきであるが，正常に判断・制御する部分が残っている場合は，それがどの程度残されているかを量的に検討すべきであるとされる[197]。「病的な部分が健康な部分を圧倒・支配している場合は責任無能力だと考えるべきである。」ということは，医学的な問題ではなく法的な問題であるが，おそらくは，統合失調症は，精神症状の性質上，幻覚・妄想など，事理弁識能力の前提となっている被告人の認識に直接影響を与えるものであるので，統合失調症

---

[194] 人格変化の乏しい事案では，精神障害による影響と「もともとの人格」による影響とを区別して議論するのは難しいという意見もあった。難解概念司法研究では，各類型に応じた表現による判断の対象を示すことは可能であると述べている（難解概念司法研究38頁）が，うつ病のケースに「もともとの人格」という概念を用いることを提言しているわけではない。

[195] 飲酒酩酊の事案では，酩酊した状態と平素の状態の乖離が大きいので，「被告人の飲酒の程度が異常であり，平素の人格と極端に離れたものであったかどうか」という中間概念（難解概念司法研究38頁）は用いやすいという評価を得ている。ただし，飲酒酩酊の結果，抑制が取れて被告人の本来の人格が現れてくる事案を考えると，人格異質性を用いることに疑問があるという意見や，「平素の人格」が普通酩酊の状態を言うのか，飲酒していない素面の状態を言うのかが問題となったため，中間概念を使わなかったという事例も紹介された。

[196] 難解概念司法研究36頁。

[197] 福島章「精神鑑定」（有斐閣選書R）115頁。

が犯行に圧倒的な影響を及ぼしている場合には，すなわち被告人の弁識能力の前提である認識が大きく歪められている場合といってよい。したがって，福島博士の指摘されるとおり，「精神障害の圧倒的な影響（著しい影響）のためにその罪を犯したのか」どうかが，裁判官にとっても責任能力判断の分かれ目になってきたものと思われる。そうすると，難解概念司法研究にいう「もともとの人格」とは，より本質的には，「正常に判断・制御する部分」と理解されるべきであろう[198]。

こうした理解を前提にすれば，上記②の「精神障害の影響のためにその罪を犯したのか，正常な精神作用によって犯したのか」という判断対象の示し方（裁判員に対する説明）は，統合失調症を念頭に置いた場合，より汎用的なものであるということができる。

以上のとおり，難解概念司法研究の提言が既に指摘しているように，心神喪失や心神耗弱の判断枠組みを設定するに当たり，類型ないし事案ごとに判断の分岐点となる的確な判断対象を設定することができれば，上記の枠組みは，統合失調症のみならず，躁うつ病，アルコール関連障害，薬物関連障害などにおいても有効に活用できるといえよう。法曹三者としては，裁判員が責任能力とは何かという概念の理解に過大なエネルギーを注ぐことなく判断に集中できるようにするため，事案に適した判断枠組みの設定の在り方を不断に検討していくべきであろう[199]。

＜模擬事例Ⅲの検討＞

模擬事例Ⅲの評議では，裁判所は，心神喪失及び心神耗弱の概念について，司法研究が提言した中間概念によって説明している。模擬事例の被告人は，統合失調症の陰性症状が顕著な場合であるものの，統合失調症の発症時期が概ね明らかになっているし，統合失調症を発症する前の被告人のエピソードがいくつか主張・立証されており，鑑定の内容も，本件犯行が統合失調症の慢性期における著しい人格変化の状態でなされたものであることを指摘している。そうすると，裁判所が，中間概念に基づいて心

---

[198] 安田拓人「責任能力と精神鑑定をめぐる諸問題」司法研修所論集123号183頁以下。
[199] 不適切な判断枠組みの設定は，裁判員の多様な意見を封じることになりかねないだけでなく，不適切な判断をもたらす危険があることにも注意すべきである。証拠調べを経て，当てはめの段階であらかじめ設定した判断枠組みが必ずしも適切でないことが判明した場合には，判断枠組み自体を修正しなければならないこともあり得る。例えば，人格異質性を判断の重要な要素にすることが難しい事案において，難解概念司法研究が提言した概念をそのまま使用した場合，遅くとも評議中のどこかでこの枠組みがうまく機能しないことは分かるはずであり，その場合には評議の中で適宜枠組みを修正していくことになろう。

責任能力の判断枠組みは，過去の法の適用例から規範を抽出することによって，裁判官を含む法曹三者が提示していくものであるが，実際の証拠調べや評議を通じて，そのような判断枠組みが真に機能するかがテストされる。このような営みの積み重ねによって，類型ごとの責任能力の判断枠組みがより適切で安定的なものに進化していくことが期待される。

> 神喪失及び心神耗弱の説明をしたこと自体に問題はないと思われる。
> 　問題なのは，後述のとおり，当事者の説明と裁判所の説明とが統一されていない点である。

ウ　判例の概念を平易化して説明した判断枠組みについて（上記③）

　ヒアリング等の結果によると，責任能力について，「自分の行為について，してもよいことなのか悪いことなのかを判断する能力と，その判断に基づいて自分の行動をコントロールできる能力である」などといった説明のもとに，「心神喪失とは，精神障害の影響により，自分の行動について，してもよいことなのか悪いことなのかの判断能力，またはその判断に従って行動をコントロールする能力が失われている状態のことであり，心神耗弱とは，精神障害の影響により，その善悪の判断能力，またはその判断に従って行動をコントロールする能力が著しく低下している状態である。」などといった判断枠組みを用いている例は多い。そして，こうした判断枠組みを提示しても，裁判員の理解に特段支障は生じていないと述べる裁判官も少なくない[200]。

　善悪の判断能力と行動コントロール能力の関係については，多くの場合，分断する必要がないことは裁判官の間で既に共有されており，重点を前者に置いて評議することは可能であろう。しかし，たとえ善悪の判断能力に評議の焦点を当てたとしても，それを具体的な事案において当てはめる作業が難しいという問題の本質は変わっていないはずである。もし，そのような難しい当てはめ作業を行う評議がそれなりにできているとすれば，裁判官や当事者が，前記の判断枠組みを示す際に，当該事案において重要と考えている要素（判断の分岐点）を，何らかの形で抽出して指摘しているためであると考えられる。それは，公判前整理手続の段階で整理することが可能なはずであり，あらかじめ十分な整理ができていれば，評議は核心となる論点に集中できるはずである。

　裁判員裁判施行前の裁判例を素材にしたものではあるが，その中から判断の分岐点を探ろうとした試みの一つが難解概念司法研究にほかならず，統合失調症や躁うつ病などの精神障害の事案では，そこで提言された概念は，若干の修正をすれば現時点でも有効であることは既に検討したとおりである。他方で，知的障害やパーソナリティ障害，発達障害などの精神障害や複数の精神障害を併発している事案では，判断のポイントについて法律家として未整理な状況であり，当面は従来の判断枠組みも利用しつつ，どこが判断の分岐点となっているのかを探りながら，事案を集積していくほかないであろう。

---

[200] 行動制御能力を「行動コントロール能力」と単純に言い換える場合には，ある犯罪の常習性が高く，思いとどまることができずに犯行に至った犯人について，「行動コントロール能力を欠く」などの表面的な議論を招きやすいことに留意する必要がある。

エ　小括

前記のとおり，統合失調症や躁うつ病などの典型的な精神障害の事案では，裁判員に対し，難解概念司法研究が示した中間概念によって適切に判断対象を明示できる場合は多いと考えられる。これに対し，知的障害やパーソナリティ障害，発達障害などの精神障害や複数の精神障害を併発している事案では，判断対象を適切に明示することが難しく，判例の概念をそのまま用いざるを得ない場合が多い。これらの事案についての判断の分岐点を探るのは今後の課題である[201]。

(3) 具体的なイメージを共有するための工夫

ア　判断枠組みのイメージ共有の難しさ

いずれの形で判断枠組みを示したとしても，「圧倒的」とか「著しい」といった程度概念を用いることは避けがたい。裁判官が，裁判員から，「心神喪失とは何パーセントくらい能力が低下している場合で，心神耗弱は何パーセントくらい能力が低下している場合を指すのか」という質問を受けることは，しばしば経験するところである。

しかし，心神喪失，心神耗弱，完全責任能力の区別について，数値的に境界を示すことは，極めて困難であり，むしろ不可能と言ってもよく，何パーセントと明示することはできないであろう[202]。特に，「判断能力または行動制御能力の著しい減退」と「著しくない減退」（前記の中間概念を用いる場合には「精神症状の影響を著しく受けている」と「精神症状の影響を受けているが著しくない」）の限界がどこにあるのかを示すことに困難を感じている裁判官が多数に上る。

以下，心神喪失，心神耗弱，完全責任能力という法律概念について，当てはめが可能となるような具体的なイメージを共有する方策について検討する。

イ　法的効果に遡った説明

ヒアリング等の結果，一案として，法的効果と照らし合わせて説明する方法が

---

[201] なお，責任能力に関する法曹三者の説明が共通化していないと，裁判員に混乱を生じることは必至である。裁判所としては，公判前整理手続において，責任能力に関する説明方法について当事者と意見交換を行い，必要があれば，その事案に応じた裁判員に対する説明案を作成し，これを当事者に提示するなどして，上記説明が法曹三者に共通のもの，あるいは実質的に齟齬がないものとなるよう努めるべきである。

この点，模擬事例Ⅲでは，裁判所が中間概念を用いて説明しているのに対し，検察官は，冒頭陳述及び論告において，心神耗弱・心神喪失について，判例の伝統的な定義を用いている。他方，弁護人は，「本件犯行が被告人の本来の人格とかけ離れていること」をもって，心神喪失を基礎付ける一つの事情として主張している。このように判断枠組みが統一されていないことが，評議において，判断対象が定まらず，当てはめに混乱を生じた大きな要因になっているように思われる。

[202] そもそも，法律家の間でも，それらの境界についてのイメージが必ずしも一致しておらず，数値的に一致させることはできないと思われる。ヒアリング等では，心神耗弱の成立する範囲について，棒グラフを示したり，数値（50パーセント）を挙げて説明したという事例が紹介されたが，裁判員に誤解を与えかねないように思われる。

紹介された。つまり、「被告人は、精神障害の影響により、処罰することができないくらい能力が低下していたのか、法定刑の上限と下限を減軽した枠組みの範囲内でしか処罰を加えることができないような能力の低下があるのか、それとも、一般人に対するのと同じ法定刑の枠組みの中で処罰することが可能な程度の能力を有しているのか。」という説明である。

この点について、刑法39条の沿革をみると、精神の障害により責任能力を欠くため処罰すべきではない者を心神喪失者と名づけ、そのような者は処罰しないこと、及び、精神の障害により限定された責任能力しか有しないためその刑を減軽されるべき者を心神耗弱者と名づけ、そのような者の行為についてはその刑を減軽することを規定したにすぎず、循環論法であって、何らその実態を示すものではない、したがって、ここにいう心神喪失・心神耗弱という言葉にどのような概念を盛るかということは、責任能力の意義に照らして、目的論的に解釈するよりほかない、とされているところである[203]。そうすると、法的効果と照らし合わせた説明は、刑法39条の沿革に忠実な説明であるということができる[204]。

ただ、そうだとしても、問題は、「処罰することができない」とか「法定刑を減軽した枠組みの範囲内でしか処罰を加えることができない」ということは一体何を意味するかであり、実質的な議論のためには、さらに遡って、刑罰を科すことができるとはどういうことかを前記の責任主義をもとに腑に落ちて理解してもらうほかはない。

ウ　裁判例や具体例を示すことの当否

裁判員にイメージを持ってもらうための二つ目の方策として、裁判例や具体例を示す方法が考えられる。ヒアリング等の結果によると、裁判員に心神喪失となる典型例（例えば、統合失調症にり患していて、命令形の幻聴に基づいて殺人の犯行に及んだものであり、心神喪失と評価されることに異存の余地のない事案など）を紹介して、イメージを持ってもらうこと自体に異論はなかった。

問題は、心神喪失、心神耗弱、完全責任能力の判断基準として裁判例を用いることの当否であり、総論で言及したとおり、積極的な意見と消極的な意見に分かれている。

---

[203] 島田聡一郎＝馬場嘉郎「大コンメンタール刑法第3版」（第3巻）428頁。
[204] ただし、この説明をする際には留意すべき点がある。一つ目は、心神耗弱の場合、精神障害の影響により弁識能力または行動制御能力に著しい低下があることが要件であって、有期の法定刑の上限と下限が半分になるからといって、責任能力が半分まで低下していることが、直ちに心神耗弱を意味するわけではないことである。二つ目は、具体的な事案においては、責任能力の有無・程度という事実認定が量刑判断よりも先行するということである。そこで、殺人罪について有期懲役刑を選択し、下限の懲役5年よりも軽い刑にしたいから心神耗弱の認定をするとか、逆に懲役10年よりも重い刑にしたいから心神耗弱の認定はしないというような、具体的な刑を念頭に置いて結論を先取りするものではないことは、明確にしておくべきである。

積極的な意見は，裁判官は，責任能力が問題となった事例を多数知っているのに対し，これを知らない裁判員との間で情報格差があるところ，責任能力に関する判断を裁判官と裁判員が協働するためには，その情報格差を解消する必要性があることを主な根拠とする。

　　消極的な意見は，責任能力の判断基準として裁判例を用いようとすると，相当詳細な事実関係にまで踏み込んで説明する必要があるが，そのようなことを評議の場で行うことは現実問題として無理があること，当該事案と似た事例を紹介すると，結局，似たもの探しに繋がってしまい，裁判員の判断を誘導してしまう危険があり，裁判員に関与してもらう意味がなくなること，心神喪失の典型例は考えられるが，心神耗弱の典型例というものは想定しにくいことなどを根拠とする。

　　検討するに，当事者及び裁判官は，これまでの裁判例を踏まえて，当該事案において責任能力の判断に影響を与える重要な要素を選び出し，争点を整理しているはずである。難解概念司法研究もそのための試みの一つである。したがって，裁判官は，裁判員に対して，心神喪失や心神耗弱の概念について説明する際に，当事者が当該事案において重要と考えている要素を，何らかの形で抽出して指摘することになるであろう。その場合に，裁判員の求めに応じて，類似する裁判例の概要を紹介することはあり得よう。しかし，あくまでも概念を理解する上での具体例の紹介であるから，裁判例と本件の事案とを比較して，この点は合っているが，ここは違うなどというように細かな事実関係について，比較対照する形で裁判例を裁判員に示すことは，裁判員に対する誘導性が強く，主体的な判断の妨げになるおそれがある。すなわち，こうした裁判例の紹介の仕方は，裁判官による必要な説明を超えて協働事項に対する過度な介入となりかねないため，避けるべきであると考える。

5　裁判官と裁判員が実質的に協働するための前提と評議の在り方

　以下は，前記の中間概念が妥当する統合失調症などの典型的な精神障害が問題となる事案を前提に検討する。

(1) 責任能力に関する判断の順序について

　前述した責任能力の中間概念②の判断枠組み[205]からすれば，責任能力に関する判断の順序は，概ね，次のように構成することができる。

① 　犯行当時，被告人に精神障害があったか否か。精神障害があった場合，それはどのような精神障害か。

② 　その精神障害は，犯行に影響を及ぼしているか否か。犯行に影響を及ぼしている場合には，どのように影響しているのか。

③ 　精神障害が犯行に影響を及ぼしていた場合，

205　本報告書第4の4(2)アの②（96頁）参照。

- その精神障害の圧倒的な影響によって罪を犯したのか。
- その精神障害の影響を著しく受けていたが，なお，正常な精神作用に基づく判断によって罪を犯したといえる部分も残っていたのか。
- いずれの状態にも至っていないのか。

　この責任能力に関する判断の順序は，法律の解釈によるものであるから，当然，裁判官による説明事項に当たるが，これを全て裁判員に説明しなければならないわけではない。例えば，被告人にはある精神障害があることに争いがない事案において，「犯行当時，被告人に精神障害があったか否か。」を問う必要はないであろう。裁判体は，事案に応じた判断構造を共有しつつ，段階的に事実の認定・評価をして当てはめの作業を協働して行っていくことになる（協働事項）[206]。

　ヒアリング等の結果によると，このような判断枠組みを裁判員にあらかじめ示した上で，評議を進めていくことは有用であるとの意見が多かった。また，このような判断枠組みは当然のことながら，審理にも反映されるべきであり，裁判員に対しても，審理の初期の段階から判断枠組みを説明し共有しておくことが望まれる[207]。

(2) 精神鑑定の位置付けに関する説明

　精神鑑定は，精神医学の素人である裁判体が，生物学的要素やこれが心理学的要素に与えた影響を基礎付ける事実について認定するための証拠である。そして，責任能力が問題となる事件では，ほとんどの事案において，鑑定人（起訴前鑑定人も含む。）から精神鑑定の結果について報告を受けている。すなわち，鑑定人には，上記の判断枠組みのうち，その専門的知見に基づいて，生物学的要素に属する①の部分と，生物学的要素が心理学的要素に与えた影響に属する②の部分について，報告してもらっている。

　裁判官は，裁判員に対し，なぜ鑑定人に報告をしてもらうのか，鑑定人の果たすべき役割は何かということを説明して，精神鑑定の位置付けについて理解の共有を図っておくとよい（説明事項）[208]。

---

[206] 別紙の説明案は，判断枠組みを取り入れた一例である。ただ，この説明案は，被告人が統合失調症等の典型的な精神障害を有していることに争いがなく，その影響の及ぼし方についての最終的な評価について，検察官は心神耗弱を主張し，弁護人は心神喪失を主張するというケースを想定して作成している。当然のことながら，裁判員への説明は，検察官・弁護人の主張を踏まえた事案の内容によって異なるのであり，この説明をあらゆるケースに用いることができるわけではないことには留意する必要がある。

[207] このような判断の枠組みに基づいて争点整理をすると，例えば，「被告人が統合失調症にり患していたことに争いはない。弁護人は，統合失調症による幻聴に支配されて被告人が犯行に及んだと主張するのに対し，検察官は，被告人の被害者に対する不満が犯行動機の主たる原因であり，正常な精神症状に基づくと主張している。」というように判断の分岐点が明確になる。この点は，後述する本報告書注240（114頁）のような，いわゆる7つの着眼点の誤用を避けるためにも，公判前整理手続における争点整理の段階から意識しておく必要がある。

[208] このような精神科医と法律家の果たすべき役割について，精神科医の立場から明確にしたのが，岡田幸之医師が提唱した責任能力の判断の構造―8ステップによる整理である（岡田幸之「責任能力判断の

-103-

(3) 精神鑑定の現状と的確で分かりやすい鑑定報告を得るための方策
　ア　精神鑑定の現状

　　　鑑定人には，裁判官及び裁判員が協働して責任能力の判断をすることができるように，裁判所が鑑定人に鑑定を求める事柄について，専門的見地からかみ砕いて説明してもらうことが求められる。そのためには，鑑定人に対して裁判所が求めるものを的確に伝えておく必要がある[209]。

　　　ヒアリング等の結果によると，多くの裁判体で，初回の鑑定人尋問やカンファレンスの際に，鑑定人に報告を求める目的や範囲を具体的に説明している。すなわち，被告人に精神障害がある場合，精神障害と正常な精神機能とが犯行にそれぞれどのように影響しているのか，当事者の指摘も踏まえて，その機序を十分に報告してもらうように求めている[210][211]。

　　　その結果，全体的には，的確で分かりやすい鑑定報告（起訴前鑑定の場合は証人尋問）が増えてきているものの，中には，①専門用語を多用された[212]，②不可

構造と着眼点—8ステップと7つの着眼点」精神神経学雑誌115巻10号1064頁）。
　岡田医師は，責任能力の判断構造を以下の8段階に分けた。
　Ⅰ　精神機能，症状に関する情報の収集
　Ⅱ　精神機能，精神症状（正常な精神作用の部分を含む。）の認定
　Ⅲ　疾病診断
　Ⅳ　精神機能，症状，病態，病理（正常な精神作用の部分を含む。）と事件の関連性
　Ⅴ　善悪の判断や行動の制御への焦点化
　Ⅵ　法的な弁識/制御能力としての特定
　Ⅶ　弁識/制御能力の程度の評価
　Ⅷ　法的な結論（刑事責任能力）
　そして，精神医学の専門的領域であると間違いなく言えるのは，「精神機能，症状，病態，病理（正常な精神作用の部分を含む。）と事件の関連性」について述べるステップⅣまでであり，このステップⅣが専門的な意見の核とすべきところであること，ステップⅤ以降は，法律家の判断事項である旨，整理している。

209　弁識能力や行動制御能力の有無・程度（心理学的要素の結論）について鑑定人に意見を求めない運用について，当初，裁判員への不当な影響を防止するためと説明されたが，本来の趣旨は，心理学的要素や責任能力の結論は法的判断であり，精神科医はその専門家ではないから，その意見を求めるべきではないことにある。したがって，本来は，起訴前鑑定においても意見を求めるべきではない（稗田雅洋「裁判所の責任能力判断と検察官・弁護人の訴訟活動の在り方」季刊刑事弁護93号35頁）。

210　精神科医にとって，「精神障害が犯行に及ぼした影響の機序」というと，脳内の化学物質の変化から説明を要するのではないかと受け取られる場合もあるため，鑑定人の経験値にもよるが，求めるものは「精神障害が犯行に与える影響の仕方」であって，「精神障害が発症する機序」を説明してほしいという趣旨ではないなどと，説明を要する場合もあろう。

211　報告の方法は，パソコンのプレゼンテーションソフトを用いるなどして，口頭で報告してもらうことがほとんどである。

212　「分かりやすさ」には，内容的な分かりやすさに加えて，表現上の分かりやすさも含まれる。精神医学の専門用語は，それ自体聞きなれない難解な言葉が多いため，日常的な言い方に置き換えてもらったり，用語集を準備したりするなどの工夫が必要である。

知論的な立場から説明がなされた[213]，③精神鑑定に当たり実施した検査方法や疾病診断の方法・内容などに説明の重点があり，精神症状が犯行に及ぼした影響の機序に関する部分の説明が不足していたり，あいまいであったりしたため，分かりにくいものであったという指摘もなされた[214]。

イ 法律家の対応

(ア) 審理開始前の対応

公判前整理手続の段階で，法曹三者が鑑定人とカンファレンスを行うなどして，鑑定人に対し，前述したとおり，裁判所が求める鑑定の実質的内容や範囲がどのようなものであるのかについて理解してもらい，精神障害と正常な精神状態がそれぞれ犯行に及ぼした具体的な影響の仕方（いわゆる機序）について説明してもらうように働きかけておくことは，とても重要なことである[215]。

なお，ヒアリング等の結果によると，鑑定人の説明の中で，裁判員から「分かりにくい」と言われるのは，精神疾患の操作的診断基準，各種検査の方法や結果等の部分であることが多い。精神科医は，当然のことながら疾病診断やその治療について高い関心があるため，裁判所の判断には必要のないこれらの点に関する詳細な報告がなされがちである。「精神障害が犯行に与えた影響の機序」を説明するために精神疾患の名称が必要であったとしても，その診断自体に争いがない場合には，鑑定人に，診断の根拠を詳細に説明する必要がないことを理解してもらうことが望ましい[216]。

---

213 不可知論とは，精神の障害（あるいは異常な精神機能や精神作用）が自由意思（あるいは正常な精神機能や精神作用）にどこまで影響するのかを知るすべはないとし，当該精神障害の一般論的な特徴に基づいてアプリオリに取り決められた弁識能力と行動制御能力の判断（慣例）に従って結論を示すことになる立場である（岡田幸之「刑事責任能力と精神鑑定－精神医学と法学の再出発」ジュリスト1391号84頁以下）。

判例（最三小決昭和59年7月3日刑集38巻8号2783頁）は，基本的には可知論に立脚している。ただし，可知論に立脚しても，不可知な部分が完全に否定されるものではない。影響の機序について，精神科医にできるだけ説明してもらうとしても，説明不可能な部分が残る場合があることも踏まえておく必要があろう。

214 その原因としては，全国的に見れば，鑑定を行う精神科医のうち相当数は，精神病患者の診察や治療を本業とし，司法精神医学を専門としておらず，旧来行われてきた精神鑑定の実務の影響が強いことが考えられる。

しかし，より問題なのは，精神鑑定を依頼する法曹の側が，鑑定人に対してどのような鑑定を望んでいるのかきちんとした説明や依頼をしていないことではなかろうか。鑑定人に対して，「精神症状が犯行に及ぼした影響の機序」について鑑定してほしいというだけでなく，どのような場合に責任能力に影響を及ぼすのかという法律家としての理解をもとに，機序の具体的なイメージを鑑定人に伝える必要がある。よりよい鑑定のためには，法曹と精神科医との間にもっと対話が必要であろう。

215 当事者間において，被告人が心神耗弱であることに争いがない場合であっても，鑑定人との間で事前のカンファレンスをきちんと実施しておくことは有用である。

216 もちろん，精神障害が犯行に与えた影響の機序との関係で，被告人の精神障害の内容が争点となっている場合には，精神鑑定に当たり実施した検査方法や疾病診断の方法・内容などの説明が重要となる場

ヒアリング等の結果によると，公判前整理手続の段階で，当事者（または当事者の了解を得た裁判所[217]）が，鑑定人（起訴前鑑定の場合は証人）からプレゼンテーションの資料について事前の提出を受けた上，報告（証言）が，「精神障害が犯行に及ぼした影響の機序」について説明するものになっているか，鑑定事項を超えて責任能力（または弁識能力や行動制御能力）の有無等について言及されていないか，争点との関係で裁判員にとって分かりやすいものであるか，といった点について確認し，必要に応じて，内容を修正してもらっている例が比較的多かった[218]。

(イ)　審理中の対応

　　　鑑定の内容を理解しやすいものとするために，鑑定人尋問（証人尋問）の途中であれば，次のような対応が可能である。

①　専門用語については，尋問の途中で，当事者に適切な尋問を促し，鑑定人に，その説明を加えてもらうとか，分かりやすい表現で言い換えてもらう。

②　精神障害が犯行に及ぼした影響の機序に関する説明が不足している場合にも，当事者に適切な尋問を促す[219]。

③　もし，鑑定人の証言が責任能力の結論など鑑定事項を超えそうな場合には，裁判長が介入して制限する。

　　また，検察官と弁護人が，論告・弁論において，鑑定の内容を捉えて，精神障害及び正常な精神作用の部分が犯行に与えた影響の機序について，分かりやすく指摘することが，裁判官及び裁判員の理解に資することは当然である。

＜模擬事例Ⅲの検討＞

1　模擬事例Ⅲでは，起訴前鑑定人の証人尋問の冒頭において，操作的診断方法の基準など鑑定の前提となる専門的事項について，証言が続いている。そして，評議の内容からすると，統合失調症の陰性症状について，裁判員が理解できていない様子がうかがわれる。

　　事前に，起訴前鑑定人とのカンファレンスを行い，証言の重点は何か，証言に当

合もある。

[217] 裁判所が事前にプレゼンテーションの資料の内容を確認することについては，消極的な意見もそれなりにあった。

[218] 裁判所が提出を受けることができる法的根拠は，証拠調べの方法を定める決定（刑訴法316条の5第8号，297条）をするための事実の取調べ（刑訴法43条3項）ということになる。

[219] 当事者の尋問によっても理解が難しい場合には，後述するいわゆる7つの着眼点等から，精神疾患が犯行にどのように影響を与えたのかについて，裁判員や裁判官から補充尋問を行う。いわゆる7つの着眼点の本来の活用方法である。なお，岡田医師は，鑑定人尋問における当事者の質問が終わった段階で，評議室において裁判官と裁判員が疑問点を確認し，改めて法廷で疑問点につき鑑定人に説明を求め，疑問点の解消を図ることが望ましいとする（「現代刑事法研究会（第3回）責任能力［座談会］」ジュリスト1391号112頁）。ヒアリング等の結果によれば，多くの裁判体において実践されているところである。

> たっての留意点など，裁判所の意向を伝えておくことが重要である。
> 2 また，起訴前鑑定人は，犯行動機に関して「被告人は，前後の脈絡なく突然，殺意を生じており，正常な心理では理解できない。精神の働きの異常により，突然，殺意を生じたものと理解している。」と証言している。この証言内容は，抽象的であり，機序についての説明が十分でないと思われる。精神障害が犯行動機の形成に当たりどのように影響しているのか，その影響の仕方が明確になっていないため，評議において，犯行動機の認定に混乱を生じている。したがって，証人尋問の中で，当事者に適切な尋問を促すか，補充尋問において，より具体的な証言を求める必要があったと考えられる。

　㈦ **評議開始後の対応**
　　心証は公判廷で取ることが前提である。しかし，精神鑑定は，専門的な内容を含んでいる上に，前記のとおり必ずしも裁判体の判断に必要とは言えない情報も含まれている場合が多いのが現状であるため，一度聞いただけで理解することができるとは限らない[220]。
　　このような場合には，望ましくはないものの，評議において，専門用語について，裁判官が，公刊されている精神医学用語の辞典等に記載されている言葉の意味を紹介したり，また，評議を進める前提として，裁判官が，鑑定人の報告の中から，精神障害が犯行に及ぼした影響の機序について述べた部分を指摘したりする程度は，許されるであろう。しかし，それを超えて，裁判官が，鑑定の意味内容を咀嚼して説明するようなことは，精神医学の専門家ではない以上，内容の正確性が保障されていない不当な説明になる可能性があるし，裁判員との間で，一方通行的な議論になってしまい，協働関係を損なうおそれがあるため，原則として避けるべきであろう[221]。
　　さらに，鑑定人が，裁判所が求めている内容を超えて，責任能力の結論あるいは弁識能力や行動制御能力について言及してしまうということもないわけではない。鑑定人が責任能力の結論について言及した場合には，これについては医師の専門領域でないことは明らかであるから，裁判官は，裁判員に対し，これを考慮することのないように明確に説明すべきである。また，弁識能力や行

---

[220] ヒアリング等の結果によると，そのような場合の方策として，裁判官と裁判員の全員で，鑑定人（証人）が作成したプレゼンテーションの資料や各自が記載したメモなどを読み返し，鑑定の内容について記憶を喚起して相互に確認したり，裁判員法65条に基づき音声認識システムで録音録画されている鑑定人（証人）の報告内容等を再度確認したりしていることが紹介された。
　このような工夫例が一定程度あったこと自体が，鑑定人尋問が理想的なものにはなっていないことを表している。
[221] 協働が求められる場面において，裁判官と裁判員が教師と生徒のような関係になることは避ける必要がある。

動制御能力については，後記のとおり専門家である精神科医の意見を十分に尊重すべき事項としての「精神障害が心理学的要素に与えた影響の有無及び程度」に含まれるか問題になり得るが，精神障害が犯行に及ぼした「影響の仕方」についての具体的な説明こそが重要であろう[222]。仮に，鑑定人が「精神障害の程度は著しく重い。」と述べたとしても，それが直ちに善悪の判断能力や行動制御能力の著しい減退，すなわち心神耗弱を意味するわけではないことに留意する必要がある[223]。

<模擬事例Ⅲの検討>

模擬事例Ⅲの起訴前鑑定人は，参考意見としつつ，心理学的要素である善悪の判断能力及び行動コントロール能力の程度という法律家が判断すべき部分まで証言している。

これは本来，精神科医に委ねられた報告の範囲を逸脱したものである。それにもかかわらず，評議では，裁判員がこの証言を重視して「鑑定人は，（中略）善悪の判断や行動のコントロール能力が残っていたと言っていたから，まだ被告人の人格は残っていたと思う。」という意見を述べ，他の裁判員の賛同が集まっている。

こうした問題が生じるのは，このような証言がなされないように，審理において検察官が証人に対して適切に尋問せず，評議開始後には，裁判官が，専門家としての証言内容のうち，尊重すべき部分がどこであるのか説明をしていないためである。裁判官としては，善悪の判断能力や行動コントロール能力に関する鑑定人の証言は，尊重すべき鑑定人の報告部分に含まれないことを裁判員に対し，明らかにしておくべきであった。

なお，このような事態に陥るのを防ぐために，裁判官としては，公判前整理手続の段階で，起訴前鑑定人とのカンファレンスを設け，あるいは証人請求した検察官を介して，起訴前鑑定人に対し，報告を求める範囲を明確に伝えておくべきであった。さらに，公判廷でその部分に言及しようとしたときには，これを制限することが相当である。

(4) 鑑定の信用性判断に関する評議の在り方
ア 問題点

---

222 河本雅也「現代刑事法研究会（第3回）責任能力［座談会］」ジュリスト1391号92頁。
223 責任能力が争いとなっている場合に，「程度」という言葉は様々な意味で用いられる。例えば，①精神障害の程度，②精神障害が犯行に及ぼした程度，③責任能力の程度などがある。また，鑑定人が「被告人の精神障害の程度は著しく重い。」と述べたとしても，直ちにそれが上記②や③の程度を意味するわけではない。仮に①の趣旨であったとしても，その意味するところについて，治療を受けていないから重いのか，急性増悪期で幻覚妄想があるから重いのか，薬が効かず，治療が困難だから重いということなのか，十分吟味する必要がある。

通常の論理則・経験則では分からないことを補うために科学的証拠を用いるのであるから，その科学的証拠の信用性を評価するのは，本来的に難しいことである。そのため，専門家が述べることは，分からないがゆえに，そのまま信用できると評価されやすいという問題がある[224]。

イ 判例

鑑定の信用性に関する重要な判例として，次のようなものがある。

① 被告人の精神状態が刑法39条にいう心神喪失または心神耗弱に該当するかどうかは法律判断であって専ら裁判所に委ねられるべき問題であることはもとより，その前提となる生物学的・心理学的要素についても，上記法律判断との関係で究極的には裁判所の評価に委ねられるべき問題である[225]。

② 生物学的要素である精神障害の有無及び程度並びにこれが心理学的要素に与えた影響の有無及び程度については，その診断が臨床精神医学の本分であることにかんがみれば，専門家たる精神医学者の意見が鑑定等として証拠となっている場合には，鑑定人の公正さや能力に疑いが生じたり，鑑定の前提条件に問題があったりするなど，これを採用し得ない合理的な事情が認められるのでない限り，その意見を十分に尊重して認定すべきものというべきである[226]。

③ そして，裁判所は，特定の精神鑑定の意見の一部を採用した場合においても，責任能力の有無・程度について，当該意見の他の部分に拘束されることなく，被告人の犯行当時の病状，犯行前の生活状態，犯行の動機・態様等を総合して判断することができる[227]。

ウ 裁判員に対する説明

これらの判例によれば，責任能力の有無・程度に関する判断は，法律問題として専ら裁判所の判断に委ねられるべき問題であり（精神科医の専門領域ではないから，仮に，言及があっても，考慮してはいけないこととなる。），その前提となる生物学的要素・心理学的要素についても，究極的には裁判所の評価に委ねられることとなる。したがって，精神鑑定の結果は，裁判所の判断を拘束するものではない。

しかし，生物学的要素である精神障害の有無及び程度並びにこれが心理学的要素に与えた影響の有無及び程度については，その診断が臨床精神医学の本分であることから，これを合理的な理由なく採用しないということはできない。もっと

---

224 この危険性は，裁判員だけではなく，裁判官自体にも内在している。

225 最三小決昭和58年9月13日裁判集刑事232号95頁。

226 最二小判平成20年4月25日刑集62巻5号1559頁（以下「平成20年判決」という。）。ただし，ここでいう「鑑定人の意見を尊重すべき」というのは，「専門家が経験科学的・臨床的に述べる記述的意見を採用しない場合には，それだけの合理的根拠が必要である。」（前田巖「平成20年度判解（刑事）」360頁）ということであって，およそ鑑定人の意見に拘束されるということではない。

227 最一小決平成21年12月8日刑集63巻11号2829頁。

も，「尊重する」ということは，無条件に「従う」という意味ではなく，その内容に合理的な疑問があれば，裁判体において議論し，信用性について判断しなければならないことになる。

　これらのことは，説明事項に属するが，一般論として理解するには内容的にかなり難しい話であり，あらゆる事案においてその説明をして裁判員に理解してもらう必要があるわけでもない。裁判官としては，上記の枠組みを頭に置きつつ，裁判員に対しては，事案や時期に応じて説明していくのが相当であろう[228]。

エ　信用性の判断方法

　裁判所が，生物学的要素である精神障害の有無及び程度並びにこれが心理学的要素に与えた影響の有無及び程度について，鑑定結果を採用しないことが許される場合として，次のような事情が挙げられている[229]。

① 鑑定人の公正さや能力に疑いを生じたとき

② 鑑定の前提条件に問題があるとき（例えば，鑑定資料の不備や，前提事実が裁判所の認定した事実と食い違っている場合など）[230]

③ 鑑定の方法や内容に問題があるとき（例えば，矛盾や論理則違反があるとか，一般に支持されていない学説に依拠している場合など）[231]

　全ての事案において，これらのことを一般論として説明する必要はないであろうが，例えば，鑑定の前提条件が争われている場合には，裁判員に対して，誤った資料や事実を前提にしている場合には鑑定を採用できないと説明した上で，信用性について検討するのが相当である[232]。

---

[228] 平成20年判決が示した信用性の判断基準は，従来の実務上の理解を確認したものと解される（前田巌「平成20年度判解（刑事）」361頁）。もっとも，その説明を受けた裁判員は，鑑定人の証言に疑問を持った場合にも，専門家である鑑定人の意見は尊重しなければならないから，素人の自分が疑問を述べてはいけないのではないかと考えて，評議での発言を控えてしまう事態も考えられる。裁判官としては，そのような雰囲気を察知した場合には，本文のような説明事項を分かりやすく説明し，裁判員が自然な疑問や意見を述べやすい環境を整えるべきであろう。

[229] 高橋省吾「精神鑑定と刑事責任能力」小林充＝香城敏磨編『刑事事実認定（上）』401頁以下，松藤和博「責任能力(1)」刑事事実認定重要判決50選（上）第2版121頁。

[230] 前提事実の違いにより鑑定の信用性が否定された一例として，鑑定人が，被告人の供述によって意識混濁を認定したのに対し，裁判所は，他の証拠から被告人に断片的な記憶があると認定したものがある。

[231] 内容が相当でないとして鑑定の信用性が否定された一例として，被告人が述べた妄想的な認識が，鑑定人自身が定義した真性妄想に該当するのか疑問が残る上，ＩＣＤ－10の診断基準への当てはめに客観的裏付けのない事実が用いられているとされたものがある。

　また，鑑定人が，精神障害が犯行に与えた影響について，例えば影響の程度を述べつつも，どうしてそう言えるのかその機序を証言していない場合（もちろん，そのようなことが起きないようにカンファレンス等で努めるべきであるのは既に述べたとおりである。）も，これに当たる場合があり得よう。そのような場合の対処としては本報告書第4の5(5)ウ（113頁）参照。

[232] 一応本文の基準を満たしていると思われる鑑定人の証言については，裁判官が「信用できるかどうか，何か気になる点はありますか。」と尋ねる程度で足りることもあろう。このような質問に対して，裁判員

オ 鑑定が複数ある場合の評議の進め方 [233]

ヒアリング等の結果によると，基本的には，信用性を否定するような消極的事情の有無について検討した結果，一方の鑑定に，鑑定資料の不十分さや，鑑定の前提事実の誤り，判断手法が相当でないなどの問題点が浮かび上がり，信用性の判断をすることができたとの報告がなされている。

他方，前記の基準を満たす内容の異なる複数の鑑定がある場合に，これらをどのように判断するのかが問題となる。精神医学の専門家ではない裁判所が実質的な判断をするのは容易なことではないが，尋問等の工夫によって判断が可能となった例も紹介されている[234][235]。

そのような場合の工夫例として，ヒアリング等の結果，鑑定人Aと鑑定人Bの尋問に当たり，相互に尋問を傍聴してもらい，それぞれの問題点を指摘してもらう方法が紹介された。すなわち，鑑定人Aの尋問内容について，鑑定人Bに傍聴してもらい，鑑定人Bの尋問の際に，鑑定人Aの鑑定内容の問題点についても併せて指摘してもらう。同じように，鑑定人Bの尋問内容について鑑定人Aに傍聴してもらう。再度，鑑定人Aの尋問を行い，鑑定人Bの鑑定内容について問題点を指摘してもらうという審理方法である[236]。このような審理の方法は，いずれの鑑定が合理的であるのかの判断を可能にするものであり，有用である。

(5) 責任能力の有無・程度に関する評議の在り方

ア 評議の基本的な順序及び在り方

精神鑑定によって，精神障害（正常な精神作用を含む）が犯行に与えた影響の有無，影響の仕方（機序）について，的確な報告がなされており，信用性を肯定できた場合は，①まず，裁判所は，鑑定の内容をもとに，鑑定人（証人）の供述に沿って，精神障害（正常な精神作用を含む）が犯行に与えた影響の機序を認定し（平成20年判決），②次に，責任能力に関する法律概念（判断対象）への当て

から疑問が出された場合には，その疑問が合理的かどうかを議論した上で，もしその疑問が合理的である場合には，その点について鑑定人や他の専門家に再度聞かなければならないといった事態も想定されないではない。鑑定が複数ある場合は本文オ参照。

233 複数の鑑定の採用はなるべく避けるべきである（公判準備司法研究124頁など）が，事案によっては，50条鑑定を採用した場合でも，起訴前鑑定や，弁護人からの私的鑑定についても証拠調べが必要となる場合もある。

234 複数鑑定を実施したことがある裁判官によると，診断名が異なっていても，精神障害が犯行に及ぼした機序の説明にはさほど差異がないこともあるので，その実施については，やはり慎重に検討すべきである。そして，複数鑑定を実施する場合には，判断の分岐点がどこにあるのか，当事者と協議し，整理しておくことが重要になる。

235 裁判員制度施行準備段階において，複数の鑑定を裁判員に評価してもらうことが困難ではないかと危惧されたが，裁判員制度施行後の運用を見ると，対立する複数の鑑定人の証言についても，問題点を整理した尋問を実施すれば，裁判員を含めた裁判体は，適切に評価し判断しているという指摘がある（稗田雅洋「裁判所の責任能力判断と検察官・弁護人の訴訟活動の在り方」季刊刑事弁護93号36頁）。

236 対質による方法もある（刑訴規則135条，124条）。

はめをすることになる。

②の当てはめにおいては，精神障害が犯行に及ぼした影響の仕方（機序）に関する当事者の意見（論告・弁論で指摘されたもの）を参考にして，心理学的要素への影響，すなわち，被告人が精神障害の圧倒的な影響によって罪を犯したのか，精神障害の影響を著しく受けていたが，なお，正常な精神作用に基づく判断によって罪を犯したといえる部分も残っていたのか，いずれの状態にも至っていないのか，裁判員と議論することとなる。

また，完全責任能力，心神耗弱，心神喪失の境界が問題になった場合には，前記4の(3)で検討したように，裁判官が心神耗弱についてその法的効果と照らし合わせた説明をしたり，心神喪失の典型例を紹介したりするなど，裁判員に具体的なイメージを持ってもらうための工夫が必要である。

なお，心神耗弱の適用範囲について，ヒアリング等においては，裁判体によって多少の幅が出ることはやむを得ないし，多少の幅があっても構わないという意見があった。心神耗弱の典型例というものはないし，その外延も必ずしも明確ではないため，「著しく減退した」状態を具体的に示すことには困難を伴う。多様な背景を持つ裁判員と裁判官が意見交換を行うという裁判員裁判の評議の特質も踏まえれば，心神耗弱の当てはめの判断に裁判体によって多少の幅が生じたとしても，それが不合理であるとまではいえないと思われる[237]。

ただ，裁判官としては，責任能力の議論が責任主義の理念や責任能力の概念に沿った的確なものとなるよう常に意識しながら評議に関与していくことが肝要である[238]。

イ 適切な鑑定がなされた場合の評議のイメージ

一例として，鑑定人が，「被告人は，統合失調症にり患しており，被害者を含

---

[237] 安田拓人教授は，「限定責任能力・心神耗弱のもとに，どのような事案を含めるべきかという実質的な観点を，できる限り浮き彫りにしていくことが，必要となるのである。このような観点から問題を捉え直せば，責任無能力との関係において重視されているのは，あまりに高度の能力の減少を要件としたのでは，実際上，限定責任能力が認められる事案がなくなってしまう，あるいは，逆に，責任無能力とされる事案が限定責任能力に落ちてしまうという懸念であり，逆に，完全責任能力との関係において重視されているのは，あらゆる能力の減弱に対して限定責任能力を認めるべきではないとする考慮であることが分かるのである。」「これは結局は，もはや事実的確認によっては解答されえない問題であり，むしろ，価値判断を要する問題なのである。」「能力の『著しい』減少が認められるためには，重大犯，欲動犯，性癖犯のような場合にも通例存在しているような，些細な障害，あるいは，何らかの精神的変性，あらゆる人間に妥当する正常さからの何らかの逸脱では足りないことは明らかである。」「心神耗弱が認められるべきであるのは，正常な精神的事象からの逸脱が，それを超えれば心神喪失という全く異種のものが存在するような境界に接近し始めるほど大きい場合だとするのが妥当であろう。」などと指摘している（弘文堂「刑事責任能力の本質とその判断」152頁ないし158頁。）。

[238] 中間概念を用いて議論をしているときであっても，評議の状況によっては，裁判官が，補足的に弁識能力や行動制御能力について説明を行ったり，そうした観点から議論を整理したりすることが必要な場合もあろう。なお前掲注180（93頁）参照。

む近所の者から監視されているという妄想が続いていたが，犯行直前にゴミ出しを巡って被害者と口論となり，侮辱されたことから立腹して，犯行動機を形成したのであって，妄想が犯行に与えた影響はほとんどない。被告人が凶器を準備したのは，正常な精神作用により犯行を事前に計画していたことを示しているが，被害者の心臓付近を執拗に刺し続けているのは，統合失調症の症状の表れ（精神運動興奮）と見る余地がある。犯行後，凶器を捨てて，自宅から逃走したのは責任を回避するための自己防御の行動である。」というように，精神障害が犯行に及ぼした影響の仕方（機序）について報告した場合を想定してみる。

　この場合には，犯行動機，計画性，犯行態様，犯行後の行動といった責任能力の判断に際して，重要なポイントについて，機序の説明が分かりやすくなされている。評議においてこのような精神鑑定について信用できるという結論になった場合には，裁判官としては，裁判員に対し，「この鑑定によると，統合失調症と正常な精神作用は，それぞれ被告人の行動や考え方のどのような点に影響していることになりますか。」「被告人がかかっていた統合失調症という病気が，犯行にどの程度影響していたと言えるのでしょうか。検察官の論告と弁護人の弁論で指摘されていたことも踏まえて，考えてみましょう。」などと問いかけ，裁判員の率直な意見を十分引き出して，証拠や当事者の主張に基づいた多角的な意見交換を行っていけば，被告人に刑事責任を負わせることができるのかどうか，納得できる結論を導き出すことができると考える。この検討こそが，責任能力の判断において，裁判員の視点や感覚を活かす部分ということになる[239]。

ウ　鑑定の難しさ

　しかしながら，精神鑑定の現状を見ると，裁判員にとって分かりやすい充実した鑑定内容ばかりではない。例えば，不可知論的な立場で鑑定がなされていて，精神障害が犯行に及ぼした機序の説明が不足している場合や，鑑定の前提事実が裁判所の認定と異なっている場合など，鑑定人の意見の一部または全部について尊重できないこともある。そもそも精神鑑定を実施していなかったところ，審理の途中で責任能力の問題が浮かび上がることもあり得る。このような場合，そのままでは責任能力の判断ができなければ，改めて鑑定を検討することになるであろう。

　他方，影響の機序の説明が不十分な場合（例えば，不可知論的な立場に基づいて直ちに結論を導いているような場合）であっても，精神障害の有無や内容自体に関する判断には特段の誤りがなく（例えば，被告人が統合失調症にり患しているという判断は正当であると思われる場合），鑑定人の証言から認定できる被告人の犯行当時の病状に加えて，その他の証拠から認定できる犯行前の生活状態，

---

[239] ヒアリング等においても，精神症状が犯行に及ぼした影響の機序について十分な鑑定がなされた場合には，このような形で評議ができるとの意見があった。

犯行の動機・態様等を総合して[240]，精神障害（正常な精神作用の部分を含む。）が犯行に与えた影響の有無・程度について，認定できる場合もあり得る。その際に取り上げるべき検討項目として，いわゆる7つの着眼点（①動機の了解可能性/了解不能性，②犯行の計画性，突発性，偶発性，衝動性，③行為の意味・性質，反道徳性，違法性の認識，④精神障害による免責可能性の認識の有/無と犯行の関係，⑤元来ないし平素の人格に対する犯行の異質性，親和性，⑥犯行の一貫性・合目的性/非一貫性・非合目的性，⑦犯行後の自己防御・危険回避的行動の有無）を活用できる場面もあり得よう[241]。

その上で，上記イと同様，責任能力の当てはめを行うことになる。

＜模擬事例Ⅲの検討＞

模擬事例Ⅲにおける評議について，裁判官と裁判員の実質的な協働という観点からみて，既に検討した以外にも，説明不足のほか，問題提起や意見交換が不十分であることなど，いくつかの問題点を指摘することができる。

1　起訴前鑑定人が，生物学的要素やそれが心理学的要素に与えた影響の仕方（機序）について，不十分ながら一応証言しているのに，十分な議論がなされていないか，一応の議論はなされたものの，その点が重視されていないという問題がある。

(1)　まず，起訴前鑑定人は，「本件犯行は・・・統合失調症の慢性期における著しい人格変化の状態でなされたものである。」「被告人の統合失調症は重い部類に属

---

[240] 最三小決昭和59年7月3日刑集38巻8号2783頁。責任能力の有無・程度は，被告人の犯行当時の病状，犯行前の生活状態，犯行の動機・態様等を総合して判断すべきである。

[241] いわゆる「7つの着眼点」は，従来の裁判において，法律家が法廷で精神科医に対して説明を求めてきた事項を，精神科医の側で，法律家の納得が得られるように鑑定内容を説明するために整理したツールである。（「刑事責任能力に関する精神鑑定書作成の手引き　平成18～20年度総括版（ver 4.0.）」）

ヒアリング等では，「当事者が7つの着眼点すべてについて，平板に主張しているため，裁判員がどこに着目してよいのか分からない。」「動機の了解可能性について，当事者の主張が，了解可能か不可能かという争いになっており，被告人の精神症状や正常な精神作用の部分が動機に与えた影響について機序の主張がなされていない。」「着眼点のうち，いくつ該当するかは意味がないのに，7つのうちいくつ当てはまるかで結論を導き出そうとしている。」などの弊害が指摘されている。

適切な鑑定報告がなされた場合には，7つの着眼点を用いる必要はないし，無理に用いようとすれば上記のような弊害を生じさせるだけである。7つの着眼点を用いる余地があるとすれば，本文記載のように，あるべき報告がなされない場合であることに十分留意すべきである。

なお，もし7つの着眼点を用いる場合には，次のような点に注意する必要がある。すなわち，事案ごとに重要な着眼点は異なるので，7つすべてについて検討が必要となるわけではない。逆に，犯行時の記憶の有無や程度，意識の清明性，他人との意思疎通性など別の着眼点を考察したほうがよいこともある。ある着眼点において「何らかの影響があった」としても，そのまま責任能力の結論に至るわけではないし，いくつ着眼点に当てはまるかによって，結論が決まるわけでもない。当然のことながら，重要なのは，各項目に当てはまるかどうかではなく，その該当する事情について，精神障害と正常な精神作用の部分がそれぞれどのように影響しているのかを見ることである。

する。」と述べている。

　しかし，評議では，その意味合いを十分議論した形跡がうかがわれない。本件で，中間概念を用いているところ，裁判官としては，起訴前鑑定人が述べた人格異質性が，統合失調症が犯行に与えた影響という文脈で，どのような意味を有するのか問題提起して，裁判員の意見を求めた上，裁判官も意見を述べる必要があった。

(2) 起訴前鑑定人は，犯行動機について，「前後の脈絡なく突然，Ｖに対する殺意を生じており，正常な心理では理解できない。精神の働きの異常により，突然，殺意を生じたものと理解している。」と説明している。

　評議では，この点を含めて鑑定の信用性が肯定されているにもかかわらず，犯行動機については起訴前鑑定人の証言を採用していない。起訴前鑑定人の動機に関する証言について，採用しないのであれば，信用できない合理的な事情があるのかどうか，十分に議論する必要があった。

　その上で，統合失調症が犯行動機の形成にどのように影響しているのか検討するのが妥当であった。

(3) 善悪の判断能力に関して，ある裁判員は，「鑑定人は，統合失調症の患者でも殺人が悪いことは分かっていると言っていた。」と指摘している。

　しかし，一般的な知識として，殺人は悪いと知っていることと，行為時のその置かれた状況において，被告人に善悪の判断能力があることとは同じではない。裁判官としては，犯行前後及び犯行時の被告人の行動などを取り上げて，精神障害が犯行にどのような影響を与えていたかを検討するよう問題提起すべきであった。

(4) 行動の制御に関して，起訴前鑑定人は，「アイスピックで，胸や腹を多数回刺した行為は，憐みや悲しみ，相手の身体的・精神的な痛みを感じる共感性が障害されていた。」「行為の途中で，心の葛藤を生じたことはなかったと考える。」と説明している。

　この犯行態様に関して，陪席裁判官が80回以上もアイスピックで刺した行為の異常性について問題提起したが，「無我夢中だったらあり得る。」という複数の裁判員の反論を受けて，議論を切り上げてしまっており，議論が深まっていない。この裁判員の意見を出発点にして，さらに他の見方があり得ないのかについて，他の裁判員や裁判官も，十分に意見を出し合って検討する必要があった。

(5) 裁判長が，統合失調症が犯行に及ぼした影響の有無・程度について，裁判員の意見を求めたところ，裁判員から，「圧倒的な」と「著しい」の違いについて，それぞれ何％くらい影響があった場合であるのかという質問をされている。

　裁判長が，「数字で答えることは難しいのです。被告人のもともとの人格に基づく判断が残っていたかどうかが決め手です。」と述べていること自体に問題はない。しかし，重要な法律概念について，当てはめができる程度の共通認識がで

きていないと思われるから，裁判官としては，裁判員が「こういうことか」と腑に落ちる判断ができる程度まで，判断の視点を提供する必要がある。本件では，心神喪失と心神耗弱の境が問題になっているところ，責任主義の本質に遡った別の説明を試みること，例えば，「精神障害の影響により，責任非難できない程度，すなわち処罰することができないくらい能力が低下していますか，それとも処罰することが可能な程度の能力は残っていたといえますか。なぜ，そのように考えるのでしょうか。」などの問い立てをしてみることが考えられる。

2 判決について

判決書では，「被告人の人格に基づく判断部分が完全に失われていたとまではいえない」と判示しているが，立証責任が逆転している印象がある。

評議において，裁判官は，責任能力についても，その立証責任は検察官が負っていることや，常識に照らして判断した結果，心神喪失かもしれないという疑問が残るときは，その旨認定することになるという基本原則を裁判員に分かりやすく説明しておく必要があった[242]。

---

[242] 心神喪失や心神耗弱の主張は，被告人や弁護人から出されるため，往々にして，被告人や弁護人が証明責任を負っているかのような錯覚にとらわれやすい点は，留意する必要がある。

（別紙）

心神喪失・心神耗弱についての説明案

1　刑罰を科すことができる理由

　罪を犯した人に対し刑罰を科すことができるのは，正常な精神作用の下で（つまり，自分の行為が悪いことと分かっていて，自分の意思で思いとどまることができたのに），罪を犯した場合に，刑法上の非難に値するからです。

2　心神喪失とは

　しかし，世の中には，精神病などの精神障害の圧倒的な影響により，犯行に及んでしまう人がいます。罪を犯したとしても，精神障害のためにそのような事態になった以上，その人に対し，罪を犯したとして非難し，刑事上の責任を負わせることはできません。
　このような場合を，心神喪失といいます。
　刑法は，心神喪失者の行為は，罰しないと定めています（刑法39条1項）。

3　心神耗弱とは

　次に，心神喪失ほどひどい状態ではなくても，やはり精神病などの精神障害による著しい影響を受けて，犯行に及んでしまう人もいます。この場合は，正常な精神作用によって罪を犯したといえる部分も残っているので，無罪にはなりませんが，一般人と同じ程度に，その行動を強く非難することはできません。
　このような場合を，心神耗弱といいます。
　刑法は，心神耗弱者の行為は，その刑を減軽すると定めています（刑法39条2項。例えば，殺人罪の刑のうち，有期懲役刑は，懲役5年以上20年以下と定められています。しかし，心神耗弱の場合には，長期と短期をそれぞれ半分にした懲役2年6か月以上10年以下の範囲で刑を決めることになります。）。

4　心神喪失（心神耗弱）の状態にあったかどうかの判断順序

　弁護人は，被告人が犯行当時，統合失調症により心神喪失の状態にあったと主張しています。他方，検察官は，被告人が統合失調症にり患していたことは争わないものの，心神耗弱の状態にあったと主張しています。
　この点について，皆さんには，次の2段階の判断を行っていただくことになります。
① 被告人が有する精神障害はどのようなもので，その精神障害が，犯行にどのように影響を与えていたか。
　　　↓
② 被告人は，
　・その精神障害の圧倒的な影響によって罪を犯したのか（心神喪失）。

・その精神障害の影響を著しく受けていたが，なお，正常な精神作用に基づく判断によって罪を犯したといえる部分も残っていたのか（心神耗弱）。
・いずれの状態にも至っていないのか。

模擬事例Ⅲ

【起訴の概要】

○ 被告人
　A（昭和55年6月6日生，無職）

○ 公訴事実
　被告人は，平成27年9月2日午前7時ころ，C県c市○町△丁目□番×号の自宅において，実姉V（当時40歳）に対し，殺意をもって，鍋で同人の頭部を殴打した上，同人の胸腹部をアイスピックで多数回突き刺し，よって，そのころ，同所において，同人を心刺創に基づき失血死させて殺害した。

○ 罪名及び罰条
　殺人　刑法199条

【証明予定事実記載書】

第1　犯行に至る経緯
　1　被告人は，高校卒業後，自動車販売会社の会社員として働いていた。被告人は，平成13年に退職し，以後，仕事に就かず，自宅で姉のV及び妹のWと同居し，テレビやインターネットを見て過ごしていた。平成20年にWが結婚して転居した後は，Vと2人で，Vのパート代などで生活していた。
　2　被告人は，Vに小遣いの増額を要求しても，応じてもらえず，かえって仕事をするように言われたため，苛立ちを強めて，Vに暴力を振るい，平成27年8月下旬には，包丁を突き付けたことがあった。
　そのため，Vは，以後，包丁をタンスの引き出しに隠していた。

第2　犯行状況等
　被告人は，平成27年9月2日午前7時ころ，Vを殺そうと考え，台所で包丁を探したが見当たらなかった。そのため，台所にあった鍋で居間にいたVの頭部を数回殴打したところ，鍋の取っ手が折れた。被告人は，食器棚にあったアイスピックで，床に倒れていたVの胸腹部を多数回突き刺した。Vは，心刺創に基づく失血により死亡した。

第3　犯行後の状況
　1　被告人は，同日午後10時ころ，Wに電話で，Vを殺した旨告げた。
　2　被告人は，Wからの通報により臨場した警察官に対し，犯行を認めたため，緊急逮捕された。

第4　責任能力について
　被告人には，少なくとも限定責任能力があった。
　1　起訴前の精神鑑定の結果，被告人は，統合失調症にり患していたものの，犯行時，命令形の幻覚や幻聴はなく，是非弁別能力と行動制御能力は完全には失われていなかったと判断されている。
　2　犯行動機は，日頃，Vから仕事をするように言われて腹を立てていた上，小遣いを増やしても

らえないことなどの不満によるものであり，了解可能である。
3 　被告人は，包丁が見つからなかったため，鍋で頭部を殴り，さらにアイスピックで胸腹部を刺しており，V殺害に向けて一貫した行動をとっており，合理的である。
4 　被告人は，平成27年8月下旬ころ，Vに包丁を突き付けたが，Vの懇願により思いとどまっている。また，犯行当日の夜，Wからかかってきた電話に出て，Vを殺した旨伝えた。このように，被告人には，反道徳性や違法性の認識があった。
5 　被告人は，犯行を認めており，意識は清明であり，記憶の欠落はない。

【予定主張記載書面】
第1　公訴事実について
　　　争わない。
第2　責任能力について
　　　被告人は，犯行当時，心神喪失の状態にあった。
1 　被告人は，平成13年ころから，重度の統合失調症にり患していた。
　　　被告人には，幻聴や監視妄想があったほか，感情の鈍麻，意欲の欠如，現実検討能力の欠如など統合失調症の陰性症状が顕著である。
2 　被告人は，平成27年9月2日の朝，急にV殺害の考えが湧き出たのであり，犯行動機は了解不可能である。
3 　被告人は，午前7時ころから約40分間にわたり，Vをアイスピックで多数回突き刺しており，凄惨かつ異常である。
4 　被告人は，V殺害後，Vが用意してあった朝食を食べ，夕方まで昼寝をした。被告人がWに電話で，姉を殺した旨伝えたのは，Wから姉に電話を替わるように言われて，他に答えようがなかったからである。
5 　被告人は，高校時代は，バレーボール部のキャプテンを務め，就職後の勤務成績も良好であり，社交的で責任感のある人物であった。ところが，統合失調症を発症した後は，自宅に引きこもり，Wの結婚式にも出席しなかった。
　　　本件は，統合失調症発症前の被告人本来の人格とは全く異質な行為である。

（公判前整理手続における裁判員法50条に基づく鑑定請求について）
　弁護人は，起訴前鑑定について，結論部分の信用性を争うこと，鑑定人が検察官寄りの判断をする傾向が強く，中立公平性に問題があることを理由に，裁判員法50条に基づき精神鑑定を請求した。しかし，裁判所は，検察官の意見を聴いた上，必要性がないと判断して，弁護人の鑑定請求を却下した。なお，裁判所は，起訴前鑑定人とのカンファレンスを実施しなかった。

【争点整理の結果】
1 　争点
　　　責任能力の有無及び程度

2 当事者の主張
(1) 検察官は、被告人が統合失調症にり患していたが、幻覚や幻聴に支配されていたわけではなく、犯行動機の了解可能性、行動の合理性、反道徳性及び違法性の認識、記憶の保持などを根拠に、被告人は心神耗弱の状態にあったと主張する。
(2) 弁護人は、被告人が重度の統合失調症にり患しており、動機が了解不能であること、犯行態様及び犯行後の行動が異常であること、被告人本来の人格と全く異質な行為であることなどを根拠に、心神喪失の状態にあったと主張する。

【証拠の整理】
省略

【検察官の冒頭陳述】
心神喪失とは、「精神の障害により事物の理非善悪を弁識する能力が失われているか、またはその弁識に従って行動する能力が失われている状態」をいい、心神耗弱とは、「これらの能力が完全に失われていないが、著しく減退した状態」をいう旨説明した上、証明予定事実記載書と同様の内容を述べたほか、量刑上、重視すべき事情を指摘した。

【弁護人の冒頭陳述】
予定主張記載書面と同様の内容を述べた。

【公判前整理手続の結果顕出】
争点及び証拠の整理の結果の要旨を告げた。

【証拠調べの概要】
1 書証
 ・ 統合報告書1（現場見取図と写真。洋服ダンスから文化包丁が発見された。）
 ・ 統合報告書2（死因は、心刺創による失血死である。被害者の胸腹部に少なくとも80個以上の刺創が認められた。）
 ・ 供述調書3通
  (ア) Wの供述調書（両親が交通事故で死亡した後、姉兄と3人で協力して生活してきた。3人の仲は良かった。兄は、仕事を辞めた後、引きこもりの状態になり、私の結婚式にも出席してくれなかった。精神病にかかっていたとは知らなかった。9月2日の夜10時ころ、実家に電話をかけたところ兄が出た。姉に代わってほしいと言ったところ、兄から「Vを殺した。死体はどうしたらよいか。」と質問を受けた。驚いて、警察に電話をかけた。）
  (イ) 高校時代の友人の供述調書（被告人は、バレーボール部のキャプテンであり、責任感が強く、頼りがいがあった。）
  (ウ) 元勤務先の上司の供述調書（被告人は、セールストークが上手で営業成績がよく、地区の

新人賞を獲得した。ところが，平成13年ころ，突然出勤しなくなり退職した。）

2 証拠物
- 鍋1個（取っ手が折れたもの）
- アイスピック1本（棒状の金属部分の長さ約10センチメートルのもの）

3 被告人質問要旨
・弁護人の質問

　高校卒業後，自動車販売の会社に就職した。入社2年目には新車販売の契約を多数取ることができ，表彰された。

　平成13年ころ，客からクレームを言われて思い悩んで仕事をする気がなくなり，退職した。その後は，仕事に就くことなく，自宅でテレビやインターネットを見て過ごしていた。姉から小遣いとして毎月3000円をもらっていた。もっと欲しかったが，姉に言っても，もらえなかった。外出するのは，近所のコンビニへ漫画やジュースを買いに行くときだけである。食事は，全て姉が作ってくれた。

　仕事を辞めたころから，誰もいないのに「何をしているんだ。」などと人の声が聞こえてくることがあった。また，誰かに自分のことを見張られていた。

　Wの結婚式には出席しなかった。知らない人と会いたくないし，話もしたくなかった。姉からは，仕事をするように言われており，分かっていると答えていたが，やる気が起きなかった。

　9月1日の夜は全然眠れなかった。9月2日の早朝，どこからか「起きているのか。どうするんだ。」という男の声がして頭の中に入ってきた。その後，姉が洗面所で洗濯を始めた。洗濯機の音を聞いているうちに，急に姉を殺そうという気持ちが湧いてきた。なぜ殺す気持ちになったのか，自分でも分からない。

　午前7時ころ，台所に行き，包丁を探したが見つからなかったため，近くにあった鍋を持って，食卓に座っていた姉の背後から頭を二回くらい殴った。すると，鍋の取っ手が折れた。食器棚の引き出しを開けるとアイスピックがあった。床に倒れていた姉に馬乗りになり，アイスピックで姉の胸や腹を何度も刺した。50回以上，もしかしたら100回以上，刺したかもしれない。刺しているときは，無我夢中だった。気が付くと，姉も自分も血だらけになっており，姉は息をしていなかった。

　しばらくしてテレビを付けると，朝の連続ドラマが始まっていた。食卓の上に，姉が作ってくれた朝食があったので，これを食べた。食事を終えると，急に眠くなり，夕方まで台所で寝ていた。目を覚まして，ぼんやり考え事をしていた。夜10時ころ，Wから電話があり，姉に代わってほしいと言われた際，姉を殺したと伝えた。Wは，とても驚いた様子で，泣きながら110番すると言っていた。警察が来て逮捕されるだろうと思った。しばらくして，警察官が自宅に来た。

　自分は，仕事をする気がないだけであり，精神病であるとは思っていない。精神病院に行ったことはないし，人から異常だと指摘されたこともない。

　姉が死んだが，自分では悲しいのかどうか，よく分からない。

・検察官の質問

5年くらい前に,姉から仕事をするように言われたとき,うるさいと言い返して,一度,自宅のドアを蹴ったことがあった。
　平成27年8月下旬ころ,姉に小遣いを増やしてほしいと言ったら,働きなさいと言われた。そのときは,イライラして,とっさに包丁を掴んだが,姉を殺すつもりはなかった。姉が涙を流し,大きな声で「やめて」と言ったので,包丁を置いた。
　姉の胸や腹を刺したのは,そこを刺せば死ぬからである。

4　起訴前鑑定人の証人尋問要旨

・プレゼンテーション
　精神鑑定は,操作的診断方法によってなされる。その診断基準には,ICD-10とDSM-Vがある。統合失調症と診断されるためには,・・・(以下,専門用語の説明が続いた。)。
　被告人は,平成13年ころ,統合失調症にり患したと考えられる。
　本件犯行は,幻覚や妄想などに支配されたものではないが,統合失調症の慢性期における著しい人格変化の状態でなされたものである。被告人は,統合失調症の陰性症状が顕著である。特に現実検討能力や意欲が著しく低下しており,喜怒哀楽の感情も平板で乏しい。統合失調症の程度としては重い部類に属する。
　被告人は,前後の脈絡なく突然,Vに対する殺意を生じており,正常な心理では理解できない。精神の働きの異常により,突然,殺意を生じたものと理解している。なお,被告人は,事件当日の早朝,幻聴があり,洗濯機の音を気にしていたが,犯行との関連は薄い。
　アイスピックで,胸や腹を多数回刺した行為は,憐みや悲しみ,相手の身体的・精神的な痛みを感じる共感性が著しく障害されていたことの表れである。
　しかし,統合失調症の患者であっても,殺人が悪いことであると理解できていない者は稀である。
　参考意見として,被告人は,8月下旬ころ,Vに包丁を突きつけた際,懇願されてやめているし,犯行後,Wと普通に電話で会話をしているから,人を殺すことが悪いことであると理解しており,善悪の判断能力はある程度は残っていたと考える。また,被告人は,支離滅裂な攻撃をしたのではなく,V殺害という目的に沿って,頭部や胸腹部を集中的に攻撃しているから,行動のコントロール能力が完全に失われていたわけではないと考える。

・検察官の尋問
　医学部精神科を卒業して25年目である。精神鑑定の経験は30件くらいある。そのうち,約7割が検察官の依頼によるもので,残りが裁判所からの依頼である。
　被告人の統合失調症は,重い部類であるが,人格が荒廃し,解体するような最も重い部類ではなかった。

・弁護人の尋問
　統合失調症の患者において,一般的に殺人が悪いことであると分かっていることと,その行為を思いとどまることができるかどうかは別の問題である。
　被告人が,本件行為の途中で,心の葛藤を生じたことはなかったと考える。
　参考意見を述べたが,心神喪失か心神耗弱かを決めるのは,裁判所である。

【検察官の論告】

第1　公訴事実について

　　取り調べた証拠により証明十分である。

第2　心神耗弱の状態にあったこと

1　被告人は、平成13年ころ、統合失調症を発症したが、幻覚や妄想に支配されていたわけではなく、今回の事件では全く影響していない。

　他方で、被告人は、一度も精神病院での治療を受けていないため、現実検討能力や意欲、感情が低下していた。しかし、周囲の者に病的な異常さを感じさせるほどではなかった。被告人は、感情的になってVに粗暴な振る舞いをしたこともあるし、一人で買い物をすることもできた。

　すなわち、被告人は、人としての能力を完全に失っていたわけではない。

2　物事の理非善悪を弁識する能力が残っていたこと

　平成27年8月下旬ころ、被告人は、包丁をVに突き付けたが懇願されてやめており、Vの気持ちを考えていたことが分かる。また、犯行後、被告人は、Wからかかってきた電話に出て、死体の処理方法について質問しているし、きっと警察に通報されて逮捕されることになると思っていたと述べた。

　このように、被告人には、物事の善悪を理解する能力が残っていた。

3　行動を制御する能力が残っていたこと

　被告人は、包丁に代わる凶器を探し、Vに気付かれないように、背後から近づいて鍋で頭を殴り、鍋の取っ手が折れた後、アイスピックで胸や腹部だけを狙って刺した。その行動は支離滅裂なものではなく、殺害という目的に向けて、周囲の状況を理解して、物事の道理に従って行動したと評価できる。

4　鑑定人の説明

　上記1ないし3で指摘したことは、鑑定人の説明と一致している。

　鑑定人は、精神医学の専門家であり、精神鑑定について豊富な経験を有している。判断の過程も専門的な見地から合理的になされており、信用できる。

　そして、被告人の統合失調症の程度について、現実検討能力や意欲・感情が著しく低下していたが、善悪の判断能力や行動のコントロール能力が全く失われていたわけではないと判断している。

5　動機について

　被告人がVを殺害しようとした経緯は、普通では理解しがたい。しかし、被告人は、働くことができない状態であったのに、Vから働くように言われ、小遣いを満足にもらえなかったことなど、Vに不満を抱いてもおかしくない状況があった。被告人は、統合失調症の影響により、善悪の判断能力や行動コントロール能力が著しく低下していたため、この程度の事情で、殺意を生じてしまったと考えられる。

6　結論

　被告人は、心神耗弱の状態にあったことが明らかである。

第3　情状（省略）

求刑　懲役7年

【弁護人の弁論】
第1　被告人が，Vを殺害したことは事実である。しかし，被告人には刑事責任を問われる前提としての責任能力がなかったから，無罪である。
第2　心神喪失の状態にあったこと
　1　被告人は，重度の統合失調症にり患していたこと
　　被告人は，平成13年に統合失調症にり患し，その後約14年間，治療を受けることなく，現実検討能力や意欲の著しい低下，喜怒哀楽の感情の喪失など，統合失調症の陰性症状が顕著になっていた。その程度は，鑑定人が指摘するとおり重い部類に属する。そのことだけでも，心神喪失と言えるはずである。
　2　本件犯行は，被告人の本来の人格とかけ離れていること
　　被告人は，勤務先における営業成績も良好であった。もともとは，社交的で責任感のある人物であった。
　　ところが，統合失調症を発症した後は，自宅に引きこもり，人と接触することを拒否し，Wの結婚式も欠席した。自宅では，テレビやパソコンを見るだけの怠惰な生活を送っていた。
　　本件犯行は，統合失調症の影響によりなされたものであり，被告人の本来の人格とかけ離れている。
　3　動機が了解不能であること
　　被告人は，9月2日の朝，突然，Vを殺害する考えが心の中に湧いてきたのであり，この考えには，前後の脈絡が全くない。鑑定人も，そのことを端的に指摘しており，正常な心理では説明が付かないと指摘している。
　　そして，被告人は，この考えに基づいて，残忍な方法でVを殺害した。
　　被告人は，Vの世話を受けながら，生活していたのであり，恩義のあるVを殺害するような関係にはない。働くように言われ，小遣いを満足にもらえなかった程度で，人を殺害することは，常識的にあり得ないはずである。
　4　犯行態様の異常性
　　犯行態様は，非常に凄惨で異常なものである。被告人は，Vの苦痛や悲しみを感じることができない程度に，人としての感情や現実検討能力を失っていたと考えられる。
　5　犯行後の行動の異常性
　　被告人は，血まみれの状態で，Vが用意してくれていた朝食を食べ，その後は，眠くなったとして夕方まで昼寝をした。明らかに異常である。
　　また，被告人がWと電話で話した際，死体の処理について，Wに質問したのは，混乱していて適切な判断ができなかったためであり，違法性の認識とは関係のないことである。
　6　鑑定人の参考意見
　　鑑定人が参考意見として述べたことは，本来，精神鑑定には含まれない事項である。すなわち，医学的な判断と法律的な判断は別のものである。このような参考意見を基にして，判決すること

は許されない。
7　まとめ
　　被告人は，本件犯行時，善悪の判断も，悪い行動を思いとどまることもできない状態にあった。したがって，無罪が言い渡されるべきである。

【評議の経過】

1　まず，公訴事実について，裁判員の意見を確認しながら，証拠によって間違いなく認められるとの結論に至った。
2　裁判長は，心神喪失と心神耗弱の概念について，もう一度説明をした。
　　その概要は，次のとおりである。
　　「犯罪が成立して，被告人を処罰するためには，責任能力が必要です。
　　本件では，統合失調症が問題になっています。
　　被告人が，統合失調症の圧倒的な影響によって，罪を犯したものであり，もともとの人格に基づく判断によって犯したと評価できないときは，処罰することができません。このことを心神喪失と言います。心神喪失の判断をした場合には，被告人は，別の法律によって治療を受けることになります。これに対し，統合失調症の影響を著しく受けているものの，元々の人格に基づく判断によって犯したと言える部分も残っていると評価できるときは，法定刑を半分にした範囲で処罰することになります。これを心神耗弱と言います。」
　　すると，裁判員から「人を殺したのに，心神喪失を理由に処罰を受けないのは，納得できない。」との発言があった。裁判長は，例え話として，「まだ物心がついていない子供が，いたずらをしたときに，いきなり叱っても意味がないのと同じです。」と説明したが，その裁判員はなおも納得できていない様子であった。
3　責任能力に関する評議では，裁判員から，鑑定人が話した医学用語について，意味が分からなかったという意見が多数出たため，裁判官がその説明を行った。
4　続いて，被告人の精神障害の有無・程度，犯行態様，犯行前後の行動，被告人のもともとの人格，犯行動機，精神障害が犯行に与えた影響の有無・程度の順で検討した。
(1)　被告人が，統合失調症にり患しており，その程度は重い部類であるが，人格が荒廃し，解体するような最も重い部類ではなかったことについて，すぐに意見がまとまった。しかし，統合失調症の陰性症状については，裁判員に理解できていないようであり，意見がほとんど出なかった。
　　裁判長が，鑑定人の供述について信用できるか質問したところ，裁判員から「専門家の話だから信用してしまう。」という意見が出され，全員が同調していた。その際，裁判長は，鑑定人の参考意見の取扱いについて説明をしなかった。
(2)　犯行態様については，公訴事実の認定で検討済みであり，その評価が問題となった。凶器として，鍋やアイスピックを使ったことについて，そのような物を使って殺そうとすること自体，異常であるという意見と，包丁が見つからなかったから，その場に応じた判断ができているという意見があり，後者が優勢であった。また，重要な胸や腹部を刺し続けたことは，殺害の目的を遂げようと一貫した合理的な行為であり，支離滅裂なものではないという意見が多数であった。

　　　　陪席裁判官が，80回以上もアイスピックで刺したのは異常ではないかと問題提起したが，複数の裁判員から「無我夢中だったらあり得る。」と反論されてしまい，議論を切り上げた。そのため，鑑定人が「アイスピックで，胸や腹を多数回刺した行為は，憐みや悲しみ，相手の身体的・精神的な痛みを感じる共感性が著しく障害されていたことの表れである。」「被告人は，本件行為の途中で，心の葛藤を生じたことはなかったと考える。」と述べた点は，議論に上らなかった。

(3) 犯行前後の行動として，8月下旬，Vに包丁を突き付けたが，懇願されてやめたこと，犯行後，朝食を食べ，昼寝をした後，Wから電話がかかってきて，死体の処理について質問したことについて，いずれも認められるという結論になった。

　　その評価について，包丁の突き付けをやめたということは，相手の気持ちを理解できているという意見が多数であった。

　　朝食を食べ，昼寝をしたのは，自分の犯した罪の重大性を理解していない異常な行動であるという意見もあったが，お腹がすいたり眠くなったりすれば，食べたり寝たりしてもおかしくないという意見が多数を占めた。

　　電話での会話について，姉を殺したことを認識しており，警察に通報されて逮捕されると思ったというのであるから，悪いことをしたと分かっていたはずであるという意見で一致した。

(4) 統合失調症を発症する前の被告人の人格と，犯行時の人格が大きく異なっていることに異論はなかった。

(5) 犯行動機について，議論が長引いた。当初は，鑑定人のいうとおり，正常な心理では理解できないから，統合失調症の影響で精神が異常な働きをして，殺意を生じたという意見が優勢であった。しかし，裁判員から「幻聴や妄想による直接の影響はなかったから，統合失調症の影響は大きいとは言えないと思う。」とか，「鑑定人は，統合失調症の患者でも殺人が悪いことは分かっていると言っていた。そうすると，動機がないのに人を殺すはずがない。」「働くように言われ，小遣いを増やしてもらえなかったし，罪の意識もあるから，検察官のいうとおり不満を抱いていたことが，きっかけになっているはずだ。」という意見が出されて，多数を占めるに至った。

(6) 裁判長は，統合失調症が犯行に及ぼした影響の有無・程度について，裁判員の意見を求めたところ，裁判員から「統合失調症の圧倒的な影響があった場合とは，何％くらい影響がある場合で，著しい影響があった場合とは，何％くらい影響があった場合をいうのか教えてほしい。」と質問があった。裁判長は，「数字で答えることは，とても難しいのです。犯行について，被告人のもともとの人格に基づく判断が残っていたかどうかが決め手になります。」と説明した。

　　すると，裁判員から，「鑑定人は，人格が荒廃し，解体するような最も重い部類ではなかった，善悪の判断や行動のコントロール能力が残っていたと言っていたから，まだ被告人の人格は残っていたと思う。」との意見が出され，他の裁判員の賛同が集まった。

(7) 評決を取ったところ，2名が心神喪失の意見に，裁判員と裁判官の双方を含む合計5名が心神耗弱の意見に，2名がいずれの状態にも至っていないとの意見にそれぞれ賛成した。その結果，裁判官を含む過半数を占めた心神耗弱の結論となった。

5　量刑評議について

　　（省略）

【判決の骨子】

〈主文〉

被告人を懲役3年に処する。

未決勾留日数中90日をその刑に算入する。

〈理由の要旨〉

（罪となるべき事実）

被告人は，同居していた実姉のVから仕事をするように言われるなどしたため不満に思っていたところ，平成27年9月2日午前7時ころ，C県c市○町△丁目□番×号の自宅において，同人（当時40歳）に対し，殺意をもって，鍋で同人の頭部を数回殴打した上，同人の胸腹部をアイスピック（棒状の金属部分の長さ約10センチメートル）で多数回突き刺して心刺創の傷害を負わせ，よって，そのころ，同所において，同人をその刺創に基づく失血のため死亡させて殺害した。

なお，被告人は，犯行時，統合失調症のため心神耗弱の状態にあった。

（弁護人の主張に対する判断）

1 争点

弁護人は，被告人が重度の統合失調症にり患していたから，心神喪失の状態にあり，無罪であると主張する。そこで，被告人が心神耗弱の状態にあったと認定した理由について説明する。

2 判断

被告人は，平成13年ころ，統合失調症にり患し，本件犯行当時，その陰性症状として，現実検討能力や意欲の低下，感情の乏しさなどの点で著しい障害があった。他方，幻聴や監視されているという妄想も生じていたが，本件犯行に，直接の影響はなかった。被告人の統合失調症は，重い部類に属するが，人格の荒廃や解体を来すような，最も重い部類のものではなかった。

被告人は，Vに対する殺意を抱くや，包丁を探し，それが見つからないと，背後から近づいて鍋で頭部を数回殴り，さらに，アイスピックで生命に危険のある胸腹部を狙って多数回刺した。被告人は，決して支離滅裂な行動を取っていたわけではなく，殺害の目的に向けて一貫性のある合理的な行動を取っている。

犯行前後の状況をみると，被告人は，平成27年8月下旬ころ，Vに対し，包丁を突き付けたが，泣きながらやめるように請われて，突き付け行為をやめているし，犯行後，Wからかかってきた電話に出た際，Vを殺害した旨伝えており，その結果，逮捕されることを理解していたから，ある程度，善悪を判断して行動する能力が残っていた。

これらの点は，被告人の精神鑑定をした証人も，同様の意見を述べているところ，同人は，経験豊富な精神科の医師であり，判断の過程も専門的な知識に基づく合理的なものであるから，十分信用できる。

犯行動機について，不明確な点があるものの，被告人は，統合失調症により精神状態が低下していたところ，Vから働くように言われ，小遣いを増額してもらえなかったことで不満を抱いており，これまでにもVに対し，粗暴な行動を取ったことがあるから，とっさに殺意を抱いたことが特に不自然で不合理であるとはいえない。

以上によれば，被告人は，重い統合失調症にり患しており，本来の社交的で責任感のある人格が

大きく変容していたことは認められるものの，本件犯行に当たり，被告人のもともとの人格に基づく判断部分が完全に失われていたとまではいうことができない。

3　結論

したがって，被告人は，統合失調症の影響により心神耗弱の状態にあったと判断した。弁護人の主張は採用しない。

第5 量刑判断について

1 問題状況

裁判員裁判の量刑評議に関しては，量刑司法研究がまとめられているほか，量刑評議の在り方等に言及した最高裁判決（最一小判平成26年7月24日刑集68巻6号925頁。以下「平成26年判決」という。）が出されている。両者において示された量刑評議の在り方，すなわち，行為責任の原則[243]に基づいて量刑判断を行うべきであることについては，ヒアリング等において異論はなく，論告・弁論の実情に照らしても，既に法律実務家の間で共通認識が形成されてきているものと思われる。

しかしながら，量刑評議の実情についてヒアリング等をしてみると，行為責任の原則に従って評議を行おうと試みても，実際には評議の進行に困難を来しやすい場面が少なくないとの指摘がされた。それらの指摘は多岐にわたるが，おおむね，①個々の量刑事情の評価に関わる問題と，②刑の数量化のプロセスに関わる問題とに大別することができる。それらの中には，量刑司法研究の当時から想定されていた課題も多く含まれるが，精神障害が犯行に影響を与えている場合の量刑評議など，量刑司法研究の後に顕在化してきた課題も含まれている。こうした問題事象は，量刑の本質論（行為責任）を踏まえた判断枠組みや，そこから導かれる刑の公平性の理念，さらには責任主義といった刑事裁判の諸原則を裁判体で共有しつつ量刑評議を進めることがいかに難しいかを示すものといえよう。

模擬事例Ⅳの評議は，①当該事案が同種事案の中でどの辺りに位置付けられるのかという相対評価の視点からの議論が十分ではないこと，②インパクトの強い事情が，行為責任の要素でないにもかかわらず過度に評価されていること，③犯行に精神障害の影響があったにもかかわらず，治癒の見込みが立っていない点ばかりを捉えて再犯のおそれが強調されていること，④被害者の処罰感情について，量刑上の位置付けが十分に整理されないまま扱われていること，⑤同種事案の量刑傾向を踏まえた評議が行われていないことなどの問題点がある。

本章は，量刑評議における裁判官と裁判員の協働の在り方について検討した後，本研究の過程で行ったヒアリング等の結果を踏まえ，上記のような問題が生じた原因を実証的に分析するとともに，その対策を提言することで，量刑評議の在り方について考察を試みるものである。

2 量刑判断における裁判官と裁判員の協働の在り方
(1) 量刑評議の在り方
ア 量刑司法研究における提言

---

243 量刑を「被告人の犯罪行為に相応しい刑事責任を明らかにすること」と捉える考え方をいう（量刑司法研究5頁）。

裁判員裁判における量刑評議の在り方については，既に量刑司法研究で明らかにされているところであるが，本章の前提でもあるので，若干長くなるが，原文を引用して紹介する[244]。
　「量刑の本質は，被告人の犯罪行為に相応しい刑事責任の分量を明らかにするところにあ」る。「これまでの量刑実務における量刑判断の在り方は，大まかにいうと，犯情事実（犯罪行為それ自体に関わる事実）により量刑の大枠を決定し，その大枠の中で一般情状事実を，刑を（微）調整させる要素として被告人に有利ないし不利に考慮して，いわゆる量刑相場を踏まえつつ最終的な量刑を決定する，というものである。こうした量刑実務も，基本的には上記の考え方に従った判断の枠組みであるといえる。」「犯罪行為に相応しい刑事責任を明らかにすることは，単に行われた犯罪の客観的重さ（特に発生した結果の重大さ）に従って刑を決めるべきであることをいうのではなく，犯罪行為に対する責任非難の程度（当該行為の意思決定への非難の程度）に応じた刑の分量を明らかにすることを意味する。すなわち，犯罪行為そのものの重さ（当該犯罪行為の可罰性の程度）とは，①処罰の根拠となる処罰対象そのものの要素（行為の客観的重さ）と，②当該行為の意思決定への非難の程度に影響する要素からなることになる。」「量刑判断に際しては，①及び②を総合的に考慮した刑事責任の分量を見積もるということになる。」「法定刑の幅が広く，法定刑がその罪に該当する犯罪行為の重さを量るスケールとして機能しにくいわが国の刑法の下にあっては，一定の刑量として数量化をはかる前提として，動機・行為態様・結果等の主要な犯情事実に着目して当該事件をある程度類型化して捉え，裁判員に犯罪行為の重さ（責任の枠）についてある程度のイメージをもってもらうことが有益であろう。」「実際の量刑評議においては，こうした対象となる犯罪行為の社会的類型[245]（ないし刑事学的類型）を前提とし，そうした類型における量刑傾向を責任の枠の一つの目安としつつ，さらに当該個別の事案において量刑判断のポイント・分岐点となる社会的実体をどのようにみるかについて議論がなされ，最終的な刑の数量化がめざされることになる。」「量刑の本質である『犯罪行為に相応しい』刑というのには，①本事案の具体的事情からみて相当であるという意味のほかに，②他の事案と比較しても公正・公平であるという意味が含まれることになる。そして，裁判員量刑検索システム[246]に基づく量刑資料は，量刑の本質を踏まえ，主として犯情に関する基本的な

---

[244] 量刑司法研究6頁，7頁，18頁，19頁，26頁等。
[245] 社会的類型は，量刑評議を円滑に進めるための，刑事学的な特徴に着目した実践的な道具概念であり，法律概念のような厳密な定義になじむものではない。
[246] 裁判員量刑検索システムは，これまで有罪判決が宣告された裁判員裁判対象事件等が登録されており，裁判官だけでなく，事件を担当する検察官や弁護人も利用できる。主として犯情に関する基本的な因子が検索条件とされており，例えば，殺人罪であれば，共犯関係，動機，凶器の有無・種類，被害者の立場，被害者の落ち度などが検索条件である。もっとも，登録されているのは，当該事件の一般情状も考慮し

因子を検索項目として作成され，その事件の属する社会的類型（刑事学的類型）における大まかな量刑傾向を表すものである。したがって，拘束力がないという点では量刑判断に当たっての参考にすぎないものではあるが，量刑資料に示される量刑傾向は，一定程度は量刑（責任の枠）の目安として尊重されるべきものということになろう。」

イ　平成26年判決について

そして，最高裁は，裁判員裁判における量刑評議の在り方について，平成26年判決の中で，以下のとおり，量刑司法研究における提言と同趣旨の説示をしている。

「我が国の刑法は，一つの構成要件の中に種々の犯罪類型が含まれることを前提に幅広い法定刑を定めている。その上で，裁判においては，行為責任の原則を基礎としつつ，当該犯罪行為にふさわしいと考えられる刑が言い渡されることとなるが，裁判例が集積されることによって，犯罪類型ごとに一定の量刑傾向が示されることとなる。そうした先例の集積それ自体は直ちに法規範性を帯びるものではないが，量刑を決定するに当たって，その目安とされるという意義をもっている。

裁判員裁判において，それが導入される前の量刑傾向を厳密に調査・分析することは求められていないし，ましてや，これに従うことまで求められているわけではない。しかし，裁判員裁判といえども，他の裁判の結果との公平性が保持された適正なものでなければならないことはいうまでもなく，評議に当たっては，これまでのおおまかな量刑の傾向を裁判体の共通認識とした上で，これを出発点として当該事案にふさわしい評議を深めていくことが求められているというべきである。」

ただし，量刑傾向を考慮に入れて評議を進めることが重要であるとしても，量刑傾向はあくまでも「目安」ないし「議論の出発点」にすぎず，決して裁判体を拘束するものではないとされている点には留意すべきである。このことは平成26年判決の説示内容から明らかであるし，同判決の白木裁判官の補足意見も「このようにして，量刑の傾向の意義や内容を十分理解してもらって初めて裁判員と裁判官との実質的な意見交換を実現することが可能になると考えられる。そうした過程を経て，裁判体が量刑の傾向と異なった判断をし，そうした裁判例が蓄積されて量刑の傾向が変わっていくのであれば，それこそ国民の感覚を反映した量刑

た最終的な量刑である上に，すべての量刑事情が入力されているわけではないこと，どの事情をどの程度重視したかは分からないことなどから，同システムに基づく量刑資料により示される量刑傾向は，あくまでも大まかなものであることに留意しておく必要がある。また，現在では，同システムで検索される裁判員裁判対象事件の量刑結果はすべて裁判員裁判によるものとなっており，「量刑相場」があるとされてきた従来の裁判官のみによる裁判に比し，1件1件の量刑判断の幅が広がっていることも踏まえておく必要があろう。

判断であり，裁判員裁判の健全な運用というべきであろう。」と明言するところである。こうした説示は，量刑傾向を念頭に評議を行うことの重要性を述べるとともに，量刑傾向に過度に依存した量刑判断が行われることへの戒めの趣旨も含んでいるものと受け止めるべきであろう。裁判員制度は，刑事裁判に国民の視点を取り入れるために導入されたのであり，そこで想定されているのは，量刑に国民の多様な視点が反映されることにより，より広い幅の中で量刑判断がされるようになることであったと思われる。ましてや，類似事例との比較・対照を行うような判断の在り方は，裁判員制度導入の趣旨にそぐわないものといえよう。

ウ 量刑評議の進行の基本型

以上を踏まえると，量刑評議の進行の基本型[247]としては，犯情に当たる事実をもとに，①当該事案が属する社会的類型における大まかな量刑傾向を量刑の目安として把握した上で[248]，②当該事案が上記社会的類型の中でどの辺りに位置付けられるかという相対評価を行いながら，行為責任に見合った量刑（責任刑）の幅を絞り込み，③最後に[249]一般情状[250]を考慮して宣告刑を決定する，というものになると考えられる[251]。

(2) 裁判官が果たすべき役割

(1)で見た量刑評議の在り方を実践するためには，裁判体において量刑の基本的な判断枠組みを共有しておくことが不可欠である。行為責任の原則や各量刑要素の位置付け（犯情と一般情状のいずれに当たるか，一般情状にも当たらないのか），当

---

247 実際の評議では，社会的類型を特徴づける検索条件を抽出する前提として，当該事案の量刑要素の検討を先行させるという進行も考えられる。そうした進行をする場合であっても，量刑評議の早い段階で裁判員に量刑グラフを示し，刑の数量化の意識を持ちながら評議に参加してもらうことが大切である。その際の留意点等を含めて本報告書第5の4(2)イ（150頁）も参照。

248 ヒアリング等では，全ての事案で社会的類型を前提とした量刑評議を行うことは難しいという意見も述べられた。量刑傾向の把握が困難な場合にどのように量刑評議を進めるべきかという問題については，本報告書第5の4(3)（156頁）を参照されたい。

249 ヒアリング等では，このような二段階の刑の数量化の評議は，犯情か一般情状かの区分けが難しい上に量刑上も重く考慮され得る事情（例えば，前科や被害弁償など）があるような場合にはなじまないという意見も述べられた。

250 量刑司法研究6頁＊1は，これまで一般情状事実とされてきた事情であっても，非難の程度，ひいては最終の量刑に少なからず影響するものもあり，従来の犯情事実・一般情状事実の分類も，量刑の本質という観点からは必ずしも厳密なものではなく，法曹三者としては，従来の量刑判断の枠組みを踏まえつつも，個別の事案ごとに，当該事案で重視されるべき量刑事情は何か，そのことと量刑の本質論とはどのような関係にあるのかを具体的に探究することが求められようと指摘している。例えば，前科の位置付けに関する本報告書第5の3(6)（147頁）を参照。

251 以上が量刑評議の基本的な枠組みであるが，犯情と一般情状の振り分けが難しい事情がある場合や，協議・合意制度のように，これまでの量刑理論の枠組みで説明できるという見解と新たな量刑理論として考えていくという見解で定説をみない事情がある場合などについては，量刑評議の枠組みや進行について，その事案ごとに相応しいものを考えていかなければならない点には留意を要する（もっとも，裁判員裁判対象事件では，協議・合意制度は活用できないこととされている（刑訴法350条の2第2項））。

該事案が属する社会的類型の大まかな量刑傾向等は説明事項に当たる。裁判官はこれらを裁判員に丁寧に説明すべきであることは総論で言及したとおりである。

　ここで量刑傾向の共有の在り方について付言する。裁判官は，裁判員に対し，裁判員量刑検索システムに適切な検索条件を入力[252]して得られた量刑分布グラフ（以下「量刑グラフ」という。）を提示し，そこに示される当該事案が属する社会的類型の大まかな量刑傾向を紹介[253]することになるが，その際には，裁判員が当然に抱くと思われる「なぜ従来の量刑データを参考にしなければならないのか」という疑問に対する答えを用意しておかなければならないであろう。その一つの答えとして，行為責任の原則からは，同じ行為に対しては同じ刑が言い渡されるべきという公平の原則が導かれるとの説明をすることが考えられる。ヒアリング等でも，量刑グラフを用いる理由を公平性の観点から説明しているという裁判官が多数であった。この説明は量刑の本質を捉えたものであるといえるが，公平性の観点からの説明だけで裁判員の理解が得られるとは限らないのであり，これに加えて，なぜそうした量刑傾向が形成されてきたのかという点についても理解が得られなければ，量刑傾向が量刑の目安ないし議論の出発点であるということの真の意味は共有されないであろう。裁判官としては，量刑評議に臨むに当たり，上記量刑傾向が形成されてきた実質的な理由についても可能な限り説明ができるよう準備しておく必要があるように思われる[254][255]。

　その上で，裁判官と裁判員は，協働事項である量刑評議を行うことになるが，裁判員裁判の量刑判断においては，類似事例との比較・対照という側面よりも，当該事案において真に重視されるべき量刑事情を適切に考慮し，当該事案にふさわしい刑を見いだすという側面がより強調されるべきであることは総論で言及したとおりである。裁判官は，自らもしっかりと意見を述べるとともに，必要に応じて判断の視点等[256]を提供しながら，裁判員の意見を十分に引き出すことで，国民の視点や感

---

[252] 当該事案に適した量刑グラフを得ようと検索条件を増やすと，対応するデータの数が減り，量刑資料としての有用性を失うことがある点には注意が必要である。その意味で，公判前整理手続の中で，適切な量刑資料を得るという観点からも，論告・弁論で用いる予定の量刑データの検索条件について議論しておくことは有益である。

[253] 裁判官が一方的に量刑傾向を紹介するのではなく，裁判員と量刑傾向について意見交換するという方法で共有をはかるという進行も考えられる。量刑司法研究19頁参照。

[254] 例えば，殺人の事案であれば，嬰児殺や心中目的殺人，保険金目的殺人のそれぞれの量刑傾向の違いについて，行為責任の観点から説明を試みることが考えられる。

[255] 平成26年判決の補足意見において，白木裁判官は，「量刑判断の客観的な合理性を確保するため，裁判官としては，評議において，当該事案の法定刑をベースにした上，参考となるおおまかな量刑の傾向を紹介し，裁判体全員の共通認識とした上で評議を進めるべきであり，併せて，裁判員に対し，同種事案においてどのような要素を考慮して量刑判断が行われてきたか，あるいは，そうした量刑の傾向がなぜ，どのような意味で出発点となるべきなのかといった事情を適切に説明する必要がある。」と述べている。

[256] 量刑司法研究11頁は，他の罪との法定刑との差異やその量刑傾向との比較など，裁判員が保護法益の重さについて適正な評価ができるような視点，素材を裁判官が提供することをその例に挙げている。

覚と法曹の専門性とが交流[257]し，それが裁判内容に反映されるような評議を目指すべきものと考えられる。

3　個々の量刑事情の評価が難しい場面について
(1)　ヒアリング等からみた問題状況

ヒアリング等では，個々の量刑事情の評価が難しい場面として，以下のようなものが挙げられた。

(ｱ)犯行態様の残虐性が問題となる事案では，行為の悪質性が過剰に評価されやすい。(ｲ)犯行前後にインパクトのある事情が存在する事案では，当該事情が犯情に当たるのか一般情状に当たるのか，あるいは一般情状にも当たらないのかという量刑上の位置付け（以下，「量刑上の位置付け」あるいは単に「位置付け」などという。）を踏まえて適切に評価するのが難しいことがある。(ｳ)精神障害が犯行に影響を与えている事案では，精神障害が量刑判断に当たって考慮され得る根拠（以下「量刑上の根拠」という。）を説明しても裁判員に共感してもらうのが難しく，非難の程度よりも再犯のおそれに目が向きがちである。(ｴ)被害感情や被害弁償，被害者の宥恕といった被害者側の事情については，量刑上の根拠をどのように捉えるかという問題がある上，冷静に判断するのが難しい場合がある。(ｵ)前科については，量刑上の位置付けを的確に踏まえて評価するのは容易でない上，過度に重視される傾向がある。

個々の量刑事情の評価が適切に行われなければ，全体としての量刑判断も適正なものとならないことは明らかである。裁判官は，量刑事情の評価の議論が量刑の本質論に即した適切なものとなるよう評議に関与していくべきである。

(2)　犯行態様の残虐性

ヒアリング等では，殺人事件等で犯行態様の残虐性が問題となる事案では，行為の悪質性が裁判員に過剰に評価されやすいとの意見が述べられた。

日頃，重大犯罪とは無縁の生活を送っている裁判員が当該事案の犯行態様に非常に強いインパクトを感じ，そのような犯行に及んだ被告人に対して素朴な嫌悪感を抱いたりするのは無理からぬところであろう。評議の中で上記のような現象が生じる原因としては，基本的な量刑の判断枠組みが裁判体の中で十分共有されていない可能性が考えられる。

すなわち，行為態様の悪質性が犯情に当たることは明らかであるところ，その評価については，当該罪の保護法益の視点を裁判体で共有[258]した上で，法益を侵害する危険性の大小，法益を軽視した度合いの大小という観点から，行為の客観面と行為者の主観面を総合して，非難の程度が実質的に判断されるべきであって，結果的

257　最大判平成23年11月16日刑集65巻8号1285頁参照。
258　裁判官が裁判員に視点を提示すべき場面である。

に生じた残虐さ・被害現場の凄惨さの点だけをもって行為態様の悪質性を評価することは，事案全体の評価を妨げるおそれがある[259]。

その上で，行為責任の重さを考えるということは，当該犯罪行為が同種事案（同じ社会的類型の事案）の中でどの辺りに位置付けられるのかという相対評価[260]をするものであるという視点が重要である。この点を意識しないと，犯罪は通常それ自体が社会の中で大きな悪とされていることから，単に「責任が重い」とか「行為態様が悪質」ということで議論が終わってしまう可能性がある。

以上のような基本的な量刑の判断枠組みを前提として，犯行態様が残虐であること（被害者に殊更に大きな肉体的・精神的苦痛を与える方法であること）が量刑判断においてどのような意味を持つのかを改めて考えてみる。犯行態様が残虐であるから刑を重くすべきであるという意見が出た場合，その真意をもう少し分析的に考えてみると，①残虐な攻撃方法は，通常，生命等の法益を侵害する危険性も高いと思われるので，そのような法益侵害の危険性の高さを理由に刑を重くすべきであるという意見である場合や，②あえて残虐な攻撃方法を選択して被害者に見るも無残な傷を負わせていることからすると，生命等の法益を軽視した度合いも大きいと考えられるので，そのような意思決定に対する非難の強さを理由に刑を重くすべきであるという意見である場合，③犯行態様が残虐であれば，被害者が受けた肉体的・精神的苦痛も大きいので，そのような生じた結果の重さを理由に刑を重くすべきであるという意見である場合があり得よう。さらに，④あえて残虐な攻撃方法を選択していることからすると，他人の苦痛等を意に介さない思考傾向が見て取れるので，犯罪への親和性があり再犯のおそれも高いとして刑を重くすべきであるという意見である場合もあるかもしれない。このうち，①の意見や③の意見については，確かに，法益侵害の危険性が高いことや被害者が受けた肉体的・精神的苦痛が大きいことは否定できないが，生命等の法益を侵害する行為はいずれも法益侵害の危険性は高いし，被害者にも大きな肉体的・精神的苦痛を与えるものということができるのであるから，同種事案の中での相対評価という視点で考えれば，犯行態様の残虐性が持つ意味合いは自ずと限定的なものに止まるはずである。また，②の意見については，行為者がどの程度残虐性を意図していたかや，殺意の強さ，計画性なども含めて，行為者の意思決定に対する非難にどの程度結びつくのかを具体的に検討する必要があろう。さらに，④の意見については，そもそも犯情ではなく一般情状に関する意見である上，多分に不確実な将来予測に基づくものであるから，量刑判断に当たって重視することはできないこととなろう。

したがって，犯行態様が残虐であることを理由に刑を重くすべきであるとの意見が出された場合，裁判官としては，まず，その意見の趣旨や理由を丁寧に聞き出し

---

[259] 量刑司法研究35頁，36頁。
[260] 相対評価の困難さに伴う問題については，本報告書第5の4（149頁）を参照されたい。

て明確にした上で，そのような趣旨や理由で刑を重くすることの当否について，相対評価の視点を持ちつつ十分な議論が行われるように評議の進行を図る必要がある。その前提として，裁判官は，実質的な量刑評議を始める前までに，量刑の本質論及びそこから導かれる量刑判断の枠組みについて，裁判員に丁寧に説明し，十分な理解を得ておくことが大切である。

ヒアリング等では，相対評価の視点を持つ方法として，犯行態様にはどのようなものがあるかについて裁判員と一緒になって様々な例を挙げながらイメージをつかんでいく方法や，裁判官が量刑検索システムの事例一覧表から行為態様の部分をピックアップして示す方法などが紹介されたが，参考になると思われる。

なお，以上のほかにも，行為態様の残虐性が過剰に評価されることにつながる要因としては，公判廷で取り調べた証拠の質や量が裁判員が冷静に判断できないほどインパクトの強いものであった可能性が指摘できる。裁判官は，犯行態様に関する証拠の質と量が適切なものとなるよう留意し，公判前整理手続の中でも必要に応じて当事者と議論を行うべきである[261]。

＜模擬事例Ⅳの検討＞

模擬事例Ⅳの評議では，犯行態様について，包丁を使って被害者の顔を切りつけたり，その胸部を複数回刺したりしているのは，それだけみても非常に危険であり，特に，胸の傷は，少しずれていれば致命傷にもなるようなもので，生命に対する危険が非常に高い犯行であると評価されている。

このような評価自体に誤りがあるとはいえないが，法益を軽視した度合いという見地からすると，犯行態様の悪質性を判断する上では，被告人が被害者の顔面や胸部をどれほど意図的に攻撃したのかが議論されるべきであったし，公判審理においても焦点が当てられるべきであった。

そして，模擬事例Ⅳの評議では，本件事案が同種事案（同じ社会的類型）の中でどの辺りに位置付けられるのかという相対評価の視点からの議論が欠落している点が大きな問題である。

これは，裁判官による量刑の判断枠組みに関する評議冒頭の説明が不十分であったことや，その後の評議においても，相対評価の視点を裁判員に適切に提示できていないことが原因と考えられる。裁判官としては，犯情の重さの評価は相対評価を行うことであることを裁判員に丁寧に説明し，十分な理解を得るとともに，殺人未遂事件の犯行態様にはどのようなものがあるかを裁判員と一緒になって考えたり，量刑検索システムの事例一覧表から行為態様の部分をピックアップして示したりして，相対評価の視点を裁判体が共有できるように評議を進行すべきであった。

---

[261] ただし，模擬事例Ⅳに関しては，法廷で見た被害者の顔の傷跡が裁判員に強烈な印象を与えているようであり，証拠整理による対応には限界があったといえる。

(3) 犯行前後の事情

　　ヒアリング等では，犯罪行為そのものではないが，犯行前後にインパクトのある事情が存在する事案では，当該事情の量刑上の位置付けを踏まえて評価するのが難しいことがあるとの意見が述べられた。

　　まず，犯行後にインパクトのある事情が存在する場合，そのような事情は，法益侵害に向けられたものではないので，基本的には犯情に結び付くものではないと考えられる。ただし，被告人が当初から犯行後の行動を企てた上で犯行に及んだような場合，例えば，殺人事件で，当初から死体を損壊して罪証隠滅を図ることを計画し，実際計画どおりに被害者を殺害して死体を損壊したような場合には，犯行の計画性の高さや殺意の強さが推知されるため，法益侵害の危険性を高めたり，法益を軽視した度合いが大きく意思決定への非難の程度を強めたりする事情になるといえる。このような場合，量刑の本質の観点からの犯行との関連性（以下「犯行との関連性」という。）が肯定できるので，犯情として考慮できることになる[262]。しかし，そのような関連性が認められない限り，このような事情はせいぜい特別予防の観点から考慮できるにとどまる[263][264]し，量刑上考慮に値しないということもあり得るであろう。

　　一方，犯行前の事情の場合は，犯行に至る経緯[265]や動機のように犯情に結び付くものが多いと思われるが，犯行後の事情と同様，犯行との関連性を意識した議論を行う必要がある。例えば，母親である被告人が幼い自分の子に暴行を加えて死亡させた傷害致死の事案で，被告人が普段から不倫相手とホテルで密会していたことは，倫理的に許されないとしても，それが犯行動機と関連していると認定できて初めて犯情として考慮できる。

　　総論でも言及したとおり，裁判官は，量刑評議の中で個々の量刑事情の評価を行う際には，裁判員に対し，当該事情が犯情と一般情状のいずれに当たるかを考える必要がある旨説明すべきところ，犯行前後の事情が量刑評価の対象となる場合には，

---

[262] 量刑司法研究65頁＊55参照。
　　なお，ヒアリング等では，長期間にわたり逃亡生活を送ったことなども，裁判員には量刑を大きく左右するものと考えられやすいという意見が述べられていた。
[263] 最大判昭和23年10月6日刑集2巻11号1275頁，最二小判昭和58年7月8日刑集37巻6号609頁参照。
[264] なお，行為後の事情が，別罪（例えば，死体損壊罪や名誉毀損罪など）を構成するにもかかわらず，これに対する起訴がない場合には，それらの事情を重く考慮することは余罪処罰という観点からも問題がある。
[265] 量刑司法研究46頁は，「「犯行に至る経緯」については，飽くまで被告人の当該犯罪行為の意思決定に対し，どのように，あるいはどの程度影響したかという観点から考慮されるべきであり，したがって，犯罪行為の意思決定に密接に関連するものに集中して主張・立証される必要がある」，「法益侵害に向けられた意思決定に影響しないような単なる事実経過や，道徳的・倫理的観点からの被告人の芳しくない生活状況それ自体などといった事情は，量刑判断において特段被告人の不利に考慮されるべきものではない」と指摘している。

裁判体として，それが起訴された犯罪事実そのものではないことの共通認識を持ちつつ議論を進めていく必要がある[266]。また，犯行前後の事情については，犯行との関連性を評議してみないとその位置付けが定まらないものもあり，その場合，裁判官は，評議の結果犯行との関連性が認められた場合に限り犯情として扱うことができる旨を裁判員に分かりやすく説明しなければならない。そして，評議の結果犯行前後の事情の位置付けが定まったならば，裁判官と裁判員は，その位置付けに従って当該事情を量刑上どの程度考慮すべきかを対等な立場で議論することになる[267]。

前述したような評議の問題が生じる原因としては，裁判官によるこうした判断枠組みの説明が不十分であった可能性が考えられるが，その前提として，裁判官の間で，上記判断枠組みについて認識が共有されていなかった可能性も指摘できよう。また，犯行前後の事情がなぜ刑を重くする方向，あるいは軽くする方向で考慮し得る事情となるのかは，まずは当事者が説明すべき事柄である[268]。

＜模擬事例Ⅳの検討＞

模擬事例Ⅳでは，被告人が，犯行後に，被害者の血まみれの写真を撮影してSNSにアップした上で，「ざまあみろ」などと書き込みをしているという事情がある。この事情をどのような位置付けで考慮したのかは，判決書の記載からは必ずしも明らかではない。「理解し難いことで，一般常識に照らし，人としての倫理観が欠落している」という記載からは，一般情状として扱っているようにも読めるが，評議の中では，行為責任について議論している際に検討がされていることからすると，犯情として検討

---

[266] ヒアリング等では，量刑評議の冒頭に行った量刑判断の枠組みの説明に立ち返り，行為責任とは「犯罪行為」の責任であることを確認するのが有効であるとの意見が述べられた。

[267] 仮に犯行前後の事情が一般情状としか解されないのに，そのインパクトの強さゆえに裁判員から過度に重視する意見が出された場合には，裁判官は，当該事情を犯情と同じように扱うことはできない旨を丁寧に説明する必要がある。

なお，ヒアリング等では，評議の進行を，①犯情を議論している段階と，②一般情状を議論している段階とで明確に分けて行うことが重要であるとの意見が述べられ，そのために，①と②の議論の間に意図的に休憩時間を挟む進行にしたり，議論の際に①と②で別のホワイトボードを使うことで異なる事項を議論していることが目で見て分かるようにしたりするといった工夫が紹介された。犯情と一般情状の議論を混同しないための方策として参考になると思われる。また，同種事案の量刑傾向における本件の相対的な位置付け（責任刑の幅）は犯情に関わる要素のみを基礎として議論・検討し，一般情状は，犯情に基づいて決定された責任刑の中での調整要素として扱うこと（本報告書第5の2(1)ウ（133頁）参照）も同様に有益であろう。

[268] 裁判官は，公判前整理手続の段階で，当事者が量刑上重視する事情として犯行前後の事情を主張・立証することが明らかになった場合には，それがどのような意味合いを持つのかを，釈明を求めて明らかにさせるべきであり，インパクトの強い事情が主張されながら，その意味合いについて合理的な説明がないのであれば，当該事情は，量刑判断の上で意味を持たないだけでなく，裁判体の判断を誤らせる危険もあるから，関連する証拠の請求を必要性なしとして却下することもあり得るであろう。これらの点にヒアリング等で異論はなかった。

された可能性も否定できない。ＳＮＳにアップされた写真自体は取り調べられていないものの，こうした非常にインパクトが強い犯行後の事情は，位置付けに見合った限度を越えて過剰に評価される可能性が高く，そのことは評議に臨むに当たり容易に想定できよう。にもかかわらず，評議の中で，裁判官は，被害者の写真をＳＮＳにアップしたことが犯罪行為といえるかという視点を示したのみで，当該事情の量刑上の位置付け等について十分に説明をしていない。また，写真撮影行為そのものの量刑上の位置付けについては，議論の対象としていない。

　裁判官としては，評議を始めるに当たり，行為責任の原則とともに，犯行後の事情の位置付け，すなわち，それが起訴された事実そのものではなく，犯行との関連性が肯定されない限り犯情としては扱えない旨を説明し，これに沿った評議の進行を図るべきであった。

　また，裁判官は，公判前整理手続の段階で，検察官において，被告人が被害者の血まみれの写真を撮影してＳＮＳにアップしたことを量刑事情として主張することが明らかになった時点で，その量刑上の位置付け（犯行後の無反省な態度等）や量刑判断にどの程度影響する事柄なのかについて釈明を求める必要があったと思われる。

(4) 精神障害の犯行に対する影響

　ヒアリング等では，多くの裁判官から，精神障害が犯行に影響を与えている事案では，精神障害があるから刑を軽くするというのは納得できないとの素朴な意見が裁判員から出されることが多いとか，精神障害が量刑判断に当たって考慮され得る根拠を裁判員に説明しても共感が得られにくく，精神障害の治療が難しい場合には再犯のおそれに目が向きがちであるといった実情が紹介された[269]。

　こうした問題事象の原因の一つとしてヒアリング等でも指摘されたのは，裁判官が行為責任の原則を裁判員に説明する際，「行為態様」「結果」「動機」が犯情に当たるといった定型的な説明を行っている場合には，精神障害の影響により責任能力が低下している事情が犯情として考慮され得るとの説明が抜け落ちる可能性があるという点である。量刑の基本的な考え方の説明は，当該事案に即した説明の方法を工夫すべきであり[270]，画一的な説明は時として不適切な場合すらある。

　また，ヒアリング等で指摘されたより根本的な原因は，責任主義の考え方が裁判体に共有されていない点である。被告人の責任能力が争われる場合，裁判官は，裁判員に対し，心神喪失・心神耗弱の概念や，責任主義の考え方を丁寧に説明するとともに，当事者とも公判前整理手続で議論し，公判廷で証言する（鑑定結果を報告する）精神科医ともカンファレンスを行うなど，手厚い準備をした上で公判審理や

---

[269] 研究員の実感でも，精神障害の影響が主張される事案は近年特に増加しているように思われ，この点は量刑司法研究の後に顕在化してきた課題といえよう。
[270] 本報告書第1の2(2)（3頁），量刑司法研究16頁ないし18頁参照。

評議に臨むことが一般的であろう。他方で，責任能力に争いがない場合には，犯行に精神障害の影響があることは量刑事情の一つとして主張されるにすぎないため，争点整理や証拠調べの方法等についての検討が不足しがちになるように思われる。さらに，責任主義の考え方を裁判員にきちんと説明せずに評議に入ってしまうと，証拠調べの方法等の検討不足も相まって，精神障害の位置付けを正しく踏まえないまま議論が進んでしまうおそれがある。

　精神障害の影響により事理弁識能力又は行動制御能力が低下していた場合には，その程度が心神耗弱にまで至っていなかったとしても，責任非難の程度が弱まり，刑を軽くする方向で考慮し得る事情，すなわち犯情となり得る。これは刑法の解釈から導かれる責任主義に基づくものである。一方で，再犯可能性の有無の量刑上の位置付けは，あくまで一般情状にとどまるものであるから，これを過度に評価することは行為責任の原則とは相容れないものである。以上は裁判官の説明事項に当たる。

　したがって，裁判官は，責任能力が争われない事案であっても，精神障害の犯行への影響が量刑上問題となる場合には，評議をする前提として，裁判員に責任主義の考え方をきちんと説明するなどして[271]，腑に落ちて理解をしてもらう必要があるであろう[272]。ヒアリング等でも同様の意見が述べられ，異論はなかった[273]。そして，精神障害の量刑上の根拠について裁判員の共感が得られにくいという評議の実情を踏まえると，責任主義の説明の際には，総論でも言及したように，裁判官が説明の引き出しを多く持ち，事案や裁判員の個性に応じて柔軟に説明を行っていく姿勢が求められるといえよう[274]。

　証拠調べの工夫に関して，ヒアリング等では，責任能力が争われている場合と同様に，公判前整理手続において，精神科医とカンファレンスを行って問題意識を共有するとともに，証言して欲しい事項や分かりやすい証言の方法を調整するなどし

---

[271] ヒアリング等では，裁判員への説明方法についても，裁判官の間で認識の共有化を図っておく必要があるとの意見が述べられた。

[272] 具体的な説明例については，本報告書第4の3（92頁以下）を参照されたい。

[273] ヒアリング等では，責任能力が低下していることが刑を軽くする方向で考慮し得る事情として扱われることの具体的なイメージを裁判員に持ってもらうために，完全責任能力と心神耗弱のそれぞれの量刑グラフの違いをみてもらった上で，心神耗弱に至らない場合でも責任非難の程度が軽くなれば量刑に反映されるべきであることを説明する方法などが紹介された。

[274] ヒアリング等では，公判前整理手続の段階で，弁護人が精神障害の影響を量刑事情として主張・立証することが明らかになった場合には，裁判官は，弁護人に対し，それがいかなる理由で刑を軽くする方向で考慮し得る事情となるのか（精神障害がどのように犯行時の事理弁識能力や行動制御能力を低下させたのか）について釈明を求めることが必要であり，その上で，なぜそのような事情が刑を軽くすることにつながるのかについて公判審理で分かりやすく説明するよう求めるべきであるとの意見が述べられ，異論がなかった。本報告書注179（92頁）参照。

た上で審理に臨んでいるという例[275]や，公判廷で精神科医の尋問を行う場合，いわゆるプレゼンテーション方式で行っているという例などが紹介された[276]が，参考になろう。

<模擬事例Ⅳの検討>
　模擬事例Ⅳの公判審理では，被告人の精神障害の犯行への影響の有無・程度を判断するため，鑑定医の証人尋問が行われている。評議における裁判員の発言を見ると，被告人に妄想性障害という精神障害があり，実際に妄想を抱え，本件当日もそのために苛立ちを強めていたことなど，鑑定医の証言内容は一応理解されているようである。しかし，妄想性障害の影響があることが刑を軽くする方向で考慮し得る事情となることに対しては強い異論が出されており，評議の結果である判決書においても，妄想性障害の影響を量刑上有利に考慮するのは相当でなく，妄想性障害の治癒の見込みは立っていないことなどからすると，再び同様の犯行を行うことが強く懸念されると記載されている。
　精神障害の影響をこのように捉えたことは，責任主義や行為責任の原則に照らし，量刑上の位置付けを誤ったものといわざるを得ない。裁判官は，評議を開始するに当たり，責任能力が低下していることが刑を軽くする事情となり得ることや，再犯可能性の考慮の在り方について，裁判員に丁寧に説明し，十分な理解を得ておかなければならなかったと思われる。
　精神障害の存在がなぜ刑を軽くする方向で考慮し得る事情となるかについては，本来は弁論等で説明されるべき事柄である。模擬事例Ⅳの弁論で，弁護人は，被告人が被害妄想の影響によりストレスをためてイライラ感を募らせたことについて，被告人にはどうしようもないことで，普通の人のように非難することはできないと主張しているが，裁判員の共感は得られておらず，より踏み込んだ説明が必要であった。裁判官としても，公判前整理手続の中で，弁護人に対し，なぜ精神障害の存在が刑を軽くすることにつながるのかについて，公判審理で分かりやすく説明するよう求めておくのが相当であった。

(5) **被害者に関する事情**
　ア　**被害者・遺族の被害感情**
　　　ヒアリング等では，被害者・遺族の被害感情は，その量刑上の根拠をどのよう

---

[275] もっとも，ヒアリング等では，例えば，弁護人が，専ら被告人の今後の治療態勢などを立証するために被告人の主治医を証人尋問請求するような場合にまでカンファレンスを行う必要はないのではないかという意見も述べられた。

[276] 同様に，ヒアリング等では，弁護人が今後の治療態勢を立証するために主治医を証人尋問請求するような場合は，プレゼンテーション方式ではなく，弁護人の主尋問から始まる交互尋問方式の方がむしろ分かりやすいという意見も述べられた。

に捉えるかという問題がある上，これに審理で触れた場合，大きく感情を揺さぶられ，冷静に判断することが難しくなることがあるとの意見が述べられた。

　量刑司法研究では，被害者・遺族の被害感情には，①犯行により被害者側に直接生じた精神的ダメージ（例えば，ＰＴＳＤ等），②被告人に対する処罰感情・科刑意見の２つがあるところ，①はいわゆる構成要件外の結果の一つとして犯情事実に含まれると考えられるとしつつ，②については，犯罪の結果ではなく一般情状事実に含まれると解する見解や，被害者側に生じた客観的な影響ひいては行為の危険性や結果の重大性の現れとして位置付ける見解が紹介されている[277]。ヒアリング等では前者の見解を支持する裁判官が比較的多かったが，後者の見解を支持する裁判官も少なくなかった。一方，処罰感情・科刑意見を犯情として扱うという裁判官は見られなかった。

　被害感情に関する評議が難しい要因として，まず，被害感情の位置付けについての裁判官の説明が不十分である可能性が考えられる。その背景としては，上記のとおり被害感情の量刑上の根拠について定説が存在しないことが指摘できるように思われる。まずは，裁判官の間で合議を行い[278]，被害感情の量刑上の根拠やその位置付けに関して認識を共有した上で，これに従い裁判員に説明を行うべきである。そして，仮に裁判体が被害感情を犯情と一般情状に分けて考える立場に立つのであれば，犯行により被害者に直接生じた精神的ダメージが話題となった場合には犯情として扱い，被害者の処罰感情・科刑意見が話題となった場合には一般情状として扱うといった評議の具体的な進行についても認識を共有しておくことが重要である。

　以上のような理論的な課題のほか，実際に評議を行うに当たってのあい路も存する。

　すなわち，被害感情について上記のような整理ができたとしても，被害者の精神的ダメージと被告人に対する処罰感情とは混然一体で示されることが多い[279]上，これに関する裁判員の意見も両者が混然一体とした形で述べられることが想定されるから，犯情か一般情状かを振り分けて分析的な議論を行うことは容易ではない。また，被害者が法廷で峻烈な被害感情を表明するのは当然のことであるが，そのような場合には，裁判員が過度に感情を揺さぶられ，冷静な判断が困難

---

[277] 量刑司法研究57頁，58頁。被害者の具体的な科刑意見については，検察官の求刑と同様，量刑に当たっての参考の一つになるとされる。なお，原田國男「量刑をめぐる諸問題」72頁によれば，「犯行時の被害感情は構成要件外の結果として犯情に含まれるが，犯行後の被害感情や遺族の被害感情は一般情状であって，量刑の大枠を決定する際には考慮すべきでない」とされている。

[278] 被害感情のように量刑判断に当たっての位置付けが裁判官の間でも見解が分かれるような事情については，事前に裁判官の間で合議をしておくべき必要性は高いであろう。

[279] 量刑司法研究11頁＊６にも，「精神的打撃の大小と処罰感情（処罰意見）とは密接不可分のところがあり，必ずしも截然と区別できるわけではない」との指摘がある。

になる結果，他の重要な量刑要素が霞んでしまい，処罰感情・科刑意見ばかりが強調された意見が出される可能性がある。ヒアリング等でもこうした実情が紹介された。

　仮に被害感情を犯情と一般情状に分けて考える立場を前提とすると，裁判官は，混然一体と示される被害感情について，犯情に相当する部分と一般情状に相当する部分を振り分けて議論の対象を適切に提示する必要があるし，裁判員からの意見についても，その趣旨を正しく理解した上で，犯情と一般情状の区別を踏まえた議論となるよう整理しながら評議を進める必要があろう[280]。ヒアリング等では，上記のような整理をしながら評議を進めた例が紹介されたが，これに対して，被害感情を犯情と一般情状に分けて考えたとしても，性犯罪や殺人事件などの被害者（遺族）は，犯罪によって極めて大きな精神的ダメージを受けるのが通常であるから，そのような精神的ダメージは（殺人罪における人一人が死亡した結果と同じように）当該犯罪に当然に包摂されていると考えるべきではないかとの見解も述べられた。

　どのような見解に立つにせよ，裁判官は，評議において，被害感情それ自体のみならず，被害者がそのような被害感情を抱くに至った客観的な事情（被害の大きさが原因か，犯行後の事情に由来するのかといったことなど）にも着目して，裁判体が冷静な議論を行うことができるような進行を心がける必要があろう。

　評議において被害感情を適切に評価することが困難になる場合があることに関し，ヒアリング等では，裁判は，理性に基づいて行うもので，被害者の復讐のために行うものではないことを説明すること，被害感情が強い場合とそうでない場合，あるいは，遺族がいる人とそうでない人で刑の重さを変えるのであれば，その根拠についてはどう考えるべきかなどと問いかけ，議論の視点を示すことが有効であるといった意見が述べられた[281]。裁判官は，裁判員の意見の意味するところをよく考えて評議を進めるべきである。

　被害感情により感情が大きく揺さぶられ，冷静な判断が困難になるのは，公判審理における証拠調べの方法に原因がある可能性もある。裁判官としては，被害感情が強いと考えられる事案では，公判前整理手続の段階で当事者と議論し，被害者の感情に十分に配慮しつつも，被害感情に関する証拠調べが過度に感情を揺さぶるような方法（例えば，殺人事件で，遺族が峻烈な被害感情を述べるのは当

---

[280] もっとも，その振り分けや整理は容易ではない。例えば，模擬事例Ⅳのように「被告人を死刑にして欲しい」と被害者が述べたとすると，それは形式的には科刑意見ではあるが，被告人をできる限り厳罰に処してほしいという処罰感情の表明とも見られるし，犯罪行為により生じた結果の重大性の表れと見ることもできる。同様の意味で，裁判員の「被害者の死刑にして欲しいという気持ちを尊重したい」という発言についても，その趣旨は幾通りにも解釈が可能である。

[281] さらに，ヒアリング等では，議論の対象が，「被害の大きさ」なのか「処罰感情の強さ」なのかは意識して区別して議論するようにしているという例も紹介された。

然のことであるが，被害者の生前写真を多く引用しながら，罪体の証拠調べに比して長時間にわたり被害感情を訴えるような審理はそれに当たる可能性があろう。）にならないよう働きかけをしておく必要があろう。ヒアリング等でも同旨の意見が述べられ，異論はなかった。

> **＜模擬事例Ⅳの検討＞**
>
> 　模擬事例Ⅳの評議では，被害者の心情に強く共感する裁判員の発言に対して，裁判官から「同じような事件で，被害感情が強い場合とそうでない場合で極端に刑を変えてもいいのでしょうか」と議論の視点が示されたが，その後も，被害者やその家族に同情する裁判員の意見が相次いでいる。判決書を見ても，被害者の被害感情について相当の分量が割かれている。
> 　被害者の心情に共感することは重要なことであるが，本件では，被害者の被害感情が，その量刑上の根拠や位置付けが十分に整理されないまま扱われた可能性があると考えられる。
> 　裁判官は，評議の際に，被害感情の量刑上の根拠やその位置付けについて，裁判員に明確に説明しておくべきであった。その前提として，裁判官の間で事前に合議を行うなどして被害感情の量刑上の根拠等について認識を共有し，具体的な評議の進め方も検討しておく必要があった。
> 　その上で，裁判官は，被害感情が量刑上の位置付けに即した形で議論されるよう，量刑の本質論からの視点を示すなどして評議に関わるべきであった。評議の中で，裁判員から，被害者の科刑意見を重視した厳しい量刑意見が述べられた場合には，その量刑意見が何を重視しているのかについてよく議論し，量刑の公平性の観点を踏まえた被害感情の取り上げ方についても丁寧な説明を試みるべきであった。それと同時に，被害者がそうした科刑意見を述べるに至った客観的な事情にも着目して，裁判体が冷静な議論を行うことができるような評議の進行を心がける必要があった。

　イ　**被害弁償・示談**

　　ヒアリング等では，被害弁償・示談について，裁判員から，「被害弁償は支払うのが当たり前なので，刑を軽くする事情とするのは納得できない」とか，「お金がある人は刑を買うことができるのか」といった意見が出されることがあるとの実情が紹介された。また，被害弁償・示談を量刑上有利に考慮する根拠をどのように考えるかは難しいという意見も述べられた。

　　被害弁償・示談は，一般的には，刑を軽くする方向で考慮することができる事情と考えられる。その理由をどのように考えるかについては，事後的な違法性減少，責任減少，特別予防の必要性の減少，さらには刑事政策的な見地など，様々

な立場があり，必ずしも一致した見解があるわけではないとされる[282]。ただし，金銭賠償という性質上，窃盗のような財産犯と殺人，強制性交等のような生命・身体犯とでは，被害弁償・示談の重みは異なると考えられる。この点，ヒアリング等では，強盗致傷罪の事案の中でも，傷害が重く財産的被害が少ない事案と，傷害は軽く財産的被害が多い事案では，被害弁償の持つ重みが違ってくるとの意見が述べられた。

　被害弁償・示談の量刑上の根拠やその位置付けは説明事項に当たるから，裁判官は，どのような見解に立つにしても，これらが刑を軽くすることができる事情であることやその理由を裁判員に説明しなければならない。裁判官の間で事前に合議をするなどして認識を共有しておく必要もあろう。

　この点，ヒアリング等では，「弁償をした人と，弁償を何もしていない人とで，刑が同じでよいでしょうか。反省の程度は違わないでしょうか。」「被害回復がされた事案とそうでない事案で同じでよいのでしょうか」といった問いかけをすることで相対的な視点を提示しているという例[283]や，刑を軽くする方向で考慮し得る事情とすることで被害弁償を促進する刑事政策的効果があると説明している例も紹介された。また，被害弁償・示談を量刑上どの程度考慮すべきかを検討する際には，当該事案が被害弁償になじむものかといった点や，被害弁償の額，出捐者などの諸事情を踏まえて，被告人がどの程度誠意を示して反省しているか，被害がどの程度回復されているかという2つの観点から議論しているという例が紹介された。いずれも実践的な工夫例として参考になると思われる[284]。

ウ　被害感情の宥和

　ヒアリング等では，被害感情の宥和（宥恕を含む。以下同様。）がなぜ刑を軽くする方向で考慮し得る事情となるのかを裁判員に理解してもらうのが難しい場合があるとの実情が紹介された。これは，裁判官がその理由を十分に説明することができていない点に原因があると思われるが，その説明は必ずしも容易ではない。

　被害感情の宥和は，被害者が厳しい刑を望まないということであり，処罰感情の一種と捉えることができるので，一般情状として扱うことが考えられる[285]。量

---

[282] 量刑司法研究61頁，62頁。なお，横田信之「被害者と量刑」大阪刑事実務研究会編『量刑実務大系　第2巻　犯情等に関する諸問題』50頁以下参照。

[283] 本報告書第1の2(3)（4頁）で言及したように，説明事項であるからといって常に裁判官が一方的に説明しなければならないものではなく，裁判官が視点を提示し，裁判体で議論を行う中で裁判員が説明事項を理解するという手法にも十分な合理性がある。

[284] ヒアリング等では，被害弁償・示談がなぜ刑を軽くする方向で考慮し得る事情となるのかは，まずは弁護人が公判審理において説明すべき事柄であり，そのような説明があれば，裁判体も直ちに評議に入ることができるはずであるとの意見が述べられ，異論はなかった。

[285] もっとも，被害感情の法的な位置付けには様々な見解があることは前述のとおりである。

刑司法研究では，被害感情の宥和を量刑上有利に考慮することについて一般予防，特別予防の観点から説明することは困難であり，刑事政策的な観点から考慮することができるとされている[286]。

被害感情の宥和の量刑上の位置付けや根拠は裁判官の説明事項であり，裁判官は，被害感情の宥和が刑を軽くする方向で考慮し得る事情であることやその理由を裁判員に説明しなければならない[287]。その際，裁判官は，被害感情の宥和の事実だけでなく，そこに至った客観的な事情にも着目して議論が行われるように評議を進行し，その結果を量刑に反映させていくべきである。

ヒアリング等でも，事案に応じて，例えば，被害感情が宥和する程度の「犯行態様の悪質さ」あるいは「結果の重大さ」だった，又は，被害感情が宥和するほどの「被害回復の高さ」あるいは「被告人の反省の程度の高さ」だったという視点を裁判官が提示して議論する方法が紹介されたが，参考になろう。

(6) 前科
ア 最高裁決定等における前科の考慮の在り方と実務の扱い

ヒアリング等では，前科については，犯情か一般情状かという量刑上の位置付けを的確に踏まえて評価するのは容易でない上，前科それ自体が過度に重視される傾向があるといった意見が述べられた。

最二小決平成27年2月3日刑集69巻1号1頁の法廷意見は，量刑評議における前科の考慮の在り方につき，「有期懲役の前科があってその服役後に再度の犯行に及んだ場合の，再度の犯行に対する非難の程度については，前科と再度の犯行との関連，再度の犯行に至った経緯等を具体的に考察して，個別に判断せざるを得ないものというべきである。」と判示している[288]。

また，量刑司法研究は，上記最高裁決定と同様に，前科の犯罪事実と再犯の犯罪事実との関連性・類似性を問題としつつ，「特に，殺人罪や強盗殺人罪の重罪で服役し，服役を終了した後，あるいは仮釈放中に再度同様の犯罪を起こした場合などが典型であるが，刑法の目的である法益保護という見地からは，後者の犯罪行為が法益をないがしろにし，軽視した度合いは大きいとして，より重い非難に値するということができよう。こうした場合は，前科の存在は被告人の刑事責

---

[286] 量刑司法研究60頁。
[287] 被害弁償・示談と同様に，被害感情の宥和がなぜ刑を軽くする方向で考慮し得る事情となるのかも，まずは弁護人が公判審理において説明すべき事柄といえよう。ヒアリング等では，裁判員から「宥恕」とはどのような意味か分からないと質問されることが多いという実情が紹介された。裁判員裁判に携わる法曹三者には，難しい用語を避け，裁判員に分かりやすい主張・立証を心がけることが求められる。
[288] 千葉勝美裁判官の補足意見も，「前科については，前科の内容，再度の犯行との時間的な間隔の長さや犯行内容における関連性等が様々であり，それが刑を重くする要素になるか否か，どの程度重くする要素なのかは，これらの諸事情を慎重に検討する必要がある。」と説示している。

任を加重するものであり，犯情として考慮されるということになる」[289]旨の整理をしている。この整理に従うと，前科が犯情に当たるのは，同種の前科で，比較的最近服役したような場合，典型的には同種累犯前科ということになるように思われる。

ヒアリング等では，同種累犯前科のみならず，比較的新しい執行猶予付きの同種前科であっても犯情として扱っているという意見が多く述べられた[290]。ただし，古い前科[291]については，同種前科であっても考慮しないという意見や，殺人などの重大な罪の場合には一定程度考慮するという意見が出された。

これに対し，前科を犯情と一般情状に振り分けることなく，前科をどの程度重視するかは，事案と前科の内容に応じて議論しているという意見も有力に主張された。この意見は，前科について犯情と一般情状のどちらに当たるかを二分的に考える必要はなく，そもそも犯情に位置付けられる前科と一般情状にとどまる前科が明確に区別できるわけではないという考えによるものである。

前科には様々なものがあり，犯情と一般情状のいずれに当たるかを一般的に区別するのは困難であろう。上記最高裁決定が指摘するように，今回の犯罪行為に対する非難や被告人の更生可能性の点に前科がどのように結び付くかという観点から具体的で実質的な考察を行うべきであり，評議の際には，前科と今回の犯行の類似性や，前科から今回の犯行までの期間といった視点から検討を行い，前科があるにもかかわらず今回の犯行に及んだことが，どのような意味で，また，どの程度の重さで，非難可能性等を高めることになるかを議論していくことが重要である[292][293]。

イ　前科がない場合

ヒアリング等では，多くの裁判官が，裁判員から「前科がないことは普通のことなので，前科がないことが刑を軽くする方向で考慮し得る事情になるのは納得できない」といった意見や感想を述べられたことがあるとの実情が紹介された。

この点に関しては，前科がないことは，それ自体が直ちに刑を軽くする方向で考慮し得る事情となるわけではなく，前科があることと比較して特別予防の観点

---

[289] 量刑司法研究67頁ないし69頁。

[290] ヒアリング等では，累犯前科であっても，同種前科でない場合は，一般情状として扱っているという意見が大半であった。

[291] ヒアリング等において，刑法34条の2第1項（刑の消滅）の規定を参考に，量刑上重視すべきか否かの基準として，10年を一つの目途に考えることの当否を尋ねてみたところ，考えられる説明であるとする意見があった一方で，10年以上前の前科は一律に考慮できないと説明することはミスリードになるという意見もあった。

[292] もっとも，前科と今回の犯罪行為との関連性を議論するといっても，前科に係る判決の内容を詳細に主張・立証させて，今回の犯罪行為と事細かに比較していくような評議は適切でない。

[293] ヒアリング等では，前科に係る執行猶予期間中の犯行である場合，執行猶予取消しによる服役は一般情状として考慮するという意見が多かった。

から有利に扱われるべきではないかという議論と考えられる。裁判官は，相対的な視点を提示し，前科がないことを量刑にどう反映させるべきかを裁判員と議論していくべきである。

ヒアリング等では，評議の際に，同じ犯罪類型の量刑グラフの「前科あり」と「前科なし」のグラフを対比することで相対的な視点を共有しているという扱いが多く紹介された。また，前科がない人の方が，初めて刑事司法の手続に乗ったことで更生する可能性が高まるため，再犯のおそれが小さいといえるのではないかという視点を提示して議論しているという例も紹介されたが，参考になると思われる。

以上の前提として，前科がないことがなぜ刑を軽くする方向で考慮し得る事情となるのかは，まずは公判審理の際に弁護人が説明すべき事柄といえる。ヒアリング等でも，多くの裁判官から，被告人に有利な事情として，単に「前科がないこと」と主張するのみでは，裁判員の共感を得るのは難しいという意見が述べられていた。

4 刑の数量化のプロセスの困難性について
(1) ヒアリング等からみた問題状況

ヒアリング等では，刑の数量化のプロセスの困難性に関して，①裁判員が量刑グラフを意識して刑の数量化の議論を行うのは，それ自体困難を伴う作業である，②量刑グラフを用いて量刑傾向を把握することができたとしても，量刑傾向の中での相対評価に困難を伴う事案もある，③併合罪の事案や，量刑検索システムを用いても有意な量刑グラフを示せない事案などでは，そもそも当該事案が属する社会的類型の量刑傾向を把握すること自体が困難な場合がある，といった意見が述べられた。

量刑判断が適正なものとなるためには，個々の量刑事情の適切な評価を前提として，刑の数量化の議論が量刑の本質論に即して適切に行われる必要がある。しかし，この議論は裁判官にとっても難易度が高く，裁判員との刑の数量化の議論に裁判官が適切に関与していくことは不可欠である。

(2) 刑の数量化のための相対評価の在り方
ア 裁判員にとっての刑の数量化の議論の困難性

ヒアリング等では，個々の量刑事情の評価の議論では活発に意見を述べていた裁判員が，刑の数量化の議論になると途端に口が重くなることがあるとか，裁判員に量刑の考え方を丁寧に説明したつもりでも，裁判員が量刑グラフを意識せず，量刑傾向からかけ離れた量刑意見を述べることがあるといった実情が紹介された。

こうした事態が生じるのは，裁判官が，裁判員に対し，行為責任の原則を中核とする量刑の基本的な判断枠組みや，量刑評議の際に量刑資料として用いられる量刑グラフが持つ意味合い等を十分に説明することができておらず，裁判員が刑の数量化のプロセスの具体的なイメージを持つことができていないことが原因で

あると思われる。

　刑の数量化の議論は，抽象度が高い上，相対的な視点も必要であり，刑事裁判の知識・経験がない裁判員にとって難しいものであることは当然といえる。裁判官は，評議に臨むに当たり，刑の数量化のプロセスに関し，裁判員の十分な理解が得られるような説明方法や，具体的な評議の進め方等を検討し，裁判官の間で共通認識を持っておく必要があろう。

イ　刑の数量化の意識と量刑グラフ

　ヒアリング等では，多くの裁判官から，裁判員に刑の数量化の意識を持ってもらうための方法として，量刑評議の早い段階（例えば，量刑評議の冒頭で量刑の基本的な判断枠組みを説明する際など）で量刑グラフを示し，刑の数量を決めるためのツールとして量刑グラフが重要であることを当初から意識してもらうことが有効であるとの意見が述べられた。そして，この段階で量刑グラフを示す方法としては，様々な社会的類型のグラフを示して見比べる方法や，量刑評議の際に用いる量刑グラフについて当事者との間でコンセンサスが得られているような場合には，そのグラフを示す方法などが紹介された[294][295]。

　また，ヒアリング等では，量刑グラフを裁判員に示す際の具体的な説明として，刑の年数を決めるための参考資料であり，これに拘束されるものではないが，同種事案の大まかな量刑傾向を示すものであって，それとの公平を図る必要があること，これまでの量刑傾向を踏み出す量刑判断をする場合には，そうした判断が許されるだけの合理的な理由を示さなければならないことなどを説明しているという例が紹介された。

　量刑評議の早い段階で量刑グラフを示し，その意味合いや評議の中でどのようなものとして扱うべきものなのかを丁寧に説明することは，裁判員に刑の数量化の具体的なイメージを持ってもらうための有効な方法であるといえよう。前述したとおり（２の(1)），責任刑の範囲を絞る作業をする前提として，当該事案が属する社会的類型の大まかな量刑傾向を把握する必要があることから考えても，量刑評議の早い段階で，上記社会的類型の量刑傾向を示す量刑グラフが裁判体の共通認識とされるべきである。

　さらに，ヒアリング等では，当事者との間で量刑グラフのコンセンサスが得ら

---

[294] 前者の方法は，同じ構成要件でも社会的類型が異なれば実際の量刑傾向も異なることを示すことで，社会的類型における量刑傾向を議論する意味合いや，具体的な刑の年数を議論するために量刑グラフがあることを理解してもらう上で有効な方法である。後者の方法も，当該事案で刑の年数を議論する際に実際に用いる量刑グラフを早期に示すことで，刑の数量化のイメージを具体的に持ってもらうために有効な方法である。

[295] もっとも，量刑評議の早い段階で量刑グラフを示す場合には，裁判員に判断の自由がないとの誤った印象を与えないよう，その位置付けを説明するとともに，個々の量刑事情の捉え方や当該事案の悪質性の評価に裁判員の視点・感覚が反映されることを分かりやすく伝える必要があろう。

れている場合には，そのグラフを用いて論告・弁論を行ってもらうことが，裁判員に刑の数量化の意識を持ってもらうという観点からも有効であるとの意見が述べられ[296]，異論はなかった。

ウ 刑の数量化の方法

(ア) 相対評価[297]の難しさ

ヒアリング等において，犯罪行為の重さを相対評価する際の議論の方法について尋ねたところ，いくつかの方法が紹介されたが，裁判官が裁判員と相対評価の視点を共有しながら議論を進めることの難しさがうかがわれた。また，相対評価自体の問題として，例えば，強盗致傷事件で，態様が非常に悪質であるのに財産的被害がなく傷害の程度も軽微である場合や，被害金額は少額であったが傷害の程度が重い場合のように，犯情の一部が軽い部類に位置付けられ，別の犯情が重い部類に位置付けられるような事案では，相対評価が難しいという意見も述べられた。

相対評価が適切に行われるためには，量刑評議において，裁判官が，裁判員に対し，刑の数量化のプロセスについて具体的な説明を行い，相対評価が可能となるような論理的で分かりやすい議論を進める必要がある。その際には，当該事案の犯罪行為の重さの評価に当たって重視すべきポイントについて，裁判体の中で認識が共有されていなければならない。

(イ) 犯罪行為の重さを評価する基本的な方法

先に引用した量刑司法研究でも言及されているとおり[298]，犯罪行為そのものの重さとは，①処罰の根拠となる処罰対象そのものの要素（行為の客観的な重さ）と，②当該行為の意思決定への非難の程度に影響する要素からなるものと考えられる。そのことからすると，犯罪行為の重さを評価するに当たっては，評価の対象となる事実に上記①と②の双方の視点から光を当て，その検討結果を当該事案の相対評価につなげていくという方法が基本となるべきものと思われる。

ヒアリング等でも，まず犯罪行為の客観的な重さ（結果の重大性，態様の悪質性等）を議論し，当該事案の犯罪行為の客観的な重さを同種事案の中で相対的に位置付け，続いて，意思決定に対する非難の程度（動機，経緯等）を議論し，当該事案の非難の程度を同種事案の中で相対的に位置付け，最後に，当該事案全体を同種事案の中で相対的に位置付ける議論をするという方法が紹介さ

---

[296] そのような論告・弁論が行われれば，量刑評議における刑の数量化の作業は量刑グラフを用いて行うものであることが裁判員に自然と意識されることになる。求刑あるいは科刑意見の根拠が示されることで，論告・弁論の説得力が増すことも期待される。

[297] ここでいう相対評価とは，当該事案がその属する社会的類型の中でどの辺りに位置付けられるかという評価のことである。本報告書第5の2(1)ウ（133頁）参照。

[298] 量刑司法研究7頁。

れたが，上記のとおりの量刑の本質論を根拠とするものであり，合理的な評価方法の一つということができる。

　もっとも，①と②の区別は裁判員にとって必ずしも容易ではなく，最初からこの区別を前提とした評議をすることは難しい場合も考えられる。また，犯行の計画性など，同一の事情が①と②の双方に影響することがあり，このような量刑事情の評価が問題となる事案の場合，①と②の2段階に分けて議論することが難しい場合も考えられる。ヒアリング等でも，量刑事情ごと（犯行態様，結果，動機など）に，①と②の視点を裁判員と共有しつつ，それぞれ同種事案の中での相対的な位置付けや評価を議論し，最後に，当該事案全体を同種事案の中で相対的に位置付ける議論をするという方法も紹介された[299]。これも量刑の本質論に即した一つの実践的な評価方法であろう[300]。

　以上のような相対評価の方法論とともに，各量刑要素の重みを事案全体の相対評価にどのようにつなげていくかという意識も重要である。例えば，強盗致傷や性犯罪のように，一定の動機が定型的に想定される事件については，②の視点は相対評価の決め手にはなりにくく，主として①の視点からの検討を重点的に行っていくことになると思われる。他方，心中目的や介護疲れの殺人事件については，大抵の事案が強固な殺意に基づく犯行であり，①の視点が相対評価の分岐点となることは少なく，犯行に至る経緯や動機にどの程度酌むべき点があるかといった②の視点からの検討が重要となる事案が多いであろう。裁判官としては，こうした事案の特質等も踏まえ，各量刑要素の重みの議論が事案全体の相対評価に適切に結び付くように評議を進行させなければならない。

　犯情の一部が軽い部類に位置付けられ，別の犯情が重い部類に位置付けられるような事案では，当該事案における量刑判断のポイント・分岐点を見極めていくことが適切な相対評価を行う上で重要と考えられるが，裁判官には，必要に応じて，当該犯罪の保護法益や立法趣旨，他の犯罪との関係性等に言及する

---

[299] この方法を採用している裁判官からは，量刑に関する当事者の主張は，動機・態様・結果といった主要な量刑要素ごとになされるのが通例であり，この主張に対応する形で議論をしていくのが裁判員にとって議論がしやすく，量刑要素ごとに相対的な位置付けを議論することで相対評価の視点も持ちやすいという意見が述べられていた。

[300] ヒアリング等では，犯情の各要素を全て議論した後に，当該事案全体を同種事案の中で相対的に位置付ける議論をするという方法も紹介された。この方法を採用している裁判官からは，例えば，確定的な殺意に基づく殺人の事案において，殺害方法としての刺殺と絞殺のどちらが悪質であるかを議論するのが困難であるように，特定の量刑要素のみについて相対的な位置付けを議論するのが難しい場合があり，犯情を全て議論してからの方が相対評価の議論がしやすいという意見が述べられていたが，当該事案全体の犯情を相対評価する際に，上記①と②の双方の視点への意識が薄くなるおそれがある点には注意が必要であるように思われる。この方法による場合には，裁判官において，上記①と②の双方の視点から評価の対象となる事実を整理しつつ議論を進めるなどして，合理的な相対評価が行われるように評議を進行させるべきであろう。

など，法的な視点を提示しながら議論に関与していく役割が求められよう。

(ウ) **量刑グラフの用い方**

　ヒアリング等では，犯罪行為の重さを評価して量刑の幅を絞り込む際には，量刑グラフを用いて同種事案の量刑傾向を把握するとともに，本件がその中でどの辺りに位置付けられるのか，あるいは幅を越えたところに位置付けられるのかを議論し，この段階で具体的な責任刑の幅をおおむねであっても決めておくことが有益であるとの意見が述べられた。その具体的な方法としては，当該事案を量刑傾向の中で重い部類，軽い部類，中間の部類といった形で位置付けた後に，「同種事案の中で重い部類という議論になりましたが，それを量刑グラフで考えると懲役何年から何年くらいになるか，中間投票をしてみましょう」などと投票によって決める方法や，「同種事案の中で軽い部類という議論になりましたが，量刑グラフで軽い部類の年数を見ると，概ね懲役〇〇年から〇〇年までの間ということでいいでしょうか」などと裁判体の構成員全員の同意を得て決める方法などが紹介された。

　このような方法は，責任刑の範囲が裁判体の共通認識となり，刑の数量化の議論が同種事案の量刑傾向を正しく踏まえたものになるための一つの有効な方策と思われる。

　なお，ヒアリング等では，裁判員からこれまでの量刑傾向から踏み出した意見が述べられた場合，裁判官は，まずはその意見の趣旨をよく確認すべきであり，その上で，そのような量刑をすることについて具体的・説得的な根拠[301]があるかについて十分に議論を尽くす必要があるとの意見が述べられ，異論はなかった[302]。

(エ) **事例一覧表の扱い**

　ヒアリング等では，量刑検索システムに検索条件を入力することで量刑グラフと同時に得られる事例一覧表については，以下のとおり，大きく分けて3つの扱いが紹介された。

① 事例一覧表を評議の際に裁判員に示すことはしない扱い
② それまでの大まかな量刑傾向を説明する際に，量刑グラフとともに事例一覧表を評議室のモニターに映し出し，量刑グラフの重い部類，軽い部類，中間の部類がどのようなものかのイメージを持ってもらうために，各部類に該当する事例を事例一覧表の中から幾つか紹介する扱い
③ それまでの大まかな量刑傾向を説明する際に，量刑グラフとともに事例一覧表を印刷したものを裁判員に配付する扱い

---

301 前掲平成26年判決参照。
302 ヒアリング等の結果によれば，例えば，量刑傾向を踏み出す意見が出された場合には，量刑グラフの事例一覧表の一番重い（軽い）方の事例を紹介し，その意見に合理的な理由があるといえるのかを議論する方法などが紹介された。

量刑評議は，同種事案における大まかな量刑傾向を把握した上で，そこを出発点として，当該事案がその量刑傾向の中でどの辺り（重い部類，軽い部類，中間の部類）に位置付けられるかを検討していくプロセスをたどるものである。そして，評議の際に裁判員から的確な量刑意見が表明されるためには，裁判員が同種事案の量刑傾向を正しく認識する必要がある。

　ヒアリング等で示された②の扱いは，量刑傾向の中で重い部類，軽い部類，中間の部類にそれぞれ該当する事例を幾つかピックアップして示すことで，量刑傾向の具体的なイメージを裁判員に持ってもらうことを意図したものであり，量刑傾向を把握するための有効な方策であると思われる。

　これに対し，ヒアリング等で示された①の扱いは，事例一覧表を用いなくても，裁判官が口頭で説明し，あるいは，裁判官と裁判員の間で，同じ社会的類型に属する様々な事例を想像しながら出し合えば量刑傾向の具体的なイメージを持つことは可能であるという考えに基づくものであり，そのような方法にも十分な合理性があるといえよう。

　事例一覧表を用いる場合には，当該事案の類似事例との比較・対照を行うような評議（いわゆる「似たもの探し」）にならないよう注意する必要があり，そのような判断の在り方が裁判員制度の趣旨と相容れないことは前述したとおりである。上記③の扱いは，「似たもの探し」に陥る危険が常につきまとうことから，基本的には適切な方法とはいえないものと思われる[303]。

(オ) **当事者の量刑意見（求刑）の扱い**

　刑の数量化の関係では，当事者の量刑意見，とりわけ求刑をどのように扱うべきかも問題となる。

　ヒアリング等の結果によれば，求刑は，あくまでも一方当事者である検察官の参考意見であり，裁判所がこれに拘束されるものではないが，量刑判断に当たって一定程度尊重されるべきであり，そのことについて，おおむねどの裁判官も裁判員に説明をしているようであった。もっとも，考慮の在り方等についての説明ぶりは，裁判官によって異なるように見受けられた。

　量刑司法研究では，実際の裁判における検察官の求刑には，なぜそうした求刑が相当であるのかについて，具体的な根拠が示されないことが多く，そのような場合には，検察官の求刑が尊重される度合いは相対的に低くならざるを得ないとされている[304]。

303　量刑司法研究27頁＊15にも，「裁判員から，量刑分布グラフだけでは本件事案がどこに位置付けられるかをイメージすることが困難であり，他の事例との比較のためもっと詳しい資料を見たいとの求めがあるかもしれないが，全く同じ事案は二つとしてなく，量刑判断が類似事例との単なる比較ではないことなどを説明し，理解を得ることが必要であろう」との指摘がある。

304　量刑司法研究23頁＊13参照。

しかし，ヒアリング等の結果によれば，最近では，裁判員量刑検索システムの量刑グラフを用いた論告が行われることも珍しくなくなってきているようであり，そのような方法等によって，検察官の求刑が量刑の本質を踏まえた説得的なものとなっていけば，これが尊重される度合いも相対的に高くなっていくものと思われる。このことは弁護人の量刑意見についても当てはまる。

　検察官による求刑は，行為責任の考えに基づき当該事案にふさわしい刑として導き出されるはずのものである。そして，公益の代表者として被告人を糾弾し，その処罰を求めるという検察官の立場を踏まえれば，求刑は，その基礎とする事実関係や検察官による事案の見立てに誤りがない限り，当該事案が属する社会的類型における大まかな量刑傾向の上限付近を指し示すことになるであろうし，実際にもそのようなものとなっていることが多いと思われる[305]。そうすると，求刑を大幅に超える量刑意見は，上記社会的類型における量刑傾向を超える可能性が高いことになるのであり，かかる意味合いからは，求刑は，量刑評議において，刑の数量化の議論が同種事案の量刑傾向を踏まえたものとなっているかを判断する上での一つの指標になり得るといえるのではないかと思われる[306]。そして，裁判官は，評議の中で，求刑（からうかがわれる量刑傾向の上限）を大幅に超えるような刑の数量化が議論される状況が生じた場合には，裁判員に対し，そのような量刑判断をする場合には，判決の理由中において，判断の具体的・説得的な根拠を示す必要があることを説明し（平成26年判決），そうした根拠があるかどうかに焦点を当てた議論が行われるように評議の進行を図るべきである。

　裁判官は，裁判員に対し，こうした求刑の考慮の在り方等について，必要に応じ，適切に説明する必要があるといえよう。

＜模擬事例Ⅳの検討＞
　模擬事例Ⅳの評議では，裁判官は，行為責任に関連する事情を議論した後，量刑グラフを示している。その際，類似事件の量刑傾向を示すものであること，拘束力はないが公平の観点も必要であることなどの説明も行っている。この時に示した量刑グラフの検索条件は適切であり，裁判官の説明内容にも不相当な点はないと思われる。しかし，量刑グラフに対する裁判員の反応は，「あくまでも参考で，拘束されるものではないんですよね。」といったものであり，実際に評議の中で刑の年数の議論が始まると，裁判員からは量刑傾向を踏み出した意見が相次いで述べられている。
　こうした現象は，量刑グラフからうかがわれる同種事案の量刑傾向を踏まえて刑の

305　これに対し，最近は，刑の幅の中の中央付近，すなわち被告人側の事情も酌んだ，いわば真ん中部分を狙ったと思われる求刑があるという指摘もある。

306　本文にも記載したが，これは求刑が行為責任の観点から適切に導き出されていることが前提であり，基礎とする事実関係や事案の見立てが誤っていれば，このように言うことはできない。

数量化の議論を行うという量刑の基本的な判断枠組みが，裁判体の中で共有されていなかったことが原因であることは明らかである。

　裁判官は，量刑の基本的な判断枠組みを裁判員に丁寧に説明し，十分な理解を得ることが重要であるが，それとともに，量刑評議の早い段階で裁判員に量刑グラフを示し，刑の数量化の議論をする際には量刑グラフを踏まえて議論することになることを意識してもらいながら，本件が同種事案の量刑傾向の中でどの辺りに位置付けられるのかを分かりやすく議論できるように評議を進行させるべきであった。

　また，刑の年数の議論の際に，裁判員から，求刑より重い刑にすることはできないのかという質問が出され，裁判官は，求刑はあくまでも検察官が主張する参考意見で，これに拘束されるものではないという説明をしている。この説明自体は正しいが，求刑をどのように捉えるべきかを理解してもらうために，求刑の考慮の在り方等について，より丁寧な説明を行うことも考えられたであろう。

(3) 量刑傾向の把握が難しい場合
　ア　併合罪の事案

　　　ヒアリング等では，併合罪の事案（刑法45条前段の場合を指す[307]。）については，その社会的類型や量刑傾向を把握しにくいという実情が紹介された。これは，併合罪を構成する罪には様々なバリエーションがあり，量刑検索システムによって適切な量刑グラフを得るのが難しいことなどがその原因であると思われる。

　　　刑法45条前段の併合罪の場合，裁判官が裁判員にどのような説明をしているかをヒアリング等で尋ねると，ほぼ全ての裁判官が，個々の犯罪ごとに刑を決めてそれを単純に合算するのではなく，被告人が行った犯罪行為を全体的に評価して刑を決めることになる旨を説明しているとのことであったが，併合罪の趣旨に関する最高裁判決[308]の判示に沿った的確な説明といえる。なお，併合罪の法的効果については，刑の長期が１．５倍になることについて説明するにとどめ，併合罪の趣旨（併合の利益）までは必ずしも説明していない裁判官が多いようであっ

---

[307] 一方，刑法45条後段の併合罪の場合，ヒアリング等では，確定裁判と同時に審判されていたらどのような量刑になるかということを議論し，そこから確定裁判の分を差し引くというプロセスで評議を進めているという扱いはほとんど紹介されなかった。これは，裁判員裁判対象事件は重大な罪であり，多くの場合，確定裁判とは罪質も刑の重さも異なることから，上記のような考え方が馴染まないことがその理由と考えられる。これに対し，確定裁判がある場合，今回の刑と単純に合算すると，量刑事情を重複して評価してしまう可能性があるので，その点をどの程度軽く評価すべきかを議論するという扱いや，確定裁判に係る事案の内容等を考慮して併合の利益を議論すべきであるという意見も述べられた。

[308] いわゆる新潟女性監禁事件上告審判決（最一小判平成15年７月10日刑集57巻７号903頁）。同判決は，併合罪のうち二個以上の罪について有期の懲役又は禁錮に処するときは，同条が定めるところに従って併合罪を構成する各罪全体に対する統一刑を処断刑として形成し，その範囲内で各罪全体に対する刑を決することとした規定であって，併合罪の構成単位である各罪について個別的な量刑判断を行うことは，法律上予定されていない，と判示している。

た[309]。

　その上で，罪質の同じ複数の罪が併合されている場合（例えば，強制性交等致傷と強制性交等など）には，その中で最も重い罪を基本にした上で，裁判員量刑検索システムの「処断罪と同一又は同種の罪の件数」の項目を用いるなどして，できるだけ適切な量刑グラフを得て量刑傾向を把握する方法や，量刑グラフの事例一覧表の中から同種の併合罪がある事例を幾つか抽出して量刑傾向をイメージする方法などが紹介された。

　また，罪質の異なる罪が併合されている場合（例えば，殺人と窃盗など）にどのように量刑評議を行っているかについては，量刑判断の中心となる罪について検討し，その他の罪もあることを，中心的な罪の類型の中でどの程度重い部類に属するかを議論する際の一つの事情として考慮するという例や，量刑判断の中心となる罪についてある程度刑を数量化した後に，一般情状を検討するのと併せて，その他の罪についてどの程度考慮するかを議論するという例などが紹介された。各犯罪を全体的・総合的に捉えた量刑判断の手法といえよう[310]。これに対し，個々の犯罪で想定されるおおよその刑を考え，最後に合算する際に刑法47条本文の趣旨を踏まえて調整するというプロセスで評議を進めるという例も一定数見られた。こうしたプロセスをたどること自体が許されないわけではないが，仮にこの方法をとる場合には，量刑司法研究が指摘するように[311]，実際の事件の量刑判断に際しては，複数の犯罪の関連性等が重視され，この関連性等は個別の事案ごとに千差万別なのであるから，こうした観点を捨象して個々の犯罪についての刑を量定し，これを安易に合算するような量刑判断とならないよう，十分な注意が必要となろう[312][313]。

　裁判官は，併合罪の事案については，併合関係にある各罪の内容や件数，相互の関連性等を踏まえつつ，犯罪行為全体にふさわしい責任を判定するためにはどのような量刑資料を用いて，どのような議論をすべきかをあらかじめ十分に検討

---

[309] その理由として，併合罪の趣旨の説明が難解である上，量刑評議とのつながりも見えにくいことなどが挙げられていた。なお，併合罪の趣旨まで説明する場合には，単純に合算すると刑が過酷になることがあるとか，情状の中には各罪に共通するものがあるなどと説明しているという紹介がされた。

[310] 量刑司法研究29頁では，「裁判員裁判対象事件と非対象事件が併合されており，かつ，対象事件の犯情が明らかに重い事案では，通常は，対象事件の重さをある程度見積もった上で非対象事件については対象事件との関連性の程度等を踏まえて付加的に考慮するという量刑判断の過程をたどる場合が多いと思われる」との方法が提言されている。

[311] 量刑司法研究74頁，75頁。

[312] ヒアリング等でも，多数の事件が併合されている事案などでは，そのような合算の作業は実際的でない旨の意見があった。

[313] ヒアリング等では，併合された非対象事件につき想定される量刑に裁判員が関心を示した場合，裁判官が，過去の経験から当該事案の量刑傾向を「一定の幅」をもって伝えた上で議論する方法も紹介された。なお，量刑司法研究31頁参照。

し，事案ごとに適切な方法で量刑評議を進めていくべきである。
イ　裁判員量刑検索システムを用いても有意な量刑グラフが得られない場合
　ヒアリング等では，当該事案と同じ社会的類型の事案について過去の事例が非常に少なかったり，検索条件を入力しても量刑傾向といえるようなグラフの分布が示されなかったりして，裁判員量刑検索システムを用いても有意な量刑グラフが得られない場合があるとの実情が指摘された。

　このような場合，量刑評議に定まった方法論があるわけではなく，裁判官は，当該事案にふさわしい刑を定めるためにはどのように議論を進めたらよいのかを量刑の本質論に遡って考える必要がある。そして，当該事案における量刑判断のポイント・分岐点となる重要な要素は何かを裁判員と対等の立場で議論すべきである。

　ヒアリング等においては，そのような場合，無理に類型化を図るのではなく，行為責任を左右するような事情を検索条件として入力し，その量刑傾向を出発点として議論したり，検索条件の異なる複数の量刑傾向を見ることによって，適切な相対評価の視点を得ることを試みたりするといった方法が紹介された。量刑の本質論に即した一つの検討の手法であるといえよう。

　その他にも，処断刑の幅の中における当該事案の相対的位置付けを，当該構成要件に該当する犯罪で想定される動機，態様，結果を想像して出し合うことで検討した例や，同種ではないものの類似の事例の量刑グラフ（幇助犯と正犯など）を示しつつ，当該事案との違いを意識しながら評議を進めた例，当該事案の罪と法定刑や保護法益が似通った罪の量刑グラフを示して評議を進めた例なども紹介されたが，いずれも実践的な試みとして参考になると思われる。

　また，量刑傾向といえるような分布が示されないものであっても，事例一覧表の中の事例を適切に抽出することで，行為責任に見合った量刑の幅を理解してもらうことが可能な場合もあるという意見も述べられた。

模擬事例Ⅳ

【起訴の概要】
○　被告人
　　A（昭和55年12月3日生，無職）

○　公訴事実
　被告人は，平成27年5月3日午前11時10分頃，D県d市○町△丁目□番×号W方前路上において，V（当時17歳）に対し，殺意をもって，その顔面を包丁（刃体の長さ約16.4センチメートル）で切り付けた上，その胸部を同包丁で複数回刺したが，その場に駆けつけた前記Wに制止されたため，前記Vに入院加療約1か月間を要する胸部刺創，顔面切創等の傷害を負わせたにとどまり，死亡させるに至らなかった。

○　罪名及び罰条
　　殺人未遂　刑法203条，199条

【証明予定事実記載書1】
1　犯行に至る経緯
　被告人は，被害者宅の隣に居を構え，一人暮らしをしていた。
　被告人は，かねてから被害者の父Wから見下されていると感じ，反感を抱くとともに，W宅から聞こえる音に対し，うるさいと感じて苛立っていた。
　被告人は，平成26年9月には，W宅の飼い犬の鳴き声がうるさいと言って，W宅に上がり込んで怒鳴り散らし，警察官が臨場したことがあった。
　被告人は，それ以降も，W宅から聞こえる音が鳴り止まなかったことから，更に苛立ちを強めていた。
2　犯行状況
　被告人は，平成27年5月3日午前9時30分頃，目を覚ましたが，朝からW宅から聞こえるピアノの音がうるさいことに対してイライラしていた。
　その後，被告人は，ピアノの音がなかなか鳴り止まなかったことに加え，W宅の飼い犬がうるさく鳴き出したことに苛立ちを爆発させ，Wに抗議するために，台所から包丁を持ち出して，自宅を出てW宅に向かった。
　被告人がW宅の前まで来ると，ちょうど，被害者が買い物に出掛けるために家から出て行くところに出くわした。
　被告人は，被害者に対し，「下手なピアノひきやがって，いい加減にしろ。」と言うと，被害者が「うるさいな」と返してきたことから口論となり，激高して公訴事実記載の犯行に及んだ。
3　犯行後の状況
　Wは，被告人と被害者の声を聞きつけ，外に出ると，被告人が包丁で被害者を攻撃していたので，

慌てて被告人を制止した。

その後，Wは，被害者の様子を見たり119番通報するなどしたが，被告人はその様子をスマートフォンで撮影し，その場から立ち去った。被告人は，その後，撮影した被害者の写真をSNSにアップし，「ざまあみろ」などと書き込んだ。

【予定主張記載書面】

1 公訴事実について

　争わない。完全責任能力があったことも争わない。

2 量刑に関する主張

　(1) 被告人は，被害者から口答えされたことで，咄嗟に殺意を抱いて本件に及んでおり，計画的な犯行ではない。

　(2) 被告人は，妄想性障害を有しており，本件はその影響により行われたもので，責任非難が減弱される。

　(3) 被告人は，本件を反省しており，再犯のおそれはない。

　(4) 被告人には，前科がない。

【証明予定事実記載書２】

検察官が，量刑上重要と考える事情は以下のとおりである。

1 被告人は，被害者に対し，包丁で顔面を切り付けた上で，胸部を複数回刺しており，犯行態様は極めて危険である。

2 被告人は，身勝手な理由から，落ち度のない被害者に攻撃を加えており，経緯や動機に酌量すべき点はない。

3 被害者は，重傷を負った上，傷跡が残る切創を顔面にも負っており，結果は重大である。

4 被害者の処罰感情は極めて厳しい。

5 被告人は，本件後に被害者の血だらけの写真を撮ってSNSにアップするなどしており，犯行後の事情も悪質である。

6 被告人は，妄想性障害の影響でWに対して被害妄想を抱いていたが，被害者に対しては妄想を抱いていなかったのであるから，この点を量刑上有利に考慮するのは相当でない。

【争点整理の結果】

1 公訴事実及び犯罪の成立に争いはなく，専ら量刑が問題となる。

2 本件は，被告人が，かねてから隣人であるWに対する不満をためていたところ，本件当日にその娘である被害者のピアノの音がうるさかったことなどに憤慨し，被害者と口論となったことから，怒りを爆発させて，殺意をもって，被害者を包丁で刺すなどした事案であることについては争いがない。

3 検察官は，被告人が被害者を包丁で複数回刺すなど，犯行態様が危険であること，身勝手な理由から落ち度のない被害者に攻撃を加えていること，被害者は重傷を負うなど結果が重大であり，処

罰感情も極めて厳しいこと，被告人の本件犯行後の行動も悪質であることなどを量刑上重視すべきであると主張している。
4 　弁護人は，本件に妄想性障害が影響していること，計画的な犯行でないこと，被告人が反省していること，被告人には前科がないことを量刑上重視すべきであると主張している。

【証拠の整理】
省略

【検察官の冒頭陳述】
証明予定事実記載書1，2とほぼ同様の内容を述べた。

【弁護人の冒頭陳述】
予定主張記載書面とほぼ同様の内容を述べた。

【公判前整理手続の結果顕出】
争点及び証拠の整理の結果の要旨を告げた。

【証拠調べの概要】
1 　書証
- 本件現場の状況，被害者の傷害の状況などをまとめた統合捜査報告書3通
- 被告人の犯行後の行動をまとめた統合捜査報告書

2 　証拠物
- 包丁

※　なお，取り調べた証拠に被害者が怪我をしたり血を流したりしている写真はなかった。

3 　Ｖの証人尋問要旨
　前から被告人は些細なことですぐに文句をいう人だと思っていた。お父さんもお母さんも困っていた。
　この日はピアノの練習をした後，買い物に出掛けた。
　家の前に被告人がいて，「下手なピアノひきやがって，いい加減にしろ。」といきなり文句を言ってきた。うんざりしていたので，「うるさいな」というと，被告人は何か大声で言ってきた。
　適当にあしらっていると，被告人が包丁を持ち出して切りつけてきた。顔に当たったと思ったら，次に胸を刺された。血がたくさん出てきて，殺されると思った。
　お父さんが家から出てきたが，その後のことは覚えていない。
　事件から8か月ほど経ったが，刺された時の恐怖は今でも頭から離れない。怪我の程度は重く，日常生活に支障が生じている。顔の怪我は一生残るかもしれないと言われている。

私の血まみれの写真をSNSにアップしたことも絶対に許せない。

被告人には，以前から些細なことで文句ばかりつけられていた上に，今回のようなことまでされて，怒りの気持ちしかない。

社会に出てきたらまた我が家とトラブルになると思うので，できれば被告人を死刑にして欲しい。それが難しいのであれば，最低でも無期懲役にして欲しい。それ以外の結論は受け入れられない。

4 Wの証人尋問要旨

被告人は，以前から何かというと我が家にクレームをつけてきた。

こちらが被告人に嫌がらせをしたことはないし，特別に大きな音を立てていたこともない。

平成26年9月には，我が家の飼い犬の鳴き声がうるさいと自宅の中まで怒鳴り込んで来たことがあった。このときは警察が来て収まったが，恐ろしい人だと思った。

我が家から音が出ていたことはあると思うが，普通の生活音のレベルだと思う。被告人の対応は尋常ではないと思った。

この日，Vが買い物に出掛けると，外から被告人の怒鳴り声が聞こえ，続いて，Vの悲鳴が聞こえた。

慌てて外に出ると，被告人が包丁を持って暴れており，慌てて制止した。

Vを見ると顔や胸を刺されていたので，慌てて救急車を呼んだ。

被告人は，Vに瀕死の重傷を負わせた。このことは絶対に許せない。被告人には死ぬまで刑務所から出てこられないようにして欲しい。

5 鑑定医の証人尋問要旨

私は精神科の医師であり，被告人の精神鑑定を行った。

これまで刑事事件の鑑定を100件以上行ったことがある。

被告人には，妄想性障害という精神障害がある。被告人は，隣人であるWが，自分を近所でのけ者にしようとして嫌がらせをしていると2年以上前から確信していた。

被告人が嫌がらせを受けていると思っていたのは，Wさんに対してだったので，被害者に対して怒りの感情を爆発させた点には，妄想性障害の直接の影響があったとはいえない。もっとも，妄想があったことから本件当日苛立ちを強めており，そのことが本件を引き起こした原因となっていることは否定できない。

被告人は，犯行後，血だらけの被害者の写真を撮り，SNSにアップしているが，これには妄想性障害は影響していない。

被告人の妄想は固定化しており，妄想性障害を治療するのは難しい。

6 被告人質問要旨

Vさんを包丁で刺したり切り付けたりしたことは間違いない。

Wさんは，自分を近所でのけ者にしようとして前から嫌がらせをしてきた。自分を近所から追い

出すために，騒音を起こして嫌がらせをしてきた。

　Wの飼い犬がうるさくて，W宅に文句を言いに行ったこともあった。

　この日も朝からピアノの音がうるさく，嫌がらせをしていると思った。その後も飼い犬の鳴く声がうるさかったことから，文句を言おうと思った。包丁を見せて脅せば，音を出さないようになると思った。

　Wの家の前に行くと，Vさんが出てきた。ピアノのことで文句を言うと，口答えをしてきたので，頭に来て，殺してやろうと思い，包丁で切り付けたり刺したりしてしまった。

　その後，血だらけのVさんを見て，ざまあみろと思って写真を撮影し，それをSNSにアップした。

　Vさんには申し訳ないことをしたと反省している。

　今回捕まり，精神鑑定を受けて，妄想性障害という障害があることを知った。自分に精神障害があるというのは，受け入れられない気持ちであるが，お医者さんがそういうのなら，精神科の病院に通ってカウンセリングを受けることも考えたい。

　Wさんが嫌がらせをしているという気持ちはまだ消えておらず，今でもそう思っている。

【検察官の論告】

1　犯行態様は極めて危険で悪質である。

　包丁で顔面を切り付けた上，胸部を複数回刺している。

　胸部の傷は，少しずれていれば致命傷になり得るものであり，命を失う可能性の高い危険な犯行である。

2　結果が重大で，被害者の処罰感情が極めて厳しい。

　被害者は，入院加療約1か月の重傷を負い，現在でも日常生活に支障が生じている。

　顔の傷は一生残るかもしれないもので，これからも傷を抱えて生きていかなければならない。

　被害者もその父親も，被告人への憤りは極めて強く，処罰感情は厳しい。

3　被害者に落ち度はなく，身勝手な理由から被害者に暴行を加えており，動機や経緯に同情の余地はない。

　被害者は，昼の時間帯に自宅でピアノを弾いていただけで，落ち度とはいえない。

　被害者が口答えしたからと言って一方的に包丁で攻撃するのは身勝手というしかない。

4　被告人の精神障害を考慮することは相当でない。

　被告人が被害妄想を抱いていたのはWさんに対してであり，被害者に対してではないので，精神障害の影響を考慮することは相当でない。

5　被告人の犯行後の行動は芳しくない上，反省は不十分である。

　被告人は，犯行後，血まみれの被害者の写真を撮り，自らのSNSにアップしている。

　現在でもWが嫌がらせをしているという気持ちは消えないと述べるなど，重大な罪を行ったことに対する反省がない。

6　本件は，同種事案の中でも重い部類の事件であり，前科なし，事実を認めているという有利な事情を考慮しても，以下の刑が妥当である。

求刑　懲役10年

【弁護人の弁論】

1　Ａさんが妄想性障害という精神障害を抱えていること

　　精神科医の証人尋問で説明があったとおり，Ａさんには妄想性障害という精神障害がある。

　　Ａさんは，この精神障害の影響で，Ｗさんに対して被害妄想を抱いていた。

　　精神障害になったこと自体は，Ａさんには何の落ち度もない。そして，被害妄想の影響により，この日のピアノの音などにストレスをためてイライラ感を募らせたことについても，Ａさんにはどうしようもないことで，普通の人のように非難することはできない。

　　したがって，事件の責任をすべてＡさんに向けるのはあまりに酷だと思う。

2　計画的な犯行でないこと

　　また，今回の事件は，Ａさんが，上記のようなイライラ感を募らせていたところに，被害者と出くわして被害者から口答えされたことで咄嗟に起こしてしまったものである。したがって，計画的に被害者を傷付けようとした犯行ではない。

3　Ａさんが反省しており，立ち直りが十分に期待できること

　　Ａさんは，今回の件について，事実を認めて，反省の言葉を述べている。

　　Ａさんは，今回の事件を通じて，自分が妄想性障害という精神障害を抱えていることを初めて知ることになった。そして，今後は，精神科のカウンセリングを受けたいと述べている。

　　このように，Ａさんは，今回の事件を反省しており，精神障害とも向き合っていくつもりであるから，今後の立ち直りが十分に期待できる。

4　Ａさんには前科がないこと

　　また，Ａさんには，前科がない。

5　執行猶予が相当である。

　　これらの事情を考えると，Ａさんには，実刑にして刑務所に入れるのではなく，未遂減軽をした上で，執行猶予付きの判決にするのがふさわしいと考える。また，Ａさんの精神障害の治療のことを考えても，刑務所に入れるのではなく，社会内で治療を行うことが望ましいと考えられる。

【評議の経過】

1　事実認定評議

　　最初に，事実認定について，証拠を振り返りながら評議を行った。その結果，起訴状に記載された公訴事実については，すべて認定できるという結論になった。

2　量刑評議

　　続いて，量刑評議を行った。

　　量刑評議の冒頭，裁判官は，裁判員に対し，行為責任の原則について詳しく説明した。その内容は，行為責任とは，被告人の行った犯罪行為にふさわしい刑を科すことであること，量刑は，行為責任を中心に考えるが，特別予防と一般予防の観点も考慮して最終的には決めること，行為責任を議論するに当たっては，①犯行態様，②結果，③動機・経緯という3つの要素を検討する必要があ

ることなどを説明するものであったが，具体例を交えて説明するようなものではなかった。その際，裁判員からは，行為責任の考え方に対して疑問を呈するような意見や質問は出されなかった。

量刑評議は，概ね以下のような順序で行われた。
① 論告と弁論で当事者が主張している事情のうち，行為責任に関連する事情について議論した。
② 量刑グラフを示した。
③ 行為責任以外の事情について議論した。
④ 懲役の年数を議論した。
⑤ 評決した。

3 ①行為責任に関連する事情の議論

行為責任に関連する事情について議論は，以下のようなものであった。

行為態様については，検察官が主張しているとおり，被告人が包丁を使って被害者の顔を切り付けたり，その胸部を複数回刺したりしているのは，それだけみても非常に危険な犯行である，特に，胸の傷は，少しずれていれば致命傷にもなるようなものであり，生命に対する危険が非常に高い犯行であるという意見が出され，特段の異論は示されなかった。

結果については，裁判員からは，「被害者は，死んでもおかしくないような怪我を負わされてほとんど殺されかけており，余りにもかわいそうである。」，「被害者は，今でも日常生活に支障が生じているのであるから，その苦痛は量り知れないと思う。被害者が助かったのはほとんど奇跡に近いのだから，殺人と同じに考えてよいのではないか。」，「被害者が法廷で述べたことは，一言一言が胸に突き刺さった。こんなことをされたら，死刑を求めるのももっともだと思う。」などの意見が出された。

これに対して，裁判官からは，「同じような事件で，被害感情が強い場合とそうでない場合で極端に刑を変えてもいいのでしょうか。」という議論の視点が示された。

しかし，その後も，裁判員からは，「法廷で見たVの顔の傷痕はすごかった。若い女性の顔に一生残るかもしれない傷を負わせた点は，被害者のこれからの人生を考えると，特に許せない。」，「今回の事件で一番辛く苦しい思いをしているのは被害者なのだから，被害者の気持ちを一番大切に考えたいと思う。」，「被害者のお父さんも，娘さんがこんな目に遭わされてかわいそうだ。」といった意見が出された。

動機及び経緯については，まず，被害者の落ち度の有無が議論されたが，被害者は，ピアノを弾いていたり，被告人と口論となったりしたという事情があるとはいえ，これらは落ち度というほどのことでもないという意見が出され，特段の異論は出されなかった。それを前提に，被告人は，Wに対して不満をためていたという事情はあるにしても，被害者に対し怒りを爆発させて攻撃したのは，身勝手というほかないとの意見が出され，特段の異論は示されなかった。

精神障害の影響については，鑑定医の証言は理解できた，鑑定医の言うように，被告人が妄想性障害という精神障害があり，Wが自分を近所でのけ者にしようとして嫌がらせをしているという妄想を抱いていたことや，妄想があったことから本件当日も苛立ちを強めており，そのことが本件の原因になっていることは理解できたとの意見が出され，特段の異論は示されなかった。

もっとも，被告人が精神障害を有していることが被告人の刑を軽くする方向で考慮し得る事情と

なるかについては，消極的な意見が多く出された。裁判員からは，「妄想性障害があれば刑が軽くなるというのは，常識的に受け入れられない。」，「妄想はＷに対するものなのだから，被害者に対する罪とは関係ないのではないか。」，「医師は，妄想性障害の治療は難しいと言っていた。被告人は，今でもＷが嫌がらせをしているという気持ちは消えないと言っており，家に戻れば，また同じことをするのではないか。」といった意見が出された。

これに対して，裁判官からは，「妄想性障害の影響で音に敏感になってイライラ感を募らせたことについては，そのような精神障害を抱えていない人と同じように非難できない面があるのではないか。」という議論の視点が示された。

しかし，その後も，裁判員からは，「隣の家からの音が聞こえてくることなんていくらでもあるのだから，被告人は再犯のおそれがあるのではないか。」，「被告人は，妄想性障害という精神障害を抱えていることを受け入れられない気持ちであると述べていた。こんな重大事件を起こしておいてそんなことを言うのは反省していない証拠である。また，今後被告人を監督してくれる人は誰もいない。」といった意見が出された。

行為責任に関連する事情について議論していた際，裁判員から「今回，被告人がやったことの中で，被害者が血まみれで瀕死になっている写真を撮影して，それをＳＮＳにアップしたことが一番許せない。」との意見が出された。

これに対して，裁判官からは，「行為責任の原則というのは，被告人の犯罪行為にふさわしい刑事責任を明らかにすることですが，被害者の写真をＳＮＳにアップしたのは，犯罪行為そのものと言えるでしょうか。」という議論の視点が示された。

しかし，その後も，「『ざまあみろ』なんていう書き込みをするなんて，人としての倫理観が全く欠落していると思う。」「写真をアップした点は，妄想性障害とは関係がないのであるから，重く処罰してもよいはずである。」などの意見が出された。

4　②量刑グラフの提示

行為責任に関連する事情を議論した後，裁判官は，量刑グラフを裁判員に示した。

裁判官は，量刑グラフを示す際，類似の事件の量刑傾向を示すものであること，これに拘束されるものではないが，量刑を決めるに当たっては，公平の観点も重要であることを説明した。

量刑グラフの検索条件は，「(処断罪) 殺人未遂」「(共犯関係等) 単独犯」「(凶器等) あり，刃物類only」「(処断罪名と同じ罪の件数) １件」「(傷害の程度) ２週間以内～１か月以内」「(被害者の落ち度) なし」「(処断罪名と異なる主要な罪の有無) なし」というものであり，得られたグラフは，最も数が多いのが懲役３年以下で，そのうちの８割以上は執行猶予付き，次に数が多いのが懲役７年以下であった，一件を除いたすべての事件が，懲役３年以下から懲役10年以下の間に入っていた，なお，一番重いものは懲役14年以下（ただし，殺人の累犯前科がある事案），一番軽いものは懲役３年以下（執行猶予付き）であった。

裁判員からは，量刑グラフを見ることについて抵抗を示すような意見は出されなかったが，実際に示されたグラフを見て，「思ったよりも軽いんですね。」とか，「あくまでも参考で，拘束されるものではないんですよね。」といった感想が出された。

5　③行為責任以外の事情の議論

行為責任以外の事情について議論した。

裁判員からは,「被告人の言葉を聞いても,心から反省しているようには感じられなかった。」,「今でもＷが嫌がらせをしているという気持ちが消えないと言っており,人を一人殺しかけたことに対する反省が見られない。」といった意見が出された。

また,裁判員からは「前科がないというのは当たり前のことなので,刑を軽くする方向で考慮し得る事情とすることには違和感がある。」という意見が出された。

6 ④年数の議論

懲役の年数について議論した。

まず,被告人を実刑にすべきか,執行猶予とすべきかについて議論した。裁判員全員から実刑にすべきという意見が出され,裁判官からも同様に実刑にすべきという意見が出された。これに対する異論は示されず,実刑を前提に議論を進めることになった。

引き続き,裁判員,裁判官で,その時点で懲役の年数をどう考えているかについて,無記名投票を行った。

その際,裁判員から,求刑より重い刑にすることはできないのかという質問が出された。これに対し,裁判官からは,求刑はあくまでも検察官が主張する参考意見で,これに拘束されるものではないという説明がなされた。

無記名投票の結果は,懲役15年が1人,懲役12年から14年が2人,懲役10年から12年が3人,懲役10年が2人,懲役8年が1人というものであった。

その後,各自が考える年数の根拠について議論をした。裁判員からは,「被告人が今回やったことはひどすぎる。求刑の懲役10年では被害者は納得しないのではないか。」,「被告人からは心からの反省の言葉は聞かれなかった。被告人に精神障害があるからといって刑を軽くするのはおかしい。精神障害が治る見込みは薄く,また同じような犯罪を行うおそれが強い。」,「胸を刺して瀕死の重傷を負わせたり,顔に一生残るかもしれない傷を負わせたりしたことなどのこの事件のむごたらしさからすれば,重い刑にすべきである。」,「ＳＮＳに被害者の血まみれの写真をアップして,『ざまあみろ』と書き込みをするなど,許しがたいこともしている。」,「前例にとらわれた判決をするのでは,我々の市民感覚を入れることにはならないのではないか。」といった意見が出された。

7 ⑤評決

懲役の年数の評決を行った。

その結果は,懲役15年が1人(裁判員),懲役14年が1人(裁判員),懲役13年が1人(裁判員),懲役12年が2人(裁判員1人,裁判官1人),懲役10年が2人(裁判員1人,裁判官1人),懲役8年が2人(裁判員1人,裁判官1人)であり,評決の結果は,懲役12年ということになった。

【判決の骨子】

〈主文〉

被告人を懲役12年に処する。

未決勾留日数中100日をその刑に算入する。

〈理由の要旨〉

（罪となるべき事実）
　被告人は，隣人であるWに対し，音がうるさいことなどについて不満をためていた。平成27年5月3日，朝起きてからW宅から聞こえるピアノの音がうるさいことなどに対して苛立ちを強め，Wに抗議するために包丁を持ち出してD県d市○町△丁目□番×号W方に向かった。W方前の路上に至ると，Wの娘であるV（当時17歳）と出くわし，「下手なピアノひきやがって，いい加減にしろ。」と言うと，Vが「うるさいな」と返してきたことから口論となった。被告人は，それまでのWに対する不満とともにVに対する怒りを爆発させ，同日午前11時10分頃，Vに対し，殺意をもって，その顔面を包丁（刃体の長さ約16.4センチメートル）で切り付けた上，その胸部を同包丁で複数回刺したが，その場に駆けつけたWに制止されたため，Vに入院加療約1か月間を要する胸部刺創，顔面切創等の傷害を負わせたにとどまり，死亡させるに至らなかった。

（量刑の理由）
1　被告人は，被害者に対し，顔面を包丁で切り付けた上で，胸部を包丁で複数回刺している。特に，胸部の傷は，少しずれていれば致命傷になり得るものであり，本件は，生命を奪う可能性が高い極めて危険な犯行である。
2　本件により，被害者は，入院加療約1か月の重傷を負っており，現在でも日常生活に支障が生じている。また，まだ若い女性の顔に一生残るかもしれない傷が生じている点も見過ごすことはできない。被害者が，「刺された時の恐怖は今でも頭から離れない。」，「被告人は，以前から些細なことに文句ばかりつけていた上に，今回のようなことまでされて，怒りの気持ちしかない。」，「できれば被告人を死刑にして欲しい。それが難しいのであれば，無期懲役にして欲しい。それ以外の結論は受け入れられない。」と述べて，被告人に対する峻烈な処罰感情を述べている。
3　被告人は，以前から隣人であるWに不満をためており，この日も音がうるさいと苛立ちを強めてWに抗議をしようと包丁を持ちだしたところ，被害者と出くわして口論となったことから怒りを爆発させて本件犯行を行っている。動機は身勝手というほかなく，同情の余地はない。なお，被害者は，本件直前に被告人と口論するなどしているが，被告人から包丁で攻撃されなければならないような落ち度とはいえない。
4　被告人は，被害者に包丁で攻撃を加えた後，被害者の血まみれの写真を撮影し，その写真をSNSにアップして，「ざまあみろ」などと書き込みをするなどの理解し難い行動を行っている。一般常識に照らすと，人として備えるべき倫理観が欠落しているというほかない。
5　弁護人は，被告人には妄想性障害の精神障害があり，本件にはその影響があるから，この点を量刑上有利に考慮すべきと主張する。
　　鑑定医が証言するとおり，被告人は，妄想性障害を有し，Wが自分をのけ者にしようとして嫌がらせをしているという妄想を抱いていたことが認められる。本件当日も，W方からピアノの音がしてきたことなどを嫌がらせと考え，Wに対する不満を爆発させて本件に及んだ面もあることからすると，妄想性障害の影響は否定できない。
　　しかしながら，妄想性障害の影響があったとしても，妄想の対象はWに対するものであり，Vに対するものではないから，妄想性障害の影響を考慮するのは相当ではない。
　　しかも，被告人は，公判廷で，現在でもWが嫌がらせをしているという気持ちは消えていないと

述べており，反省が十分とはいえない。
　被告人が抱えている妄想性障害の治癒の見込みは立っていない上に，反省が十分でなく，被告人を監督する者がいないことからすると，自宅に戻ったり，近隣トラブルが生じたりした場合には，再び同様の犯行を行うことが強く懸念される。
6　以上によれば，検察官の求刑10年というのは軽いといわざるを得ないから，主文の刑が相当である。

平成27年度司法研究題目及び司法研究員氏名

第70輯　第1号

裁判員裁判と裁判官

－裁判員との実質的な協働の実現をめざして－

研　究　員
　　　　東 京 地 方 裁 判 所 判 事　　島　田　　　一
　　　　福 岡 地 方 裁 判 所 判 事　　足　立　　　勉
　　　　（委嘱時　横浜地方裁判所判事）
　　　　東 京 高 等 裁 判 所 判 事　　丸　山　哲　巳
　　　　（委嘱時　東京地方裁判所判事）
　　　　福 井 地 方 裁 判 所 判 事　　渡　邉　史　朗
　　　　（委嘱時　さいたま地方裁判所判事）

裁判員裁判と裁判官 ―裁判員との実質的な協働の実現をめざして―	書籍番号　31-18

令和元年11月29日　第 1 版第 1 刷発行

編　集　　司　法　研　修　所
発 行 人　　門　田　友　昌

発行所　一般財団法人　法　曹　会

〒100-0013　東京都千代田区霞が関 1 - 1 - 1
振替口座　00120-0-15670
電　話　03-3581-2146
http://www.hosokai.or.jp/

落丁・乱丁はお取替えいたします。　　　　印刷製本／中和印刷㈱

ISBN 978-4-86684-030-7